DROEMER

SAMUEL GRAYDON

EINSTEIN

EIN LEBEN IN 99 TEILCHEN

Aus dem Englischen von
Gisela Fichtl

DROEMER

Die Originalausgabe erschien 2023 unter dem Titel
Einstein in Time and Space. A Life in 99 Particles
bei John Murray, London/UK.

Besuchen Sie uns im Internet:
www.droemer-knaur.de

Deutsche Erstausgabe Oktober 2023

Lektorat: Jürgen Bolz, Friedberg
Covergestaltung: Verlagsgruppe Droemer Knaur
nach der Vorlage von John Murray, London/UK
Satz und Layout: Adobe InDesign im Verlag
Druck und Bindung: GGP Media GmbH, Pößneck
ISBN 978-3-426-27877-2

2 4 5 3

EINSTEIN

Ein Leben in 99 Teilchen

Einleitung

Am 29. Mai 1919 schob sich am Himmel über der Insel Príncipe der Mond vor die Sonne, und die Welt verdunkelte sich. Eine totale Sonnenfinsternis hatte eingesetzt. Auf genau diesen Moment hatte ein englischer Wissenschaftler gewartet, der nun durch seine Astrografen-Kamera blickte und Bilder dieses Ereignisses machte. Ein zweiter Wissenschaftler tat in der brasilianischen Stadt Sobral das Gleiche, in den wenigen Minuten der Dunkelheit schoss er fieberhaft so viele Aufnahmen, wie er nur konnte. Beide arbeiteten in der Hoffnung, damit die Krümmung des Sternenlichts festhalten zu können. Es ist ihnen gelungen.

Wenige Monate später wurden ihre Ergebnisse im Burlington House in London, dem Sitz der Royal Society, bekannt gegeben; damit war das bisherige Verständnis von Schwerkraft hinweggefegt. Die Fotografien, die das Expeditionsteam aufgenommen hatte, zeigten, dass das Licht der Sterne im Zentrum des Sternbilds Stier, die 153 Lichtjahre entfernt sind, seine Bahn ändert, wenn es in die Nähe der Sonne gelangt, und die Sterne damit nicht mehr an ihrer üblichen Himmelsposition erscheinen. Für dieses Phänomen gab es nur eine plausible Erklärung: Die Sonne bewirkte eine Krümmung des Raums. Die Relativitätstheorie war damit bestätigt. Isaac Newton, der Gigant der Physik, war vom Sockel gestürzt und durch Albert Einstein ersetzt worden, einen außerhalb Deutschlands nahezu unbekannten Wissenschaftler.

Einstein, der damals in Berlin lebte, vierzig Jahre alt und nur an den Schläfen leicht ergraut war, erhielt die Ergebnisse der Sonnenfinsternisexpedition kurz vor einem Treffen mit einer Studentin namens Ilse Schneider. Während ihres Gesprächs reichte er ihr das Telegramm, das ihn über den Erfolg seiner Theorie unterrichtete. Ihr war die tiefgreifende Veränderung bewusst, die sich daraus für das Verständnis des Universums und seiner Gesetze ergab, und sie reagierte begreiflicherweise aufgeregt und gratulierte ihm überschwänglich. Einstein jedoch blieb völlig ruhig und meinte nur: »Ich wusste, dass die Theorie richtig ist. Haben Sie daran gezweifelt?«

Aber was wäre gewesen, wenn sie bei der Sonnenfinsternis die Beugung des Lichts nicht beobachtet hätten, fragte sie. Oder was, wenn sie eine Lichtbeugung hätten nachweisen können, aber nicht in dem von Einstein in seiner Theorie vorhergesagten Maß?

»Da könnt' mir halt der liebe Gott leid tun, die Theorie stimmt doch«,[1] antwortete er.

Zwei Jahre später tourte Einstein durch die USA, um Geld für die Zionismusbewegung zu sammeln, deren zentrales Anliegen die Schaffung einer jüdischen Heimstätte in Palästina war. Er war jetzt so berühmt, wie man nur sein kann. In jeder Stadt, die er besuchte, füllten Tausende von Menschen die Straßen, um ihn zu sehen. Seine Bewunderer hoben ihn auf ihre Schultern, er traf den Präsidenten, und der Senat führte gar eine Debatte über die Schwierigkeit, die Relativitätstheorie zu verstehen. Ein Jahr später erhielt er rückwirkend für das Jahr 1921 den Nobelpreis für Physik und unternahm eine Vortragsreise durch Asien. In Japan traf er den Kaiser und die Kaiserin, und eine riesige Menge wartete jede Nacht vor seinem Hotel in der Hoffnung, der berühmte Mann würde sich am Balkon zeigen. In Tokio hielt er einen mit Übersetzung vierstündigen Vortrag. Da es ihm ein wenig leidtat, dem Publikum einen solchen Kraftakt zugemutet zu haben, kürzte er seinen Vortrag für die folgende Veranstaltung auf unter drei Stunden. Als er danach mit dem Zug in die nächste Stadt fuhr, fiel ihm auf, dass sich seine Gastgeber ihm gegenüber seltsam benahmen, und er fragte, ob etwas nicht in Ordnung sei. Ja, antworteten sie: Einstein habe die Organisatoren des zweiten Vortrags beleidigt, weil er kürzer gesprochen habe als beim ersten. Also achtete er bei der restlichen Tour darauf, sich für seine Erklärungen Zeit zu lassen, und das Publikum lauschte ihm glücklich.

Einsteins Ruhm kam so plötzlich und war so umfassend, dass etwa zur gleichen Zeit zwei amerikanische Schüler eine Wette abschlossen und einen Brief, der lediglich mit »Professor Albert Einstein, Europe« adressiert war, zur Post brachten, nur um zu sehen, ob er ankommt. Er kam an und brauchte nicht einmal länger als üblich.

»Wie gut doch die Post funktioniert!«,[2] war alles, was Einstein dazu sagte.

Zwanzig Jahre zuvor, im Jahr 1902, war Albert gerade nach Bern gezogen. Mit seinen dreiundzwanzig Jahren, ein wenig rundlich im Gesicht, strahlte er eine rastlose Energie und ungezwungene Entschlossenheit aus. Einem Freund, der ihn in Bern kennenlernte, fiel sofort »der ungewöhnliche Glanz seiner großen Augen«[3] auf. Er wartete darauf, im Schweizer Patentamt arbeiten zu können – dank der Vermittlung eines Freundes war ihm eine Stelle so gut wie sicher. Dennoch war seine Situation nicht gerade rosig. Er hatte kaum Geld und setzte eine Anzeige in die Lokalzeitung, in der er Privatstunden in Physik und Mathematik anbot. Doch es gab nur wenige Studenten, und seine Preise waren niedrig; es wäre leichter, sich als Straßenmusikant mit seiner Geige durchzuschlagen, klagte er. Er aß sehr wenig. Zudem hatte seine Freundin, Mileva Marić, knapp einen Monat vor seinem Umzug, eine Tochter zur Welt gebracht. Würde bekannt, dass er ein uneheliches Kind hatte, könnte er seine Stelle am Patentamt nicht antreten. Albert und Mileva hielten das Kind geheim, auch vor Einsteins Familie. Er wusste, dass er heiraten musste – er glaubte, heiraten zu wollen –, doch er hatte noch nicht den Mut dazu gefasst. Seine Eltern hatten ihre Ablehnung Mileva Marićs lange mehr als deutlich gemacht, und er wusste, dass sie die Verbindung nicht gutheißen werden.

Hinzu kam, dass Einstein mit der Annahme der Stelle im Patentamt, auch wenn die Stelle höchst willkommen war, in gewisser Weise sein Versagen akzeptierte. Denn in den zwei Jahren nach dem Studienabschluss hatte er sich in ganz Europa auf akademische Stellen beworben, erhielt aber überall Absagen. Die Patentamtsstelle war notwendig, aber zugleich sichtbarer Ausdruck von Einsteins akademischem Scheitern, seiner Unfähigkeit, dem nachzugehen, was er liebte, und zugleich Ausdruck der Übermacht von Pflichten.

Einstein bewarb sich in den folgenden fünf Jahren weiter auf wissenschaftliche Stellen, bis er es schließlich auf die unterste Sprosse der akademischen Leiter schaffte. Im Lauf seiner demütigenden Arbeitssuche und desillusioniert von den permanenten Absagen änderte er einmal seine Ambitionen dahingehend, dass er sich sogar auf eine Stelle als Gymnasiallehrer bewarb – als Nachweise reichte er Kopien seiner wissenschaftlichen Abhandlungen ein, darunter seine Doktorarbeit und Veröffentlichungen über Lichtquanten und die spezielle Relativitätstheorie. Es gab einundzwanzig Bewerber. Einstein schaffte es nicht unter die letzten drei.

Einsteins Leben lässt sich leicht als in zwei Hälften geteilt vorstellen: vor und nach der Bestätigung der allgemeinen Relativitätstheorie, und das heißt, bevor und nachdem ihn der Ruhm einholte. In seiner Jugend war er seiner eigenen Schilderung nach verkannt, aber brillant, in späteren Jahren war er anerkannt, aber wissenschaftlich glanzlos. Daran ist viel Wahres. Seine besten Arbeiten schuf er, bevor er berühmt wurde, und den Großteil seiner frühen Karriere war er ziemlich unbekannt. Er brauchte neun Jahre, um eine Assistentenstelle an der Universität zu bekommen, und nicht einmal da war er die erste Wahl.

Und wahr ist auch, dass er kaum noch erwähnenswerte Publikationen vorlegte, nachdem er berühmt war. Seine vielleicht letzte, wirklich bedeutende Arbeit schrieb Einstein zwanzig Jahre vor seinem Tod. Es war keine wissenschaftliche Arbeit, die den bahnbrechenden Geist seiner früheren Abhandlungen weitergeführt hätte – sie war kein Erklärungsversuch für etwas noch Unbekanntes und setzte keine neuen Regeln für einen Forschungsbereich –, sie war vielmehr reaktionär und von seinem Misstrauen gegenüber der neuen Quantenmechanik geprägt. Einstein versuchte darin die Quantenmechanik zu widerlegen, indem er die »Verschränkung« beschrieb, ein Phänomen, das nach den Regeln der Quantenmechanik theoretisch auftreten kann, das er in der Realität aber für unmöglich hielt. Einer von Einsteins äußerst bemerkenswerten Zügen war, recht zu behalten, auch wenn er im Unrecht war. In diesem Fall wurde die Verschränkung als grundlegende Tatsache des Universums unumstößlich nachgewiesen.

Den Großteil der letzten dreißig Jahre seines Lebens widmete er der Entwicklung der »einheitlichen Feldtheorie« – einer Theorie von allem, die alle Gesetze der Natur umfasst, von den Bewegungen der Himmelskörper über den Magnetismus bis zu den Vorgängen im Inneren eines Atoms –, was dazu führte, dass seine Wissenschaftskollegen ihn zunehmend ignorierten, er eher als Relikt betrachtet wurde und auch der Erfolg ausblieb.

Und dennoch lässt sich Einstein nicht so einfach fassen, ist er doch weit interessanter, als dieses Narrativ von Auszeichnungen und nachfolgendem Stillstand unterstellt. Es rückt die Nebenschauplätze seines Wirkens allzu konsequent aus dem Blick, etwa die Anerkennung und den Erfolg, die er in Deutschland bereits errungen hatte, noch bevor er irgendetwas über die allgemeine Relativitätstheorie veröffentlicht hatte. Und es klammert seine Unterstützung für das jüdische Volk und seinen Pazifismus aus, der sich mit den historischen Entwicklungen veränderte. Im Vorfeld des Zweiten Weltkriegs zeugten diese Aspekte seiner Persönlichkeit nun wahrlich nicht von Stillstand. Er verwendete einen großen Teil seines Vermögens dafür, Juden zu helfen, aus Deutschland zu entkommen und in die USA zu emigrieren, und er gründete die Organisation mit, aus der später das International Rescue Committee (IRC) hervorging.

Einsteins Ruhm kann einer objektiven Bewertung seines Lebens im Weg stehen. Er führt zur Erwartung von etwas Außergewöhnlichem, dabei übersieht man leicht, was für ein erstaunliches Leben Einstein eigentlich geführt hat. Dazu gehört ein veritabler Erfolg, der geradezu unvorstellbar ist. In nur einem Jahr – es war tatsächlich sogar nur ein halbes Jahr, von März bis September 1905 – legte er seine Doktorarbeit vor; er erbrachte den mathematischen Beweis für die Existenz von Atomen; er vertrat die moderne Auffassung von Licht als Teilchen (und legte damit die Grundlage für die Quantenmechanik); und er stellte die spezielle Relativitätstheorie auf – auf deren Weg er die allgemeine Wissenschaftslehre der letzten Jahrhunderte aus den Angeln hob und praktisch zufällig die Äquivalenz von Energie und Masse entdeckte, die in der Gleichung $E = mc^2$ verewigt wurde. All dies bewältigte er in der knappen Zeit, die ihm blieb, wenn er sechs Tage die Woche als Patentprüfer arbeitete, ohne Zugang zu einer Bibliothek und mit einem einjährigen Kind zu Hause.

Damit nicht genug, präsentierte er zehn Jahre später die allgemeine Relativitätstheorie, die in mehreren Gleichungen von unglaublicher Präzision jene Gesetze formulierte, die den sternenübersäten Himmel regieren. Nahezu allein hatte Einstein einen Weg gefunden, den Weltraum so zu fassen, dass die exakte Umlaufbahn des Merkurs, die Bewegung zweier Sterne, die einander umkreisen, und Tausende anderer Situationen beschrieben werden konnten. Die allgemeine Relativitätstheorie stellte die Funktionsweise des Universums so erfolgreich dar, dass sie Erkenntnisse vorwegnahm, die selbst Einstein kaum für möglich halten konnte. Einstein dachte, das Universum sei statisch, doch seiner Theorie nach musste es expandieren; die Theorie war richtig. Die Relativitätstheorie machte seltsame Objekte erforderlich, die so dicht sind, dass ihrer Schwerkraft nichts entkommen kann. Einstein hielt dies für einen mathematischen Fehler, den man ignorieren konnte. Sie entpuppten sich aber als Schwarze Löcher und als tatsächlich sehr real.

Nicht nur in jüngeren Jahren, auch im späteren Leben widerfuhren Einstein Härten, die nicht weniger dramatisch waren als seine wissenschaftliche Leistung. Einstein und Marić konnten ihre Tochter letztlich nicht zu sich nehmen, was ihre Beziehung schwer belastete. Seine erbarmungslos unternommene Scheidung führte zu einem komplizierten, verbitterten, traurigen Verhältnis zu seinen beiden verbliebenen Kindern, Hans Albert und Eduard. Insbesondere bei Eduard, der im Alter von zwanzig Jahren mit Selbstmord drohte, der später gegen Schizophrenie behandelt wurde und den Großteil seines Lebens in psychiatrischen Anstalten verbrachte, gerieten die Dinge aus den Fugen. Einstein wurde zweimal zu einem potenziellen Anschlagsziel, und nach dem Aufstieg der Nationalsozialisten erlebte er die extremste Ausprägung von Antisemitismus, wurde aus seiner Wohnung und aus Deutschland vertrieben und von all seinen Besitztümern und Freunden getrennt.

Andererseits war Einstein in vielerlei Hinsicht ziemlich normal – die weitverbreitete Vorstellung, Genie und Wahnsinn seien nur zwei Seiten einer Medaille, lässt sich in seinem Fall nicht bestätigen. Er war kein Einzelgänger, sondern schloss mühelos Freundschaften, die er mit Leichtigkeit zu pflegen verstand. Er hatte nichts Monomanes an sich, ganz im Gegenteil, er interessierte sich für Musik, für Kunst und Psychologie und nahm lautstark und engagiert Anteil an der Politik seiner Zeit.

Im Lauf seines Lebens wurde er einer der Gründer der pazifistischen Vereinigung *Bund Neues Vaterland*, Mitglied der *Kommission für geistige Zusammenarbeit* beim Völkerbund und stellvertretender Vorsitzender des Verbandes *Crusade to End Lynching*, des »Kreuzzugs zur Beendigung von Lynchmorden«. Er war auch keineswegs so stoisch, wie man vermuten würde. Wenn seine Arbeit angegriffen wurde, reagierte er wütend, manchmal in aller Öffentlichkeit und oft gegen besseres Wissen.

Einsteins Genie war deutlich weniger geheimnisvoll, als man annehmen möchte. Ja, er war ein Genie – einer der größten Wissenschaftler der Geschichte. Angesichts seines Werkes steht dies außer Zweifel. (Eine seiner geringeren wissenschaftlichen Leistungen beispielsweise ist, dass er den Vorgang einer stimulierten Strahlung theoretisch erfasste, was später die Grundlage für die Erfindung des Lasers darstellte.) Doch er war nicht der Prototyp des inspirierten, transzendentalen Genies, dessen Intellekt nicht von dieser Welt ist. Eines der faszinierendsten und beständigsten Merkmale Einsteins war seine Fähigkeit zu arbeiten – wirklich und hart an etwas zu arbeiten.

Eines Tages, er war Assistenzprofessor in Zürich, besuchte ihn zu Hause einer seiner Studenten, Hans Tanner. Tanner fand Einstein in seinem Arbeitszimmer, wie er über einen Stapel Papier gebeugt an Gleichungen arbeitete. Er schrieb mit der rechten Hand und hielt Eduard im linken Arm. Hans Albert spielte derweil munter mit seinen Bauklötzen auf dem Boden und versuchte, die Aufmerksamkeit seines Vaters auf sich zu ziehen. »Einen Augenblick, ich bin gleich fertig!«,[4] sagte Einstein, übergab Eduard an Tanner und wandte sich wieder seinen Gleichungen zu. Hans Albert erinnerte sich später, dass Babygeschrei Einstein nie ablenken konnte.

Arbeit schien ihm sowohl einen Lebensinhalt gegeben als auch Freude bereitet zu haben. Nach seinem ersten Liebeskummer schrieb er, »angestrengte geistige Arbeit«[5] und das

Studium der Natur würden ihm über Probleme hinweghelfen und ihn durch das Leben tragen. Auch in anderen Phasen extremer Belastung – nach dem Tod seiner zweiten Frau Elsa oder als er Eduards Kampf mit seiner Depression mit ansehen musste – wird er dasselbe sagen: Arbeit ist das Einzige, was dem Leben Sinn verleiht.

Schon zu seinen Lebzeiten wurde Einstein mit öffentlichen Deutungen seiner Person konfrontiert. So wurde er etwa fast wie ein Heiliger wahrgenommen, der eine vom Ruhm unverdorbene moralische Überlegenheit besitzt. Diese Sicht wurde nach seinem Tod von seiner langjährigen Sekretärin und Nachlassverwalterin Helen Dukas weiter befördert und hat sich hartnäckig gehalten. An Einstein gibt es aber durchaus auch Abstoßendes. Wie sein Reisetagebuch von 1922 offenbart, hegte er über viele Menschen, die er auf seiner Asienreise traf, rassistische Ansichten, ähnlich auf seiner Tour durch Südamerika. Er würdigte unentwegt Frauen herab. Und auch in seinem Privatleben hatte er einen unschönen Zug: Seiner ersten Frau gegenüber verhielt er sich grausam, als Vater war er abwesend, und er war ein beständiger Ehebrecher. Auch wollte er stets den eigenen Kopf durchsetzen. Einmal blies er die Ferien mit seinem Sohn im Teenageralter ab, nur weil der gewagt hatte, etwas zu sagen, was Einstein nicht passte. Störte etwas oder jemand seinen Sinn für Freiheit, konnte er kleinlich, gemein und wütend werden.

Und doch gelang es ihm, liebenswert zu bleiben. Das liegt zum Teil an dem Spaß, der Heiterkeit und Respektlosigkeit, die zu seinem Wesen gehörten. In seinen Ferien steuerte er seine Jolle auf andere Segler zu und drehte erst im allerletzten Moment lachend ab, um einen Zusammenstoß zu vermeiden, und das, obwohl er nie schwimmen gelernt hatte. Seine deutsch und englisch erschienenen *Autobiographical Notes,* deutscher Titel *Autobiographisches,* nannte er »den eigenen Nekrolog«[6], erwähnte sich selbst darin aber mit kaum einem Wort. Nachdem der Arzt ihm das Rauchen untersagt hatte, meinte Einstein, solange er den Tabak nicht selbst kaufe, tue er auch nichts Unrechtes, und so stibitzte er ihn, wo immer er konnte, sei es aus den Tabakdosen der Kollegen oder sogar von Zigaretten, die er auf der Straße aufsammelte.

Einstein wirkte wohl auch deshalb so sympathisch, weil er so ausgesprochen freundlich war. Nicht nur, dass er Fremden immer ein Lächeln schenkte und offen auf sie zuging, er war auch unerschütterlich loyal, warmherzig und ehrlich. Deshalb ist es schwer unter denen, die ihn kannten – abgesehen von seiner Familie –, jemanden zu finden, der ihm gegenüber nicht freundlich gesinnt war. Ob in Charlie Chaplins Autobiografie, in einem Interview mit dem betagten Bertrand Russell, den Tagebüchern des deutschen Harry Graf Kessler, den Briefen der belgischen Königin oder den Erinnerungen seiner Kollegen überall auf der Welt, immer stößt man auf das gleiche beglückende Gefühl darüber, Einstein gekannt zu haben. Angesichts einer solchen Zuneigung ist es gar nicht so leicht, ihn nicht zu behandeln wie einen eigenen Freund: Man genießt seine Gesellschaft und ist gern bereit, ihm seine Fehler und Schwächen zu verzeihen, oder sie zumindest mit Nachsicht zu betrachten.

Dies ist eine Biografie in Form eines Mosaiks. Sie besteht aus kurzen, unterschiedlich gestalteten Kapiteln, die sich mit einem bestimmten Moment oder Aspekt in Albert Einsteins Leben befassen – das kann einmal eine Anekdote sein, ein anderes Mal die Auseinandersetzung mit seiner wissenschaftlichen Arbeit oder auch ein Auszug aus seinen Briefen. Zusammen sollen die Einzelteile ein Porträt zeichnen, das auf seine Weise nicht minder repräsentativ ist als eine herkömmliche Biografie. Bei diesem Mosaik geht es mir nicht darum, Einstein reinzuwaschen oder ein bestimmtes Merkmal seiner Persönlichkeit herauszuarbeiten. Viel faszinierender sind für mich die Inkonsistenzen, die zum Leben gehören, das Unerklärliche, nicht

Passende, Handlungen, die verrückten Impulsen entspringen und den Tagen und Jahren Kontur verleihen.

Heute ist Einstein eher eine Galionsfigur als ein Mensch, ein Symbol für etwas, das über ihn selbst hinausweist: für wissenschaftlichen Fortschritt, den menschlichen Geist, ja sogar für die gesamte Epoche seines Wirkens. Er wird für seine außerordentliche Intelligenz verehrt, als würde er repräsentieren, wozu wir Menschen fähig sein könnten – ein Bild, zu dem seine unverblümte Rechtschaffenheit tritt, sein fehlendes Interesse an Protz, Kleidung und Auszeichnungen, seine Gleichgültigkeit dafür, was die Leute über ihn dachten, sein unerschütterliches Streben nach Wahrheit und Frieden. Kurzum, ein Mensch, der für das Gute steht.

Die Auseinandersetzung mit seinem Leben zeigt, dass sein Genie seine Menschlichkeit nicht überschattete und dass er nicht auf beängstigende, entmutigende Weise anders war. Als er 1929 gerade einen weiteren Versuch einer einheitlichen Feldtheorie publiziert hatte, wurden in den Kirchen in ganz Amerika Predigten über die theologischen Implikationen dieser Arbeit gehalten, und die *New York Times* schickte Reporter in die Gemeinden der Stadt. Reverend Henry Howard, Pastor der presbyterianischen Kirche in der Fifth Avenue, verglich Einsteins neueste Theorie mit den Schriften des heiligen Paulus über die Einheit der Natur. Doch es war kein heiliger Text, kein Produkt einer semigöttlichen Intelligenz, sondern eine Theorie – die schlichtweg falsch war. Albert musste sie nach all dem Rummel rasch aufgeben, so wie alle seine Versuche einer einheitlichen Feldtheorie.

Einstein erinnert uns daran, dass es nicht heißt, gänzlich frei von Fehlern zu sein, wenn wir das Beste aus uns herausholen. Seine Güte war kein Zustand, kein Ausdruck seines Genies – sondern ein lebenslanges Streben. Und darum umso bemerkenswerter.

1

Avenue de l'Opéra, Paris, um 1880 –
mit Jablotschkowschen Kerzen,
den ersten elektrischen Straßenlaternen der Welt

Die Lichter gingen an. Im Juni 1878 wurde in Paris ein Schalter umgelegt. Die Avenue de l'Opéra – diese große Straße mit ihren breiten Gehwegen, die den Blick auf die Oper lenkt – war plötzlich beleuchtet. Ein unnatürliches, grelles Licht fiel auf die Georges-Eugène-Haussmann-Fassaden und hüllte die oberen Stockwerke in Dunkel. Dem versammelten Publikum verschlug es den Atem. Die Avenue de l'Opéra war die erste Straße der Welt mit elektrischer Straßenbeleuchtung. Ende desselben Jahres wurden diese als Jablotschkowsche Kerzen bekannten Laternen auch am Londoner Themseufer aufgestellt, monströse gusseiserne Fische wanden sich um den Laternenpfahl auf einem steinernen Sockel. Schon bald erhellte ihr fluktuierendes, unirdisches Licht jeden größeren Boulevard in Paris, und Tausende weitere tauchten in London sowie etlichen größeren Städten in den Vereinigten Staaten auf.

Doch so wundervoll die Jablotschkowschen Kerzen auch waren, für Innenräume waren sie viel zu hell, und so versuchte man, eine elektrische Glühlampe zu entwickeln, die auch für Büros, Läden und Wohnungen geeignet war. Im Januar 1879 präsentierte der britische Chemiker Joseph Swan bei einer Vorlesung in Newcastle erfolgreich eine funktionierende Lampe. Im gleichen Jahr machte sich Thomas Alva Edison in Menlo Park, New Jersey, daran, seine Version zu perfektionieren. Edison hatte seine eigene Glasbläserei vor Ort, die ihn ständig mit neuen Glaskolben versorgen konnte. Und die brauchte er. In diesem Jahr testete er mehr als 6000 Materialien als mögliche Glühfäden, wobei er so gut wie alles an Pflanzen verkohlte, was ihm unter die Finger kam – Bambus, Lorbeer, Buchs, Zeder, Hickory, Flachs. Am 22. Oktober 1879 wurde an ein Stück verbrannten Baumwollfaden, das in einer Glühlampe aufgewickelt war, Spannung angelegt. Es strahlte ein warmes, orangefarbenes Licht aus und brannte länger als einen halben Tag. Edisons Projekt war erfolgreich.

In diese neue, immer heller werdende Welt wurde am 14. März 1879, kurz vor zwölf Uhr mittags, Einstein hineingeboren.

Er kam in der alten schwäbischen Stadt Ulm am Ufer der Donau im Südwesten Deutschlands zur Welt. Das Motto der Stadt, das schon Hunderte Jahre alt ist, lautet *Ulmenses sunt mathematici,* »Ulmer sind Mathematiker«. Im Jahr 1805 war Ulm Schauplatz der Niederlage der österreichischen Armee gegen Napoleon. Als die Familie Einstein dort lebte, wurde gerade ein Kirchturm für das Münster, in dem Mozart einst die Orgel gespielt hatte, errichtet. Nach der Fertigstellung war es die höchste Kirche der Welt.

Pauline Einstein war elf Jahre jünger als ihr Ehemann Hermann, sie kam aus einer wohlhabenden Familie. Ihr Vater, Julius Koch, betrieb einen Getreidehandel und hatte es bis zum königlich-württembergischen Hoflieferanten gebracht. Sie war vornehm und gebildet, aber nicht hochnäsig. Sie war musikalisch, besaß Talent zum Klavierspielen und hatte Freude daran. In deutscher Literatur war sie gut bewandert. Sie galt als praktisch, zielgerichtet und willensstark und war für ihren spitzzüngigen, sarkastischen Witz bekannt, der ebenso verletzend wie erheiternd sein konnte.

Wie seine Frau stammte auch Hermann von jüdischen Handwerkern und Kaufleuten ab. Die Einsteins lebten seit zwei Jahrhunderten im ländlichen Schwaben und waren mit jeder Generation stärker an die deutsche Gesellschaft assimiliert, sodass Hermann und Pauline sich gleichermaßen schwäbisch wie jüdisch fühlten. Interesse am jüdischen Glauben hatten Einsteins Eltern jedoch kaum.

Hermann war ein wohlwollender Gegenpart zu seiner Frau. Er war umgänglich, geradezu fügsam und in seinen Ansprüchen bodenständiger. Er liebte Wanderungen durch schöne Landschaften und kehrte dann gern in einem Wirtshaus ein, wo er Würstchen und Radieschen aß und ein Bier dazu trank. Er trug einen Walrossbart, hatte ein kantiges Gesicht und war ein durch und durch standfester Mensch. In der weiterführenden Schule zeigte sich seine Begabung für die Mathematik, und auch wenn er sich ein Studium nicht leisten konnte, verschaffte ihm seine Bildung den Zugang zu einer sozial höhergestellten Schicht. Sein Sohn schilderte ihn als klug und freundlich. Zudem war er ein unerschütterlicher Optimist, obwohl seine unpraktische Ader seine Hoffnungen oft zunichtemachte.

Im Sommer 1880, als Albert ein Jahr alt war, überredete Jakob Einstein seinen älteren Bruder Hermann, mit der Familie nach München zu ziehen und Teilhaber seines Ingenieurbüros, Jakob Einstein & Cie., zu werden. Der Umzug bedeutete für die Einsteins den Wechsel aus einer ländlich geprägten Kleinstadt, wo die Kühe noch über den Marktplatz getrieben wurden, in ein wuselndes großstädtisches Umfeld. Die bayerische Hauptstadt hatte damals 300 000 Einwohner. Es gab eine Universität, ein Königsschloss und einen blühenden Kunstmarkt.

Anfangs boten die Brüder Gas- und Wasserinstallationen an, doch bald schon verlegten sie sich auf elektrische Installationen. 1882 nahmen sie an der Internationalen Elektrizitätsausstellung in München teil, wo sie Dynamos, Bogenlampen und Glühlampen präsentierten – und ein Telefon. Drei Jahre später übernahmen sie die Beleuchtung des Oktoberfestes, zum ersten Mal mit elektrischem Licht. Für den jungen Albert war elektrisches Licht also nichts Abstraktes, das auf einer weit abseits liegenden technologischen Revolution beruhte. Es war etwas Reales, Unmittelbares, Begreifbares. Jakob und Hermann begannen, den Jungen in ihr Geschäft einzuführen. Er lernte alles über die Feinheiten eines Motors, die Anwendungsmöglichkeiten von Elektrizität und Licht und die physikalischen Gesetze, die all dem zugrunde lagen.

Nachdem sie einen großen Teil von Paulines Vermögen investiert hatten, florierte das Unternehmen, und es erhielt Aufträge für Straßenlaternen in ganz Deutschland und im Norden Italiens. Da Jakob einige wichtige Patente hielt, hatte die Firma in ihren besten Tagen zweihundert Mitarbeiter und konkurrierte mit Firmen wie Siemens und AEG. 1893 jedoch, Einstein war bereits im Teenageralter, wendete sich das Blatt, als das Unternehmen eine Reihe von Aufträgen für Beleuchtungen in München an die Konkurrenz verlor. Einstein & Cie. war die einzige Münchner Firma, die sich um die Aufträge beworben hatte, aber sie war auch die einzige von Juden betriebene Firma, und das war offenbar genug, um sie aus dem Geschäft zu drängen. Das Unternehmen ging in Konkurs, und Hermanns und Paulines Haus wurde gepfändet. Aus ihrem Zuhause gerissen, beschlossen sie einen Neuanfang in Italien zu versuchen, wo die Geschäftsaussichten besser waren.

Elektrisches Licht umgab den jungen Einstein – es war die modernste Technik seiner Zeit und stand im Zentrum des Familienbetriebs. Doch wenn die Wissenschaft auch wusste, wie man Straßen beleuchten und Glühfäden aus Pflanzenfasern über Stunden hinweg golden glühen lassen konnte, das Licht selbst blieb weitgehend ein Mysterium. Das würde sich bald ändern.

2

Albert und Maja Einstein, 1885

Einstein hatte eine Schwester, die zweieinhalb Jahre jünger war als er, geboren am 18. November 1881 in München. Sie hieß Maria, auch wenn sie zeitlebens nur die Verkleinerungsform Maja verwendete. Als Albert von der bevorstehenden Ankunft seiner kleinen Schwester erfuhr, mit der er würde spielen können, stellte er sich eher eine Art Spielzeug vor – nicht jedoch das seltsame winzige Geschöpf, das ihm dann präsentiert wurde. Als er sie zum ersten Mal sah, fragte er seine Eltern, »Ja, aber wo hat es denn seine Rädchen?«[7] Er war zutiefst enttäuscht.

Doch die beiden wurden bald enge Vertraute, und das blieben sie bis ans Ende ihres Lebens. Einsteins Verbindung zu Maja war eine der stabilsten und liebevollsten, die er erleben würde. Ihre Kindheit war im Großen und Ganzen angenehm: gutbürgerlich, unbeschwert und glücklich. Doch Hermann und Pauline plädierten auch für Eigenständigkeit im Denken und Handeln, und so schickten sie schon den drei- oder vierjährigen Einstein allein durch die geschäftigsten Straßen Münchens voller Pferdekutschen. Sie zeigten ihm einmal den Weg, danach erwarteten sie von ihm, sich allein zurechtzufinden – wiewohl heimlich begleitet von seinen besorgten Eltern, die sofort eingegriffen hätten, wäre etwas schiefgegangen. Wie es aussah, gab es keinen Grund zur Sorge. Wenn Albert an eine Kreuzung kam, schaute er pflichtbewusst zuerst nach links, dann nach rechts und überquerte anschließend unbekümmert die Straße.

Abends mussten er und Maja ihre Schularbeiten erledigen, bevor sie spielen durften. Der kleine Albert verbrachte seine Freizeit mit Puzzeln, Bausteinen oder Laubsägearbeiten. Seine Lieblingsbeschäftigung war, Kartenhäuser zu bauen, was er hervorragend konnte. Manchmal gelang es ihm, bis zu vierzehn Stockwerk hohe Gebilde zu erschaffen.

Die vielen Cousins und Cousinen Einsteins kamen oft zum Spielen in den weitläufigen Garten hinter dem Haus der Familie, doch er selbst gesellte sich nur selten dazu. Wenn er sich aber beteiligte, war er die Autoritätsperson und galt, so erinnerte sich Maja, »als der selbstverständliche Arbiter in allen Streitfällen«.[8] Doch in der Regel war er sich selbst genug, er war vorsichtig und gründlich und nahm sich Zeit für das, was er tat. Er entwickelte sich langsam und lernte so spät sprechen, dass seine besorgten Eltern einen Arzt aufsuchten. Eine besondere Schwierigkeit begleitete ihn durch seine Kindheit: Wenn er etwas sagen wollte, flüsterte er die Worte zuerst vor sich hin. So verfuhr er mit jeder noch so alltäglichen Äußerung, was das Hausmädchen der Familie veranlasste, ihn einen »Depperten«[9] zu nennen. Aus Sorge um ihren Sohn stellten die Eltern eine Hauslehrerin ein, die ihm bald den Spitznamen »Bruder Langweil«[10] verpasste. Im Alter von sieben Jahren schließlich verschwand die Angewohnheit zu flüstern.

Bruder und Schwester stritten und neckten sich, wie normale Geschwister das so tun, manchmal aber auch stürmischer. Vor allem Albert hatte als Kind heftige Wutanfälle, bei denen sein Gesicht gelb und die Nasenspitze weiß wurde und er völlig die Kontrolle über sich verlor, wie Maja sich erinnerte. Während seines Privatunterrichts wurde er einmal so zornig auf seine arme Lehrerin, dass er sich einen Stuhl schnappte und damit auf sie einschlug. Sie floh und ward nie wieder gesehen.

Ein anderes Mal warf er seiner kleinen Schwester eine mächtige Bowlingkugel an den Kopf, so schrieb es Maja gut vierzig Jahre später auf, offenbar hatte sie ihm das noch nicht ganz verziehen. Sie erzählte auch, dass er ihr bei anderer Gelegenheit mit einer Gartenharke an den Kopf schlug. »Woraus ohne weiteres ersichtlich ist, dass auch ein gesunder Schädel dazu erforderlich ist, die Schwester eines Denkers zu sein.«[11]

3

Eines Tages, im Alter von vier oder fünf Jahren, lag Albert krank zu Bett. Sein Vater kam, um nach ihm zu sehen, und gab ihm einen Taschenkompass zum Spielen. Als Einstein den untersuchte, war er so begeistert, dass er Gänsehaut bekam. Die Nadel faszinierte ihn, denn er konnte sich nicht erklären, was er da sah. Er wusste, dass man Bewegung durch Berührung anstoßen konnte – das war etwas Alltägliches –, aber die Nadel befand sich hinter Glas, außer Reichweite und eingeschlossen. Nichts berührte sie, und doch bewegte sie sich, als wären jemandes Finger im Spiel.

Phänomene wie Wind und Regen oder die Tatsache, dass der Mond am Himmel hing, ohne herunterzufallen, waren ihm in diesem Alter bereits vertraut. Sie waren vorhanden und erkennbar: Er hatte sie von klein auf vor Augen. Doch die Beständigkeit der Kompassnadel, die immer nach Norden zeigte, egal wie er das Gehäuse drehte und wendete, das war ein Wunder.

Als Einstein beobachtete, wie die Nadel in ihre Position zurücktanzte, begriff er, dass dies etwas war, das über sein Weltverständnis hinausreichte. Er wusste nichts über das Magnetfeld der Erde, doch schien ihm die Nadel von einer geheimnisvollen Kraft beeinflusst zu werden. Er selbst sagte mehr als sechzig Jahre später, als er sich an den Vorfall erinnerte, ihm sei klar geworden, »da musste etwas hinter den Dingen sein, das tief verborgen war«.[12] Und er wollte versuchen, das zu verstehen.

»Ich erinnere mich noch jetzt […], dass dies Erlebnis tiefen und bleibenden Eindruck auf mich gemacht hat.«[13]

4

Hermann Einstein war stolz darauf, dass in seinem Haus keine jüdischen Rituale praktiziert wurden. Er betrachtete sie als überholt, als Relikte eines alten Aberglaubens. In seiner Familie besuchte nur ein Onkel die Synagoge, und der tat es auch nur, weil, man wisse ja nie.

So war es auch keine große Überraschung, dass Albert mit sechs Jahren die Petersschule, die nahe gelegene katholische Volksschule, besuchte. In seiner Klasse mit siebzig Schülern war er der einzige Jude. Er erhielt die übliche katholische Erziehung, lernte Teile des Katechismus, Geschichten aus dem Alten und Neuen Testament und die Sakramente. Er mochte den Religionsunterricht und war sogar so gut, dass er seinen Klassenkameraden bei ihren Arbeiten helfen konnte.

Einstein wurde von seinen Lehrern wegen seines Glaubens

nicht diskriminiert. Von seinen Mitschülern allerdings wurde er schikaniert, auf dem Heimweg von der Schule wurde er häufig beschimpft und körperlich attackiert.

Ihren Sohn in eine katholische Schule zu schicken, war das eine, ihn aber allein dem Einfluss des Katholizismus zu überlassen, das andere. Also beauftragten Alberts Eltern als Gegengewicht einen entfernen Verwandten, ihm die Werte des Judentums zu vermitteln. Einstein freilich ging deutlich weiter. 1888, als er neun Jahre alt war, entwickelte er plötzlich einen glühenden jüdischen Glauben. Aus eigenem Antrieb hielt er sich strikt an die Gebote und befolgte die strengen Regeln für den Sabbat und koscheres Essen. Er komponierte sogar eigene geistliche Lieder, die er auf dem Nachhauseweg von der Schule sang. Seine Familie führte ihr weltliches Leben unverändert weiter.

Dieser Wandel fiel mit Alberts Wechsel an eine weiterführende Schule zusammen, das Luitpold-Gymnasium nahe der Stadtmitte. Neben den traditionellen Fächern Latein und Griechisch legte man hier auch auf Mathematik und Naturwissenschaften Wert und stellte den jüdischen Schülern einen eigenen Lehrer für den Religionsunterricht zur Verfügung.

Einstein erinnerte sich später, dass ihm der Garten, der zum Haus der Familie gehörte, in dieser Zeit eine Art paradiesische Freude schenkte. Dort war er glücklich, dort konnte er sich der Versenkung widmen, und sein Glaube wurde beflügelt vom Duft frisch aufgegangener Blüten und saftiger Knospen. Und er war sich dessen bewusst geworden, was er »die Nichtigkeit des Hoffens und Strebens […], das die meisten Menschen rastlos durchs Leben jagt«[14], nannte.

Er bezeichnete diese Phase seines Lebens später als das »religiöse Paradies«[15], doch es endete so plötzlich, wie es begonnen hatte. Mit zwölf Jahren verlor er jedes Interesse an Religion. In diesem Alter sollte er sich auf seine Bar-Mizwa vorbereiten, um sich auch formal zum Judentum zu bekennen, doch vielleicht war es gerade das, was zum Verlust seines Glaubens beitrug. Später schrieb Einstein dies jedoch dem Einfluss des wissenschaftlichen Denkens zu, oder wie immer man es nennen mag.

Eine jüdische Tradition, wenn auch abgewandelt, hielten die Einsteins aufrecht. In jüdischen Familien war es Brauch, zum Sabbatmahl einen armen Talmudschüler einzuladen. Bei den Einsteins war es nicht der Samstag, sondern ein Donnerstag, und kein Talmudschüler, sondern ein Medizinstudent, den sie empfingen. Er hieß Max Talmud und war einundzwanzig Jahre alt, als er zum ersten Mal zu Gast bei den Einsteins war, Albert war zehn, doch die beiden wurden bald Freunde. Nachdem er Einsteins Interesse an diesen Fächern bemerkt hatte, brachte Talmud ihm naturwissenschaftliche und mathematische Bücher mit. Und jede Woche zeigte Einstein ihm eifrig, mit welchen Fragestellungen er sich beschäftigt hatte. Auch wenn es zu Beginn Talmud war, der ihm weiterhalf, dauerte es nicht lang, bis Einstein ihn überflügelt hatte.

Die Wirkung auf Einstein reichte tief: »Durch Lesen populärwissenschaftlicher Bücher kam ich bald zu der Überzeugung, dass vieles in den Erzählungen der Bibel nicht wahr sein konnte«, so erinnerte er sich später. »Die Folge war eine geradezu fanatische Freigeisterei, verbunden mit dem Eindruck, dass die Jugend vom Staate mit Vorbedacht belogen wird; es war ein niederschmetternder Eindruck.«[16]

Ein Eindruck, den er nie wieder abschütteln konnte. Zeitlebens hegte er eine Abneigung gegen religiöse Orthodoxie und Rituale und stand jeglicher Art von Autorität oder Dogmen ablehnend gegenüber. Das unmittelbare Ergebnis seiner neuen Haltung war, dass er sich nach drei Jahren, im entscheidenden Moment, weigerte, die Bar-Mizwa zu feiern.

5

Religion war nicht das Einzige, wogegen Einstein eine Abneigung entwickelte. Gelegentlich zogen Soldaten durch München, die im Rhythmus die Trommeln schlugen und mit ihren Flöten dazu spielten, was für fröhliche Stimmung sorgte. Die Fenster vibrierten, wenn sie im Gleichschritt marschierten, und bald liefen Kinder auf die Straße, um mitzumarschieren und Soldaten zu spielen. Als Einstein dieses Schauspiel einmal beobachtete, brach er in Tränen aus. »Wenn ich einmal groß bin«, erklärte er seinen Eltern, »dann will ich nicht zu diesen armen Leuten gehören.«[17]

Der militärische Geist prägte auch das Schulwesen. Im Luitpold-Gymnasium, wie in den meisten deutschen Schulen dieser Zeit, konzentrierte sich der Unterricht ganz auf das Auswendiglernen, auf Disziplin und Systematisierung. Hinterfragen war unerwünscht – die Inhalte sollten gelernt und wiedergekäut werden. Die Lehrer galten als Autorität und Zentrum des Wissens schlechthin, die Schüler waren nichts als Gefäße, um dieses Wissen aufzunehmen, Zöglinge der Autorität ihrer Lehrer. Einstein erhielt gute Noten, doch ein guter Schüler war er deshalb noch lange nicht. Er hielt mit seiner Verachtung für das Schulsystem, das Gymnasium und bestimmte Lehrer, die er viele Jahre später als »Leutnants«[18] betitelte, nicht hinterm Berg.

Einmal erklärte einer seiner Lehrer gar, Einstein sei in der Klasse nicht erwünscht. Er entgegnete, dass er doch nichts Falsches getan habe. Ja, aber er sitze dort in der letzten Reihe und grinse, antwortete der Lehrer, »Ihre bloße Anwesenheit hier verdirbt mir den Respekt der Klasse«.[19] Derselbe Lehrer forderte Einstein auch auf, die Schule ganz zu verlassen.

Im Alter von fünfzehn Jahren blieb Albert allein in München zurück und wohnte bei entfernten Verwandten. Nach dem Zusammenbruch der Firma seines Vaters war der Rest der Familie nach Italien gezogen, und er wurde zurückgelassen, um das Gymnasium abzuschließen. Er war so unglücklich, dass er den Hausarzt überredete (ein älterer Bruder von Max Talmud), ihm ein Attest auszustellen, das ihm eine »neurasthenische Erschöpfung« bescheinigte, mit der Empfehlung, die Schule abzubrechen. Dann suchte er seinen Mathematiklehrer auf und bat ihn, ihm schriftlich zu bestätigen, dass er den Lernstoff bis zum Abitur beherrsche und ein hervorragender Mathematiker sei. Kurz vor den Weihnachtsferien 1894 packte er seine Sachen, kaufte sich eine Zugfahrkarte und erschien ohne Vorwarnung im Haus seiner Eltern in Mailand. Hermann und Pauline waren entsetzt, doch trotz ihrer Proteste blieb er eisern bei seinem Entschluss, nicht mehr nach München zurückzukehren.

Er versprach, sich eigenständig auf die Aufnahmeprüfung am Polytechnikum in Zürich vorzubereiten – in dieser Hochschule wollte er sein Studium beginnen. Trotz ihrer Sorgen und Zweifel unterstützten die Eltern am Ende Einsteins Plan, so gut sie konnten. Als sich herausstellte, dass man für das Aufnahmeverfahren am Polytechnikum mindestens achtzehn Jahre alt sein musste, überzeugten Hermann und Pauline einen Freund der Familie, für ihren Sohn zu intervenieren und um eine Ausnahmegenehmigung zu bitten. Der Freund nahm den Auftrag offensichtlich ernst und empfahl den damals sechzehnjährigen Albert in den höchsten Tönen. Der Direktor des Polytechnikums, Albin Herzog, antwortete:

> Nach meiner Erfahrung ist es nicht empfehlenswert, auch sogenannte »Wunderkinder« vor der gänzlichen Absolvierung einer Anstalt, in der einmal die Studien begonnen wurden, wegzunehmen. […] Sollten Sie, beziehungsweise die Angehörigen des in Frage stehenden jungen Mannes meine Ansicht nicht teilen, gestatte ich demselben – unter ausnahmsweiser Dispension

von der Altersbestimmung –, sich einer Aufnahmeprüfung in unsre Anstalt zu unterziehen.[20]

Die Prüfungen begannen am 8. Oktober 1895 und dauerten mehrere Tage. Er fiel durch. Zwar hatte er auf dem Gebiet der von ihm gewählten Studienfächer Mathematik und Physik gute Ergebnisse erzielt, doch in allen anderen schnitt er schlecht ab – zu den allgemeinen Fächern gehörten Literaturgeschichte, Politik und Naturwissenschaften. Einstein war weder so von sich überzeugt noch so dumm, zu glauben, dass es gut ausgehen würde. Die enormen Wissenslücken dürften ihn, vielleicht als er sich durch eine Aufgabe in Zoologie kämpfte, auf den Boden der Tatsachen zurückgeholt haben. »Dass ich durchfiel, empfand ich als voll berechtigt«,[21] erinnert sich Einstein später.

Doch dank seiner höchst beeindruckenden Leistungen in den technischen Fächern wurde er vom Polytechnikum nicht rundweg abgelehnt, sondern erhielt Zuspruch. Denn der Professor für Physik, Heinrich Weber, lud Albert entgegen den Vorschriften ein, seine Vorlesungen zu besuchen. Doch Herzog empfahl Einstein, sein letztes Jahr bis zur Hochschulreife lieber in der nahe gelegenen Oberstufe abzuschließen und sich im Jahr darauf wieder vorzustellen. Wenn er dort seinen Abschluss habe, werde Einstein zugelassen, auch wenn ihm nach den Regularien des Polytechnikums noch sechs Monate bis zum Mindestalter fehlten.

So kam es, dass Einstein sich am 26. Oktober 1895 an der Kantonsschule in Aarau einschrieb, einer hübschen kleinen Stadt, vierzig Kilometer von Zürich entfernt. Die Schule hatte einen guten Ruf als fortschrittliche Institution. Neben dem herkömmlichen Lehrplan lag ein Schwerpunkt auf den modernen Fremdsprachen und den Naturwissenschaften. Sogar ein hervorragend ausgestattetes Labor stand zur Verfügung. Unterstützt wurde auch eine wertschätzende, positive Unterrichtsmethode. Man vermied pures Auswendiglernen und

Paukerei und behandelte die Schüler als Individuen. Insbesondere wurde die Visualisierung durch Bilder und Gedankenexperimente als Weg zum Verständnis von Sachverhalten gefördert.

Wie Einstein es ausdrückte, besaßen die Lehrer einen »schlichten Ernst«.[22] Sie waren keine bloßen Autoritätspersonen, sondern eigenständige Menschen, mit denen man sich austauschen und auseinandersetzen konnte. »Diese Schule hat [...] einen unvergesslichen Eindruck in mir hinterlassen«, schrieb er, »durch Vergleich mit sechs Jahren Schulung an einem deutschen, autoritär geführten Gymnasium wurde mir eindringlich bewusst, wie sehr die Erziehung zu freiem Handeln und Selbstverantwortlichkeit jener Erziehung überlegen ist, die sich auf Drill, äußere Autorität und Ehrgeiz stützt. Echte Demokratie ist kein leerer Wahn.«[23]

In seiner Zeit in Aarau wohnte Einstein bei einem Lehrer der Schule. Jost Winteler, seine Frau Rosa und deren sieben Kinder wurden für ihn zu einer Art Familie, und bald sprach er Jost und Rosa mit »Papa« und »Mama« an. Fast jeden Abend saß er mit der Familie beim Abendessen, diskutierte und lachte.

Winteler war ein imposanter Mann mit vollem Spitzbart, dichtem Haar und einer kleinen Brille. Er war Philologe, Journalist, Dichter und Vogelkundler und lehrte an der Schule Latein und Griechisch. Er nahm sich großzügig Zeit, war aufgeschlossen in seinem Denken und ein entspannter Lehrer, er besaß eine liberale Gesinnung, und seine Integrität war durchaus kämpferischer Natur: Er trat für die freie Meinungsäußerung ein und hegte eine tief sitzende Abneigung gegen jede Form von Nationalismus. Einstein übernahm viele von Wintelers Überzeugungen, vor allem sein Bekenntnis zum Internationalismus.

Einsteins neuer politischer Blick und seine Verachtung des deutschen Militarismus erweckten in ihm den Wunsch, seine deutsche Staatsbürgerschaft abzugeben, und er bat seinen Vater, ihn dabei zu unterstützen. Grund für seine Entscheidung war sicherlich auch eine konkrete Sorge: Wäre er mit siebzehn noch deutscher Staatsbürger, müsste er die Wehrpflicht absolvieren.

Die Urkunde, die offiziell Einsteins Entlassung aus der Staatsbürgerschaft bescheinigte, traf sechs Wochen vor seinem siebzehnten Geburtstag ein.

6

Marie war die jüngste Winteler-Tochter. Als Einstein zur Familie zog, lebte sie zu Hause und wartete auf ihre erste Anstellung, nachdem sie gerade das Lehrerinnenseminar abgeschlossen hatte. Sie stand kurz vor ihrem achtzehnten Geburtstag, Einstein war sechzehn. Die mit ihren dunklen Locken auffallend hübsche Marie war erfüllt von Lebensfreude und gleichzeitig voller Selbstzweifel. Beide liebten sie Musik und spielten abends für die Familie, Einstein auf der Geige, Marie begleitete ihn auf dem Klavier. Wenige Monate später, Ende 1895, verliebten sie sich ineinander.

Weder Einstein noch Marie konnten die Gedanken voneinander lassen. Einstein blieb nachts lange wach, starrte in den Himmel und hatte den Eindruck, Orion hätte noch nie schöner gefunkelt als jetzt. Im Januar 1986 zog Marie aus und trat in einem nahe gelegenen Ort die Stelle einer Lehrerin an. Obwohl sie oft nach Hause kam, schrieben sie sich doch zahllose Liebesbriefe, in denen sie ihre Trennung beklagten: »O mein Liebchen, es ist schön, ein Leid zu erdulden, wenn Sie trösten.«[24]

Er schickte ihr Mozart-Lieder. Er schickte ihr sogar Würste, um ihr zu helfen, ein wenig zuzunehmen, er nannte das sein »Kirchweihnudelprojekt«[25]. Er versuchte, sie eifersüchtig zu machen und sie zum Lachen zu bringen. »Denken Sie sich«, schrieb er ihr einmal, »heute hab ich mit Frl. Baumann [...] musiziert, worüber Sie eifersüchtig sein *müssen*, wenn Sie das Mädchen kennen. Mit größter Leichtigkeit kann sie ihre zarte Seele ins Instrument hineinlegen, weil sie nämlich gar keine hat. Nicht wahr, wie bös ich wieder bin & wie schmähsüchtig ...«[26]

Alberts und Maries Eltern waren glücklich über diese Beziehung. Vor allem Pauline Einstein sprach gern über das Glück der beiden. Als Einstein im April 1896 für die Frühlingsferien zur Familie nach Italien kam, versuchte sie oft, seine Briefe an Marie zu lesen. Einem Antwortbrief Alberts hängte Pauline die Bemerkung an: »Ohne diesen Brief gelesen zu haben, sende ich Ihnen herzl. Grüße!«[27]

Doch die Unbeschwertheit war nicht von Dauer. Einstein schrieb sich im Oktober am Polytechnikum in Zürich ein und gewöhnte sich schnell und problemlos an das lockere Studentenleben. Es schien, als wirkte sich sein Umzug unmittelbar auf seine Beziehung zu Marie aus, auch wenn er ihr anfangs noch seine Wäsche geschickt hat. Marie hat das wohl bemerkt. In einem Brief vom November 1896 schrieb sie mit einer Mischung aus Zuneigung und Verärgerung:

> Geliebter Schatz!
> Heut ist, just u. eben, Ihr Körbchen angekommen, u. ich hab mir vergebens die Augen nach einem kleinen Zedlechen ausgeguckt, aber ich war doch nur schon über Ihre lieben Schriftzüge auf der Adresse froh. [...] Letzten Sonntag ging ich unter strömendem Regen durch den Wald, um Ihr Körbchen an die Post zu tragen, ists auch bald angekommen?[28]

Albert hatte bereits vorgeschlagen, sich nicht weiter zu schreiben. »Mein Lieb, ich begreife eine Stelle in Ihrem Brief nicht recht. Sie schreiben, dass Sie nicht mehr mit mir korrespondieren wollten, warum aber nicht Schatzi?«[29] Als sie eine Teetasse schickte, reagierte er bemerkenswert ungnädig. In seinem Antwortbrief schrieb er, sie hätte sich keine Umstände machen sollen. »Mein lieber Schatz das ›Ding‹ daß ich Ihnen das dumme Theetöpferl schicke, braucht Ihnen gar nicht zu gefallen, wenn Sie dann nur guten Thee drauf kochen [...] Sind Sie nun zufrieden u. machen mir kein böses Gesicht mehr hin, das ja aus allen Häuschen des Briefpapieres geguckt hat.«[30]

Albert hörte auf, ihr zu schreiben, und sie begann ihre Beziehung infrage zu stellen, wenn auch auf die für sie typische indirekte Art, indem sie einen Großteil ihrer Wut gegen sich selbst richtete. Sie fragte, ob sie ihm nicht genug sei – sie fühlte sich Einstein intellektuell unterlegen und machte sich offen darüber Gedanken, ob er nur aus mitleidigem Pflichtbewusstsein bei ihr blieb. Was Einstein anbelangt, so schien er Marie nicht wehtun zu wollen. Er fühlte sich schuldig und war immer noch ein wenig verliebt, und so versuchte er sie zu beruhigen – und sich aus der Situation zu retten –, statt sich seine wahren Gefühle einzugestehen.

Schließlich entschloss sich Einstein im Mai 1897, die Beziehung zu beenden. Er schickte Marie eine Notiz, in der er Marie beschwor, nicht sich selbst die Schuld zu geben, und fuhr dann fort: »Ich bitte Sie flehentlich, dass Sie mich wenigstens nicht dessentwillen hassen, was ich nach Überwindung der ärgsten Kämpfe noch von der elenden Schwächlingsnatur erzwungen habe. Ich habe nichts gethan, was niederschmetternden Haß, [...] nur Verachtung verdiente.«[31]

Da er die Familie kurz darauf besuchen wollte, musste er auch Rosa Winteler, oder dem lieben »Mamerl«, schreiben, wie er sie häufig nannte:

> [...] ich kann Pfingsten nicht zu Ihnen kommen. Es wäre meiner mehr als unwürdig, wenn ich ein Paar Tage Wonne mit neuem Schmerz erkaufte, den ich dem lieben Kindchen schon

viel zu viel durch meine Schuld verursacht habe. [...] Die angestrengte geistige Arbeit & das Anschauen von Gottes Natur sind die Engel, welche mich versöhnend, stärkend & doch unerbittlich streng durch alle Wirren dieses Lebens führen werden. [...] Und doch, welch seltsame Art ist das, um die Stürme des Lebens zu ertragen – in mancher klaren Stunde komme ich mir vor wie der Vogel Strauß, welcher seinen Kopf in den Wüstensand steckt, um die Gefahr nicht zu sehen. Man schafft sich da selbst so ein Weltchen, wie kläglich und unbedeutend es auch immer sei gegen die ewig wechselnde Größe des wahren Seins, und fühlt sich noch wunder wie groß & wichtig dabei, wie etwa der Maulwurf in seinem selbstgegrabenen Loch.[32]

7

Einstein stützte sich häufig und während seines gesamten Schaffens zur Entwicklung und Erläuterung seiner Ideen auf Gedankenexperimente. Sein Werk ist durchsetzt mit Bildern, die seine Theorien veranschaulichen: Züge etwa oder Ufer und Blitzeinschläge; ein schwebender, fensterloser Kasten; blinde Käfer, die über Äste krabbeln; ein hochempfindliches Gerät, das zu einem bestimmten Zeitpunkt ein einziges Elektron freisetzt.

Einstein war immer der visuelle Lerntyp. Als er einmal seine eigenen Gedankenprozesse analysierte, sagte er, Wörter und Sprache, wie sie gesprochen oder geschrieben würden, spielten in seiner Art zu denken keine Rolle.[33] Die Kantonsschule in Aarau förderte diese Art des Denkens besonders, und so war es auch in seiner Zeit dort, im Alter von sechzehn Jahren, dass er ein Gedankenexperiment durchspielte, das ihn gleichermaßen faszinierte wie verunsicherte.

Einstein stellte sich einen einzelnen Lichtstrahl vor, der sich durch den Raum bewegt und in die Dunkelheit eintaucht. Und er malte sich aus, dass jemand diesem Lichtstrahl in gleicher Geschwindigkeit folgt. Dabei wurde ihm bewusst, dass das Licht in den Augen dieses Beobachters eingefroren wäre. Es würde mit seinen Wellenbergen und -tälern unbeweglich dastehen.

Welche Probleme sich daraus ergaben, war ihm durchaus bewusst. Erstens verletzte es den wissenschaftlichen Grundsatz, der seit dem 17. Jahrhundert galt, dass die physikalischen Gesetze unabhängig davon gelten, ob sich ein Objekt schnell oder langsam bewegt oder ob es stillsteht. Das würde aber bedeuten, dass sich der Lichtstrahl nicht dem einen Beobachter in Bewegung, dem anderen aber im Stillstand zeigen dürfte.

Die zweite Schwierigkeit war, dass sich nicht bewegendes Licht eine Lichtwelle wäre, die unabhängig von Zeit existieren würde – denn, wie könnte man einen Augenblick vom anderen unterscheiden, wenn alles unbeweglich ist? »Wenn man einer Lichtwelle mit Lichtgeschwindigkeit nachläuft, so würde man ein zeitunabhängiges Wellenfeld vor sich haben«, schrieb Einstein später an einen Freund. »So etwas scheint es aber doch nicht zu geben!«[34] Er spürte, dass mit dieser Konstellation irgendetwas nicht stimmte.

Dieses Problem sollte Einstein noch viele Jahre umtreiben, letztlich war es der Keim für einige seiner größten wissenschaftlichen Erkenntnisse. Oder wie er sich ausdrückte: »Dies war das erste kindliche Gedanken-Experiment das mit der speziellen Relativitätstheorie zu tun hat.«[35]

8

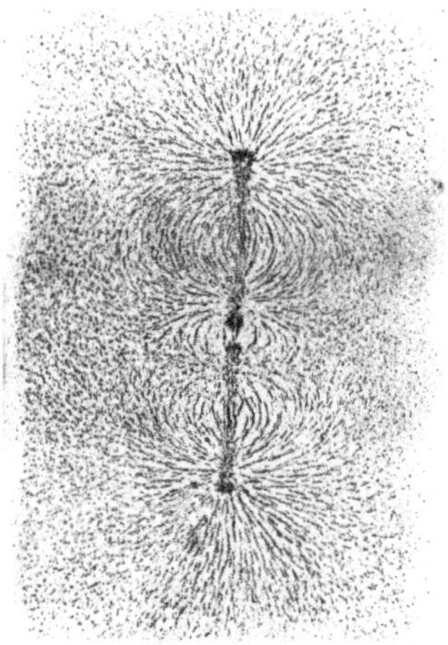

Dem britischen Physiker Michael Faraday gelang es um 1850, mithilfe von Eisenspänen das Muster magnetischer Felder sichtbar zu machen.

In seinem Arbeitszimmer hängte Einstein gern die Porträts von Isaac Newton, Michael Faraday und James Clerk Maxwell auf. Sie blieben sein ganzes Leben lang seine Vorbilder – Lotsen, die vor ihm das Meer erkundet und ihm den Kurs gewiesen hatten, damit er zum Ufer findet.

Was in der Physik als die erste Große Vereinheitlichung bekannt wurde, war das Werk von Newton, der Ende des 17. Jahrhunderts bewiesen hatte, dass Himmel und Erde der gleichen Schwerkraft unterworfen sind – das bedeutet nichts anderes, als dass dieselbe Kraft, die einen Apfel zu Boden fallen lässt, auch den Mond in seiner Umlaufbahn hält. Das war keineswegs eine triviale Erkenntnis. Newton hatte aufgedeckt, dass die Bereiche, die so klar getrennt zu sein schienen, ein zusammenhängendes Ganzes waren.

Die zweite Große Vereinheitlichung in der Physik ergab sich

aus dem Werk des anderen Mannes, dessen Bild an Einsteins Wand hing. Michael Faraday wurde 1791 geboren, er war der Sohn eines Schmieds. Faraday bewies, dass die Bewegung eines Magneten elektrischen Strom erzeugen kann. Ob das Bewegen eines Magneten in der Nähe einer Drahtspule oder das Bewegen einer Drahtspule in der Nähe eines Magneten erfolgt, spielt keine Rolle – in beiden Fällen entsteht Strom.

Faraday war auch der Erste, der Eisenspäne mit einem Magneten bewegte und zeigte, wie sie sich in einem bogenförmigen Muster zu den Polen hin anordneten. Faraday stellte die These auf, dass ein Magnet »Kraftlinien« wie Ranken aussendet und ein »Feld« erzeugt, wie er es nannte. Der Magnetismus befand sich also nicht ausschließlich im Magneten, sondern um ihn herum, dort, wo sich diese Linien zeigten. Er vermutete, dass es dieser seltsame, unsichtbare Kranz – das Feld – war, das auf die elektrischen Ströme wirkte.

Für Faraday war klar, dass Elektrizität und Magnetismus in mehr als einem nur oberflächlichen Zusammenhang standen. Sein gesamtes Arbeitsleben lang versuchte er zusammenzubringen, was man für unabhängige Phänomene hielt – er stellte sogar Vermutungen an, ob Licht nicht eine Schwingung elektromagnetischer Kraftlinien sein könnte. Leider jedoch waren seine Mathematikkenntnisse aufgrund seiner mangelnden Schulbildung so gering, dass er nicht in der Lage war, einen strengen theoretischen Beweis für seine Annahmen zu liefern.

Das konnte ein anderer: James Clerk Maxwell. Er kam vierzig Jahre nach Faraday in Edinburgh zur Welt. Wie Faraday wandte sich auch Maxwell einer breiten Palette wissenschaftlicher Probleme zu. Zum Beispiel war er für die erste Farbfotografie verantwortlich – das Foto eines Tartanbandes. 1859, im Alter von 28 Jahren, lieferte Maxwell eine Erklärung für die Beschaffenheit der Saturnringe, ein Phänomen, das die Wissenschaftsgemeinde seit zweihundert Jahren beschäftigte. Sogar durch ein kleines Teleskop sind die Ringe des Saturn zu sehen, und es ist offensichtlich, dass sie, kosmologisch betrachtet, sehr schmal sind. Die Frage war, warum diese Ringe so schmal sein konnten und doch stabil blieben, warum sie nicht auseinanderbrachen und in Richtung Sonne flogen oder in den Weltraum hinaustrieben. Maxwell ging das Problem mathematisch an und bewies, dass die Ringe, wenn sie fest wären, von der Schwerkraft auseinandergerissen würden. Er sagte voraus, dass die Ringe stattdessen aus einer riesigen Anzahl kleiner Teilchen bestehen mussten, die den Saturn wie eine riesige Herde unabhängig voneinander umkreisten. Seine Lösung fand breite Zustimmung. Mehr als hundert Jahre später bestätigten Fotos der Voyager-Raumsonden seine These.

Bekannt ist Maxwell vor allem für seine Gleichungen zum Elektromagnetismus. Maxwell hatte Faradays Arbeit verfolgt und versuchte nun, deren Richtigkeit zu beweisen, indem er die Verbindung zwischen Elektrizität und Magnetismus mathematisch zu erklären versuchte. Es gelang ihm, und er stellte vier Gleichungen auf, die die magnetischen und elektrischen Felder und Ströme beschrieben. Dies allein war bereits eine Meisterleistung, doch das Geniale an Maxwell war, dass er erkannte, dass sich etwas Neues ergab, wenn er die Gleichungen zusammensetzte. Er erkannte, dass elektrische und magnetische Felder in einer Rückkopplungsschleife gefangen sein können, in der das eine das andere hervorbringt. Wenn sich ein elektrisches Feld veränderte, veränderte sich auch das magnetische Feld, was wiederum eine Veränderung des elektrischen Feldes erzeugte und so weiter. Und das bedeutet, die beiden hängen zusammen, indem sie schlicht verschiedene Erscheinungsformen ein und derselben Sache sind: eines elektromagnetischen Feldes.

Seine Gleichungen erlaubten Maxwell zu zeigen, dass diese elektromagnetischen Felder schwingen können und Wellen erzeugen. Er konnte sogar die Geschwindigkeit der Wellen berechnen. Zu seiner Überraschung fand er heraus, dass sie sich mit ungefähr 300 000 Kilometern pro Sekunde ausbreiteten. Eine sensationelle Entdeckung, denn das entsprach genau der Geschwindigkeit, die man beim Licht gemessen hatte. Das konnte kein Zufall sein. Maxwell musste geradezu daraus schließen, dass Licht eine elektromagnetische Welle war. Mehr noch, er vermutete, dass Licht Teil eines Spektrums solcher Wellen war. So wie rotes Licht eine niedrigere Frequenz hat als blaues Licht, musste es auch elektromagnetische Wellen mit höherer und niedrigerer Frequenz als der von Licht geben – mehr als zwanzig Jahre bevor sie erstmals nachgewiesen wurden, hatte Maxwell Radiowellen vorausgesagt.

So unglaubwürdig es war, Maxwell hatte entdeckt, dass Licht, Elektrizität und Magnetismus irgendwie dasselbe waren. Das war die von Faraday vorbereitete zweite große Vereinheitlichung.

Einstein wurde im selben Jahr geboren, in dem Maxwell starb, und er sah sich als sein Erbe. Zu einem Studenten in Berlin sagte er einmal, er verdanke Maxwell mehr als irgendjemandem sonst. Die letzten dreißig Jahre seines Lebens würde sich Einstein, erfolglos, der Entdeckung einer »einheitlichen Feldtheorie« widmen – einer Theorie, die alle verschiedenartigen und bruchstückhaften physikalischen Erscheinungsformen in ein harmonisches Ganzes fasst und damit die Arbeit vollenden würde, die diese drei Männer, deren Porträts an seiner Wand hingen, begonnen hatten.

Als Einstein darüber nachdachte, einem Lichtstrahl mit gleicher Geschwindigkeit zu folgen, waren die Maxwell-Gleichungen dreißig Jahre alt. Die Welt der Physik war noch im Fluss. Für einen Kopf voller Ideen war es eine gute Zeit.

9

Albert Einstein auf einem Balkon in Zürich, 11. April 1898

Das Polytechnikum in Zürich liegt weithin sichtbar am unteren Hang des bewaldeten Zürichbergs. Es ist ein lang gestrecktes, imposantes, durchaus schönes Bauwerk im Stil eines Amtsgebäudes aus hellem Stein, das an der breiten Rämistraße neben der nicht minder prächtigen Universität Zürich liegt. Als der siebzehnjährige Einstein 1896 in die Stadt kam, waren die kleinen, verwinkelten Straßen drum herum voller Cafés, Pensionen und Studenten.

Wenn Einstein das Hauptgebäude betrat, kam er in eine große, drei Stockwerke hohe Eingangshalle. Regelmäßig angeordnete Säulen stützen Arkaden und Balkone, die wiederum von Säulen getragen werden, sodass die Eingangshalle wie ein auf engen Raum gepresstes Kloster wirkt. Die Türen auf der anderen Seite geben einen grandiosen Blick frei: einen grasbewachsenen Hügel mit Bäumen, der zur Stadt hin abfällt. Hier der

Turm des Fraumünsters wie eine blaugrüne Nadelspitze, da die Zwillingstürme des Großmünsters, die Wagner mit Pfefferstreuern verglich. In der Altstadt sind ein Zunfthaus aus der Renaissance zu bewundern, Banken und Restaurants.

Zürich steckte voller Geschichte und war ihr doch zugleich entrückt. Die Sauberkeit der Stadt und die große Bedeutung von Handel und Banken verliehen der Stadt etwas Biederes, doch da war auch das Erbe der Demokratie und eine besondere Wertschätzung der Freiheit. Um die Jahrhundertwende wurde Zürich zu einem Paradies für radikale Intellektuelle. Rosa Luxemburg, die Revolutionärin, die bei der Gründung der kommunistischen Partei in Deutschland eine zentrale Rolle spielen sollte, war bereits in der Stadt, als Einstein kam. Carl Gustav Jung zog 1900 hierher.

Einstein lebte von hundert Franken im Monat – vor allem von der wohlhabenden Koch-Verwandtschaft unterstützt, weniger von seinem Vater, der erneut in finanzielle Schwierigkeiten geraten war. Einstein mietete ein Zimmer in einer Studentenwohnung in der Nähe des »Poly«, ernährte sich sparsam und zog mit einem Filzhut auf dem Kopf, eine unverschämt lange Pfeife schmauchend durch die Straßen. Er verlegte sich häufig auf das Selbststudium und betrachtete sich als »so eine Art Vagabund und Eigenbrötler«[36], doch genoss er auch die Gesellschaft vieler Freunde und Treffen in Cafés oder bei Musikabenden, wo er häufig Geige spielte.

Damals war das Polytechnikum vor allem eine Hochschule für Technische Fächer und eine pädagogische Hochschule und hatte weniger als tausend Studenten. Einstein hatte sich mit zehn anderen Studienanfängern für die Abteilung VI A in Mathematik eingeschrieben, zur Ausbildung von Fachlehrern für Mathematik und Physik. Unter den Erstsemestern waren Louis Kollros, Sohn eines Bäckers, der eine Ausbildung zum Mathematiker absolvierte; Jakob Ehrat, der oft neben Albert in den Seminaren saß, sich viele Sorgen machte und häufig aufmunternde Worte brauchte, um sein Studium zu bewältigen; und Marcel Grossmann, ein begabter, fleißiger Student, dessen Vater außerhalb der Stadt eine Fabrik besaß.

Bald schon berichtete Grossmann seinen Eltern: »Dieser Einstein wird einmal etwas ganz Großes werden!«[37] Einstein besuchte die Familie Grossmann in ihrem Haus in Thalwil am Zürichsee, und einmal pro Woche gingen Marcel und er zusammen zum Rauchen und Eiskaffeetrinken ins Café Metropol am Limmatquai, wo sie mit Blick aufs Wasser philosophierten und über ihr Studium sprachen. Grossmann war ein wertvoller Freund. Er war bei den Dozenten beliebt, besuchte jede Vorlesung und verfasste akribische Mitschriften, die er Albert gern weitergab. Einstein schilderte seine Mitschriften später als so sauber, dass man sie hätte drucken können. Vor Prüfungen seien sie regelmäßig seine Rettung gewesen.

Das ist keine falsche Bescheidenheit. Denn anders als Grossmann war Einstein kein vorbildlicher Student. Ganz im Gegenteil. Wie er selbst zugibt, hatte er keine rasche Auffassungsgabe, hörte in den Vorlesungen nicht zu und erledigte auch seine Aufgaben nicht sehr gewissenhaft.

Am meisten kämpfte er mit Mathematik – von sechs Punkten erreichte er in den meisten Mathematikseminaren nur vier, in Physik dagegen fünf oder sechs. Doch der eigensinnige junge Mann war der Meinung, dass höhere Mathematik Zeitverschwendung sei, »daß es für den Physiker genüge, die elementaren mathematischen Begriff klar erfaßt und für die Anwendung bereit zu haben, und daß der Rest in für den Physiker unfruchtbaren Subtilitäten bestehe«.[38] Er hielt es für ein so großes Gebiet, dass er seine gesamte Zeit damit verbringen und seine ganze Energie darauf hätte verschwenden können, diese abgelegene Spezialdisziplin zu studieren. Hermann Minkowski, einer seiner Mathematikprofessoren, dessen Vorlesungen besonders anspruchsvoll war, sagte über ihn: »Um die Mathematik hat er sich überhaupt nicht gekümmert.« Tatsächlich war Einstein in Minkowskis Erinnerung »ein richtiger Faulpelz«.[39]

Anfangs betraf seine Faulheit jedoch nicht die Veranstaltungen in Physik. Da stürzte er sich in alle Kurse, theoretische wie praktische, und er schätzte und bewunderte seinen wichtigsten Physikprofessor Heinrich Weber – derselbe, der von Einsteins gescheiterter Aufnahmeprüfung so beeindruckt gewesen war. Auf Webers Vorlesungen freute er sich so sehr, wie es bei anderen nur selten der Fall war.

Doch Einsteins Bewunderung währte nicht lange – im dritten Studienjahr war er von Weber enttäuscht. Der Grund war, dass Weber es mochte, wenn alles seine festgefügte Ordnung hatte. Einmal ließ er Einstein einen gesamten Essay noch einmal abschreiben, weil er Papier im falschen Format verwendet hatte. Einstein wiederum sträubte sich gegen jede Art von Autorität und einer bevormundenden erst recht. Er fing an, Weber mit »Herr Weber« statt mit »Herr Professor« anzusprechen, wohl wissend, dass er damit den professoralen Sinn für Anstand beleidigte. Am Ende von Einsteins Zeit am Polytechnikum waren die beiden erbitterte Feinde. »Sie sind ein gescheiter Junge, Einstein, ein gescheiter Junge«, sagte Weber einmal zu ihm. »Aber Sie haben einen großen Fehler: Sie lassen sich nichts sagen!«[40]

Einsteins Abwehr gründete sich großenteils auf den Eindruck, dass der Professor zu viel Zeit mit der Geschichte der Physik verbrachte, statt die Themen der Gegenwart und Zukunft aufzugreifen. Weber vertrat eine am Ende des 19. Jahrhunderts nicht ungewöhnliche Sicht auf die Physik: nämlich, dass im Grunde alles geklärt war. Man glaubte, Newton habe die grundlegenden Mechanismen der Welt bereits beleuchtet, seither sei die Aufgabe von Physikern im Grunde, die Wissenslücken zu schließen, die Wirkungen der bekannten Gesetze noch genauer zu messen und die Phänomene mathematisch zu beweisen. Bahnbrechende neue Erkenntnisse wurden in Webers Seminaren nicht behandelt. Alles, was mit dem erreichten Wissensstand in Widerspruch stand, wurde ignoriert.

Geradezu entsetzt war Einstein, als deutlich wurde, dass Weber nicht die Absicht hatte, James Clerk Maxwells Werk, in dem er den Zusammenhang zwischen Elektrizität, Magnetismus und Licht detailliert erläuterte, überhaupt nur zu diskutieren. Und Einstein war niemand, der seine Gefühle versteckte. So ließ er seine Enttäuschung und Verachtung deutlich erkennen.

Einstein und seine Kommilitonen hatten keine andere Wahl, als selbst zu erkunden, was gerade in der zeitgenössischen Physik vor sich ging. Webers konservativer Sichtweise widersprechend häuften sich die Anzeichen, dass das Fach nicht etwa auf sein Ende, sondern auf eine neue Epoche zusteuerte. 1895 hatte Wilhelm Röntgen die nach ihm benannten Strahlen entdeckt, ein mysteriöses Etwas, das Fleisch durchdringen konnte. Ein Jahr später stieß Henri Becquerel zufällig auf die Radioaktivität, und wieder ein Jahr danach entdeckte Joseph John Thomson das Elektron, ein winziges Teilchen, das sich im Inneren eines Atoms zu befinden schien. Heinrich Hertz hatte bereits 1888 Radiowellen erzeugt und ihre Existenz nachgewiesen und damit Maxwells Theorie des Elektromagnetismus bestätigt. Zu Beginn des neuen Jahrhunderts waren sich Einstein und seine Freunde sicher, dass neue erstaunliche Entdeckungen auf sie warteten. Und sie würden diejenigen sein, die sie machten.

Statt Vorlesungen zu besuchen, studierte Einstein in seinem Zimmer »mit heiligem Eifer«[41] die zeitgenössische theoretische Physik. Zu seiner umfangreichen Lektüre gehörte Ludwig Boltzmann, der behauptete – zu einer Zeit, da die Existenz von Atomen noch strittig war –, dass die Vorstellung eines Gases aus einem Bündel an Atomen, die wie Murmeln aufeinanderprallen, die Gesetze der Thermodynamik erklären könnte. Einstein las auch August Föppl, der die Idee der »absoluten Bewegung« mit der Begründung infrage stellte, dass Bewegung ausschließlich in Relation zu etwas anderem definiert werden kann –, und er studierte das Werk von Henri Poincaré, dem großen französischen, universell gelehrten Mathematiker, der als der letzte »Universalist der Mathematik« berühmt wurde. Poincaré war für eine ganze Reihe von Einsichten verantwortlich, die den Grundgedanken der speziellen Relativitätstheorie untermauerten: Er glaubte, wie er später schrieb, dass »der absolute Raum, die absolute Zeit, ja nicht einmal die Geometrie der Mechanik als Bedingungen auferlegt werden können«.

Weber war nicht der einzige Professor, den Einstein verärgerte. Auch Jean Pernet, der für Experimente und Arbeiten im Labor verantwortlich war, mochte ihn nicht, und das aus gutem Grund. Einstein schwänzte die Seminare bei Pernet so häufig, dass er einen »Verweis durch den Direktor wegen Unfleiß«[42] erhielt. Einstein erzählte einem Kommilitonen, dass er den Professor für verrückt hielt, doch immer wenn er im Labor war, war es Einstein, der sich querstellte. Einmal warf er sein Arbeitsblatt mit den Anweisungen in den Abfalleimer und führte das Experiment unbekümmert auf eigene Weise weiter. Ein anderes Mal verursachte er eine Explosion, bei der seine rechte Hand so stark verletzt wurde, dass er eine Weile nicht mehr Geige spielen konnte.

In einem Seminar – man könnte es als Akt der Rache deuten, wäre es nicht sachlich gerechtfertigt gewesen – gab Pernet Einstein die schlechtestmögliche Note. Er sah sich gar veranlasst, Einstein zu fragen, warum er überhaupt Physik studiere und nicht Medizin, Jura oder Philologie. »Weil mir dazu erst recht die Begabung fehlt, Herr Professor. Warum soll ich es mit der Physik nicht wenigstens probieren?«[43]

Neben den Hauptfächern mussten die Studenten ein Wahlfach außerhalb ihres Studienfachs belegen. Einstein schrieb sich für mehr ein, als er musste. Seine eklektische Auswahl umfasste die Geologie der Gebirge, die Urgeschichte des Menschen, die Philosophie bei Immanuel Kant, die Theorie des wissenschaftlichen Denkens und die Auseinandersetzung mit Johann Wolfgang von Goethes Werken ebenso wie eine Reihe von Vorlesungen über Wirtschaft und Politik – »Bank- und Börsengeschäfte«, »Statistik und Personenversicherung«, »Die Einkommensverteilung und die sozialen Folgen des freien Wettbewerbs«.

Zürich war Einsteins Wohlfühlort. Er diskutierte mit seinem Freund Friedrich Adler über Politik oder verbrachte Zeit in der schweizerischen Gesellschaft für ethische Kultur, wo er über soziale Reformen und die Gefahren, die von der Macht des Militärs ausgingen, diskutieren konnte. An den Wochenenden führten ihn Ausflüge in die umliegenden Berge. Er segelte auch gern auf dem Zürichsee. Bei jeder sich bietenden Gelegenheit machte er Musik. Eines Tages im Sommer war Einstein mit der Tochter seiner Vermieterin zu Hause, als er aus dem Nachbarhaus die Klänge einer Mozart-Klaviersonate vernahm. Er klemmte sich die Geige unter den Arm und eilte schnurstracks zur Tür, ohne sich um Kragen oder Krawatte zu scheren. »So können Sie aber nicht gehen!«, rief ihm die Tochter seiner Vermieterin noch nach, doch da war er schon aus dem Haus. Er eilte zur Haustür nebenan, stieg die Treppen hoch und stürzte auf die alte Dame zu, die am Klavier saß. Sie starrte entsetzt auf den jungen Mann. »Spielen Sie nur weiter«, war alles, was er sagte, und fing an, sie auf der Geige zu begleiten.[44]

10

Es war ein Samstagabend in den Monaten vor Semesterbeginn 1896 oder auch 1897. Auf einem Fest hing Tabakqualm in der Luft. Unter den Gästen war ein kleiner Mann, Anfang zwanzig. Er hatte einen dichten schwarzen, buschigen Bart, störrisches Haar und eine kantige Nase. Wäre da nicht seine gute Laune gewesen und vor allem seine schlichte, entspannte Art, hätte er gut als Prophet durchgehen können. Sein Name war Michele Angelo Besso.

Die Musiker spielen Mozart und ein wenig Beethoven, umringt von einem dankbaren Publikum.

Besonders der Geiger brilliert mit Talent. Er ist vielleicht achtzehn Jahre alt, offensichtlich ein Student mit dickem, dunklem Haar und einem gepflegten Schnauzer, voller beneidenswerter Energie und Selbstvertrauen. Nach dem Auftritt stellt Besso fest, dass sich einige Leute in ihn verliebt haben. Die Gastgeberin muss zufrieden sein, denkt er; gute Geiger sind schwer zu finden.

Später werden sie einander vorgestellt.

»Albert Einstein«, sagt der Geiger und lächelt, ohne die Pfeife aus dem Mund zu nehmen.

»Ich bin Besso.«

Er ist die Fröhlichkeit in Person, auch wenn eine gewisse distanzierte Amüsiertheit nie ganz aus seinen Augen schwindet. Er ist flink und witzig, und die Unterhaltung mit ihm fließt leicht dahin. Sie stellen bald fest, dass sie viele Gemeinsamkeiten haben. Dieser Einstein studiert am Polytechnikum. Besso hat wenige Jahre zuvor dort seinen Abschluss gemacht und arbeitet jetzt in einer Maschinenfabrik im von Zürich etwa fünfundzwanzig Kilometer entfernten Winterthur. Beide sind Juden. Bessos Interesse für Physik ist ungebrochen, und er ist begeistert, mit jemandem sprechen zu können, der sich so gut auskennt und sich für das Thema begeistert. Die beiden Männer diskutieren darüber, ob Licht Welle oder Teilchen sei.

Besso und Einstein werden beste Freunde. Wie Albert ist Michele eine gewisse Respektlosigkeit Autoritäten gegenüber eigen – auch er war als Jugendlicher aufgefordert worden, die Schule zu verlassen, nachdem er eine Petition gegen seinen Mathelehrer in Umlauf gebracht hatte –, ihn zeichnen die gleiche geistige Offenheit und Suche nach den grundlegenden Wahrheiten aus. 1926 schrieb Einstein: »Bessos Stärke ist eine außergewöhnliche Intelligenz und unbeschränkte Hingabe an die berufliche und moralische Pflicht, seine Schwäche eine allzu geringe Entschlussfähigkeit.«[45]

Auch in ihrer Zerstreutheit ähneln sie sich. Einstein hatte die liebenswerte, wenn auch nervtötende Angewohnheit, seine Schlüssel zu verlieren, doch Besso konnte noch viel schlimmer sein. Einmal sollte er in der Nähe von Mailand neu verlegte Stromleitungen prüfen. Er wollte abends los, versäumte jedoch seinen Zug. Am nächsten Tag fiel ihm viel zu spät wieder ein, dass er überhaupt hätte dort hinfahren sollen. Am dritten Tag schaffte er es zwar bis zum Kraftwerk, doch zu seinem Schrecken wusste er nicht mehr, was er dort tun sollte. So musste er seinem Büro eine Postkarte mit der Bitte um Übermittlung von Anweisungen schicken. In Einsteins Worten: »Michele ist ein arger Schlemihl«[46] – ein unbeholfener Tölpel.

Sie blieben in Kontakt und schätzten sich für den Rest ihres Lebens. Auf einer anderen Festgesellschaft in Zürich stellte Einstein seinem Freund Anna Winteler vor – die älteste Schwester seiner ehemaligen Freundin, die Albert und Marie offenbar beim Küssen beobachtet hatte. Sie und Michele heirateten später. Nur eine Beziehung, die Einstein in Zürich knüpfte, sollte noch wichtiger für ihn werden.

11

Mileva Marić, 1896

Sie wartete über einen Monat, bis sie seinen ersten Brief beantwortete.

> [...] und ich hätte Ihnen gleich geantwortet, hätte Ihnen gedankt für die Aufopferung 4 lange Seiten geschrieben zu haben, hatte auch meiner Freude n'bissel ausdruck [sic] gegeben, die sie mir durch unsere gemeinsame Tour bereitet, aber Sie sagten ich sollte Ihnen schreiben wenn ich mich einmal langweilen sollte. Und ich bin sehr folgsam [...] und wartete und wartete bis die Langweile eintreten sollte; aber bis heute ist mein Warten vergeblich gewesen [...][47]

Mileva Marić war Serbin, aufgewachsen in der nördlichen Provinz Wojwodina, die zum Zeitpunkt ihrer Geburt 1875 zum südlichen Teil Ungarns gehörte. Die Tiefebene an der Grenze zwischen Habsburger und Osmanischem Reich war vorwiegend von Flüchtlingen und Einwanderern bevölkert. Die Wojwodina war ein Grenzgebiet, in dem sich die typischen Grenzmythen bildeten: Die Menschen sind willensstark und praktisch, sie sind wild und haben etwas Cowboyhaftes an sich. In Mileva floss das Blut von Banditen, wie ihr Vater zu sagen pflegte, und sie selbst wiederholte es gern.

Als sie ihr Studium am Polytechnikum begann, als einzige Frau in Einsteins Studiengang, war Marić einundzwanzig und damit über drei Jahre älter als er. Sie hatte in ihrer Jugend eine renommierte Schule nach der anderen durchlaufen, immer als eine der Besten, vor allem in Physik und Mathematik, und immer mit Unterstützung ihres liebevollen, ehrgeizigen Vaters. Dank seiner Fürsprache war sie eines der ersten Mädchen im Kaiserreich Österreich-Ungarn, das gemeinsam mit Jungen höhere Schulen besuchte.

Sie wurde mit einer Hüftluxation geboren, hinkte und galt als unattraktiv. »Sie scheint ein sehr gutes Mädchen zu sein«, schrieb eine ihrer Freundinnen in einem Briefporträt, »und sehr gescheit und ernst; klein, zart, brünett, hässlich.«[48] Sie war schüchtern, oft schwermütig, aber zeigte auch Charakterstärke. Ihre eindringliche intellektuelle Stärke wirkte sich auch auf ihre Persönlichkeit aus. Sie hatte etwas Grüblerisches und Rätselhaftes an sich, und sie besaß Temperament.

Während ihres ersten Jahres in Zürich besuchten Albert, der selbstbewusste junge Deutsche, und sie die gleichen Pflichtveranstaltungen – Darstellende Geometrie, Analysis, Mechanik und so weiter –, und irgendwann entstand mehr als nur eine flüchtige Verliebtheit. In den Sommersemesterferien 1897 gingen die beiden zusammen wandern.

Als das nächste Semester begann, entschied Marić jedoch, nicht nach Zürich zurückzukehren, sondern, ohne dort eingeschrieben zu sein, Vorlesungen an der Universität Heidelberg zu besuchen. Zum Teil scheint sie diese Entscheidung getroffen zu haben, weil sie die wachsenden Gefühle für Einstein beunruhigten: Sie liefen ihren Zielen zuwider. Albert nahm Milevas Abwesenheit zum Anlass, Briefe mit ihr auszutauschen.

Nach sechs Monaten kehrte Marić nach Zürich zurück. Unter dem Vorwand, ihr zu helfen, den versäumten Lernstoff nachzuholen, nahm er sich ihrer an, und bald waren sie ein Paar. »Wir verstehen uns gegenseitig so gut auf unsre schwarzen Seelen«, schrieb er, »& daneben aufs Kaffeetrinken & Würstelessen etc. ...«[49] Sie waren beide verspielt, hatten eine böse Zunge und waren zu inniger Nähe fähig, während sie zugleich distanziert blieben.

Einstein liebte Mileva Marić für ihren Verstand. »[...] wie stolz werd ich sein, wenn ich gar vielleicht ein kleines Dokterlin zum Schatz hab«,[50] schrieb er ihr einmal. Das Herzstück ihrer Verbindung war das Studium. In den frühen Tagen ihrer Beziehung liehen sie sich gegenseitig Bücher, lasen gemeinsam ihre Lehrbücher und diskutierten über ihre gemeinsame Vorliebe und Leidenschaft. Einmal, Albert hatte sich mal wieder ausgesperrt, lief er einfach in Milevas leere Wohnung, nahm sich ihr Exemplar des Buches, das sie gerade lasen, und hinterließ einen Zettel mit einer Entschuldigung, »Sei mir nicht bös«. Als er 1899, in ihrem dritten Jahr am Polytechnikum, zu einem Familienurlaub aufbrach, schrieb er ihr einen Brief, in dem er sich ein traumhaftes Wiedersehen bei seiner Rückkehr ausmalte. Sie würden außerhalb Zürichs auf einen Berg steigen – und sich dann der elektromagnetischen Theorie des Lichts von Hermann von Helmholtz widmen.

Das bedeutet nicht, dass sich die Romanze nur in höheren Sphären abspielte – Einstein liebte auch ihre Seele und ihren Körper. In einem Brief unterschreibt er mit »Seien Sie herzlich gegrüßt *u.s.w.*, letzteres besonders«.[51] Auch für die häuslichen Freuden einer Beziehung waren sie durchaus empfänglich. Marić genoss es, sich um ihren ungeschickten Freund zu kümmern, und er mochte es, von ihr getadelt zu werden. In Gesellschaft neckte er sie mit Scherzen, die sie nicht leiden konnte, was er sehr wohl wusste:

»Hab ich dir schon die Geschichte von der alten Hure erzählt ...«

»Albert!«

Und schon fing er an zu lachen.

Alberts Freunde waren wenig begeistert. Sie fanden, er hätte eine Bessere finden können als ein trübsinniges, hässliches, hinkendes Mädchen, das drei Jahre älter war als er.

»Sie hat eine liebe Stimme«, wandte Albert ein.

Milevas Freunde waren nicht weniger unzufrieden. Einstein mag ja vielleicht gut aussehen, aber er war ungepflegt, zerzaust und hatte Löcher in fast allen seinen Kleidern. Er war zerstreut und, na ja, ein bisschen verrückt. Manchmal schien er völlig abwesend und gedankenverloren, ohne die belanglose Welt um sich herum wahrzunehmen. Marić verteidigte ihn, was seinem Ansehen kaum half.

Doch Einstein und Mileva brauchten die Meinung anderer Leute nicht. Sie fühlten sich über allen anderen schwebend. »Wir bleiben Student und Studentin [...] solange wir leben und kümmern uns keinen Dreck um die Welt.«[52] Er verbrachte immer mehr Zeit in ihrer Wohnung, so viel, dass sogar seine Mutter beschloss, ihm ihre Päckchen direkt an Milevas Adresse zu schicken.

In ihrem Abschlussjahr begann Einstein, sie »Doxerl« zu nennen, und ließ seine ganze Kreativität walten, um zahlreiche andere Kosenamen für sie zu erfinden, darunter liebes Schatzerl, liebes Miezchen, kleines Hexchen, mein liebes, böses Schatzerl, mein lieber Schnoxl, mein kleiner lieber Engel, meine süße Kloane, mein kleines Fröscherl.

Mileva nannte ihn »Johonesl«.

Mei liebs Johonesl!

Da ich dich so gern hob und du so weit bist, dass ich dir keins Putzerl kann geben, schreib ich dir jetzt dieses Brieferl und frag dich ob du mich auch so gern host, wie ich dich? Antworte mir *sofort*. Tausend Küßerline von deins

Doxerl[53]

12

Nach dem Abschlussexamen im Juli 1900 fuhr Einstein in die Ferien nach Melchtal, einem kleinen Ort in der Zentralschweiz. Dort traf er, mit Physikbüchern bepackt, seine Familie.

Als er im Hotel ankam, ging er in das Zimmer seiner Mutter. Die Unterhaltung drehte sich zunächst um seine Prüfungsergebnisse, und er musste zugeben, schlecht abgeschnitten zu haben. Tatsächlich hatte er als Zweitschlechtester seines Jahrgangs abgeschlossen, und Marić war durchgefallen.

»Nun, und was wird denn aus Dockerl?«, fragte Pauline in harmlosem Ton.

»Meine Frau«, antwortete Einstein.

Dies provozierte genau die Reaktion, die er erwartet hatte. Seine Mutter warf sich auf das Bett, verbarg ihr Gesicht im Kopfkissen und weinte. Nachdem sie sich gefangen hatte, fing sie an, ihn zu beschimpfen – »Du vermöbelst Dir Deine Zukunft und versperrst Dir Deinen Lebensweg«, »Die kann ja in gar keine anständige Familie« – und beschuldigte ihn, mit Marić zu schlafen.

Einstein »wies den Verdacht, dass wir unsittlich zusammengelebt hätten, mit aller Energie zurück«.[54]

Er wollte eben aus dem Zimmer stürmen, als Frau Bär, eine enge Freundin seiner Mutter, eintrat. Auch Einstein schätzte die kleine, lebenslustige Frau. Der Streit und die angespannte Atmosphäre lösten sich im selben Moment in Luft auf.

Man setzte sich zu einem gepflegten Small Talk – das Wetter war herrlich, im Kurbereich waren neue Gäste eingetroffen, es gab so viele schlecht erzogene Kinder. Gemeinsam ging man zum Abendessen hinunter, als wäre nichts vorgefallen, und zu später Stunde gab es sogar noch ein paar gesellige Musikeinlagen.

Doch kaum waren sie am Ende des Abends wieder allein, nahmen Pauline und Albert den Streit wieder auf.

Einsteins Eltern hatten Mileva Marić nie gemocht. Sie warfen ihr letztlich dasselbe vor wie seine Freunde: Sie sei hässlich, älter als er, schwermütig, ernst und körperlich behindert.

Zunächst sah es so aus, als würde Einsteins neue Beziehung nicht lange halten – schließlich flirtete er weiter mit fast jedem Mädchen, dem er begegnete. Während des Sommerfamilienurlaubs 1899 in Mettmenstetten, als er und Mileva sicher bereits ein Paar waren, hatte er eine andere Studentin aus Zürich eingeladen, ihn dort zu besuchen. Und während seines Aufenthalts im Hotel Paradies freundete er sich mit der siebzehnjährigen Schwägerin des Inhabers, Anna Schmid, an und hinterließ ihr sogar ein Liebesgedicht, in dem er sie um einen Kuss bittet.

Pauline kam in den nächsten Tagen in Melchtal immer wieder auf das Thema zurück - »Bis Du 30 bist, ist sie eine alte Hex«, »Sie ist ein Buch wie Du – Du solltest aber eine Frau haben«[55] – mit ähnlichem Erfolg. Nachdem deutlich geworden war, dass sich Einstein nicht würde abbringen lassen und ihre Taktik nicht zielführend war, ging man wieder zivilisiert miteinander um.

All diese Ereignisse breitete Albert in einem Brief genüsslich vor Mileva aus und ersparte ihr kein Detail. Doch zugleich teilte er ihr auf diesem Weg mit: Er hatte sich seiner Mutter widersetzt. Er hatte sich für *sie* entschieden.

13

Einstein begann, sich nach einer Stelle umzusehen. Seine erste Anlaufstelle war das Polytechnikum in Zürich, wo er auf einen Assistentenposten hoffte. Das war für Absolventen keine ungewöhnliche Karriere und schien der logische nächste Schritt. Doch Einstein hatte ein Problem. Seine beiden Physikprofessoren hielten ihn für frech und verstörend eigenständig. Seine alte Gewohnheit, Seminare zu schwänzen, half auch nicht gerade. Von Weber und Pernet würde er also keine Stelle bekommen, und auch einer seiner Mathematikprofessoren lehnte ihn ab. Und so war er tatsächlich der einzige Absolvent seines Jahrgangs am Polytechnikum, dem keine Stelle angeboten wurde.

Während der folgenden zwei Jahre, in denen er sich als Aushilfslehrer oder mit Nachhilfestunden durchschlug, schrieb er reihenweise Bewerbungsbriefe. »Bald werde ich alle Physiker von der Nordsee bis an Italiens Südspitze mit meinem Offert beehrt haben!«,[56] klagte er gegenüber Mileva.

Im April 1901 legte er seinen Briefen eine frankierte Postkarte bei in der Hoffnung, Antwort zu erhalten. Das geschah selten.

Unter seinen Bewerbungen war auch eine an Wilhelm Ostwald in Leipzig. Ostwald war einer der großen Wissenschaftler seiner Zeit. 1909 sollte er den Nobelpreis für Chemie erhalten.

Zürich, den 19. März 1901.

Sehr geehrter Herr Professor!

Da ich durch Ihr Werk über allgemeine Chemie zu der beiliegenden Abhandlung angeregt worden bin, bin ich so frei, Ihnen ein Exemplar davon zu schicken. Bei dieser Gelegenheit erlaube ich mir auch, Sie zu fragen, ob Sie vielleicht für einen mathematischen Physiker, der mit absoluten Messungen vertraut ist,

Verwendung hätten. Ich nehme mir nur darum die Freiheit zu einer solchen Anfrage, weil ich unbemittelt bin, und mir eine derartige Stelle die Möglichkeit weiterer Ausbildung bieten könnte.[57]

Als keine Antwort kam, schrieb er erneut:

Mailand, den 3. April 1901.

Hoch geehrter Herr Professor!
Vor einigen Wochen erlaubte ich mir, Ihnen von Zürich aus eine kleine Abhandlung zu übersenden, die ich in Wiedemanns Annalen veröffentlichte.
Da mir an Ihrem Urteil darüber sehr viel gelegen ist, und ich nicht sicher bin, ob ich damals meine Adresse beigefügt habe, erlaube ich mir, dieselbe Ihnen nachträglich zu übermitteln.

Einstein *hatte* die Adresse im ersten Brief natürlich mitgeteilt; der Trick war leicht zu durchschauen. Er war verzweifelt und entmutigt, so wie andere Arbeit Suchende auch.
Als er Ostwald schrieb, lebte er bei seinem Vater in Mailand. Hermann Einstein sorgte sich still und leise um seinen Sohn, so sehr, dass auch er schließlich beschloss, an Ostwald zu schreiben.

Auch wenn Ostwald auf keinen der Briefe je antwortete, war er neun Jahre später der Erste, der Einstein für den Nobelpreis vorschlug.

14

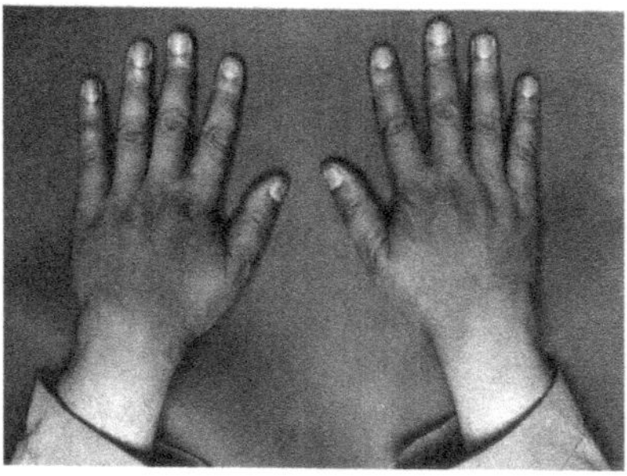

Albert Einsteins Hände, 1927

Nachdem Einstein im Februar 1901 mit zweiundzwanzig Jahren die Schweizer Staatsbürgerschaft erhalten hatte, meldete er sich vorschriftsmäßig zum Militärdienst. Sein »Dienstbüchlein« enthält folgendes Ergebnis seiner Musterung:

Körperlänge	171,5 cm
Brustumfang	87 cm
Oberarm	28 cm

[…]
Krankheiten oder Gebrechen:
Varices [Krampfadern], Pes planus [Senkfuß],
Hyperidrosis ped. [übermäßiger Fußschweiß][58]

Er wurde für untauglich erklärt.

15

Du musst unbedingt zu mir nach Como kommen, süßes Hexchen. […] Jedenfalls aber komm zu mir nach Como und bring meinen blauen Schlafrock mit, in den wir uns beide drein wickeln können […]. Daneben bring ein lustiges leichtes Seelchen mit und einen frischen Kopf. So eine herrliche Partie hast Du noch nicht gemacht, das versprech ich Dir jetzt schon und wenns auch Katzen hagelt. [59]

Marić zögerte kurz, doch dann sagte sie freudig zu. Sie vereinbarten den 5. Mai 1902 für ihr Treffen und konnten es kaum erwarten.

> Heute Abend saß ich 2 Stunden am Fenster und dachte darüber nach, wie man das Wirkungsgesetz der Molekularkräfte bestimmen könne. Ich kam auf eine sehr gute Idee. Am Sonntag werd ich Dirs erzählen. […]
> Das Schreiben ist dumm. am Sonntag küss' ich dich mündlich.
> Sei gegrüßt und verdrückt von Deinem
>
> Albert
>
> Auf frohes Wiedersehen! Liebe![60]

Als Mileva am Bahnhof in Como an der Südspitze des Comer Sees eintraf, wartete Albert »mit offenen Armen und ›klopfendem Herzen‹«[61] auf sie. Sie verbrachten den Tag in Como, schlenderten über die Plätze innerhalb der alten Stadtmauer, bewunderten die gotische Kathedrale und das mittelalterliche Rathaus. Dann nahmen sie einen Dampfer, der sie in gemächlichem Tempo zum Nordende des Sees brachte.

Am nächsten Tag brachen sie auf, um den Splügenpass zu überqueren, der die Schweiz mit Italien verbindet. Wie Marić berichtet, war er jedoch tief verschneit, mit einer bis zu sechs Meter hohen Schneedecke.

> Wir mieteten uns also einen ganz kleinen Schlitten, wie sie dort im Gebrauch sind, wo gerade 2 Menschen die sich gern haben Platz haben, und wo hinten auf einem Brettl der Kutscher steht und die ganze Zeit schwatzt und einen »signora« nennt, – kannst Du Dir was schöneres denken? [...] Es schneite die ganze Zeit so lustig und wir fuhren bald durch lange Gallerien, bald auf offener Straße, wo sich bis in die weiteste Ferne unsern Augen nichts darbot als Schnee und wieder Schnee, so dass es mich manchmal vor dieser kalten weissen Unendlichkeit ganz schauerte und ich meinen Schatz unter Mänteln und Tüchern, die uns bedeckten, fest am Arm hielt.[62]

Sie mussten dann zu Fuß absteigen, hatten dabei aber so viel Spaß, dass es ihnen gar nicht so anstrengend vorkam. »An geeigneten Stellen machten wir Lavinen um die Welt unter uns so recht in Angst zu setzen.«[63]

Wenige Tage später schrieb Einstein an Mileva: »Wie schön war es letztes Mal, als ich Dein liebes Persönchen an mich drücken durfte, wie die Natur es gegeben, sei mir innigst dafür geküßt, Du liebe gute Seele!«[64]

Am Ende der Ferien war Mileva schwanger.

16

Es waren nur noch wenige Monate, bis Mileva ihre Prüfungen am Polytechnikum wiederholen musste. Allein in Zürich musste sie angesichts ihrer Situation voller Sorge sein. Einstein konnte ja kaum für sich selbst sorgen, wie sollte er da sie unterstützen können.

Alberts Brief, in dem er auf ihre Sorgen antwortet, beginnt mit einem Überschwang an Leidenschaft und Freude – allerdings gelten sie einer physikalischen Abhandlung über Kathodenstrahlen, die er gerade gelesen hatte: »Im Eindruck dieses schönen Stücks bin ich von solchem Glück erfüllt und solcher Lust, daß Du auch unbedingt davon haben mußt.«[65] Dann versichert er ihr, dass er sie nicht verlassen werde, wie sie gefürchtet hatte, sondern alles zu einem guten Ende bringen werde. Er werde sich Arbeit suchen, teilt er ihr mit, egal welche – selbst ein Job in der Versicherungsbranche wird erwogen –, und sobald er eine Stelle hätte, würden sie heiraten.

Mileva wünschte sich ein Mädchen und wollte ihm den Namen Lieserl geben. Und da Einstein sich einen Jungen wünschte, neckte er sie gelegentlich, indem er das Baby Hanserl nannte. Doch allzu große Aufmerksamkeit schenkte Einstein der Schwangerschaft nicht. Er sprach in seinen Briefen davon, wie er und Mileva nach der Geburt wieder zu ihrer von der Welt ungestörten Zweisamkeit zurückkehren und in ihren wissenschaftlichen Studien schwelgen werden. »Wie gehts denn unserm Söhnchen und Deiner Doktorarbeit?«,[66] schrieb er einmal.

Es war klar, dass die beiden sich nicht in der Öffentlichkeit zeigen konnten, als Milevas Schwangerschaft sichtbar wurde, doch schien Einstein eine Begegnung auch absichtlich zu vermeiden. Als sie ihn einlud, sie in Zürich zu besuchen, fuhr er lieber mit seiner Mutter und Schwester in die Ferien. Im Juli 1901 fiel Marić erneut durch ihre Prüfungen. Wenige Monate später ging sie in ein Dorf in der Nähe des Ortes, in dem Einstein als Hauslehrer arbeitete, doch er schien sie dort erstaunlich selten besucht zu haben und sagte manche Besuche wieder ab mit der Entschuldigung, er hätte nicht genug Geld für die kurze Fahrt.

Lieserl kam irgendwann Ende Januar 1902 im serbischen Novi Sad zur Welt, Milevas Heimatort. Es war eine schwere Geburt, und Mileva ging es sehr schlecht. Einstein zeigte sich wieder verbunden.

»Aber siehst, es ist wirklich ein Lieserl geworden, wie Du es wünschtest«, schrieb er. »Ist es auch gesund und schreit es schon gehörig? Was hat es denn für Augerl? Wem von uns sieht es mehr ähnlich? [...] Hat es auch Hunger? [...] Ich hab es so lieb & kenns doch noch gar nicht!«[67]

Besucht jedoch hat er sein neugeborenes Kind nicht.

Damals wusste Albert schon, dass Probleme auf sie zukommen würden, nicht zuletzt, weil er bald eine Stelle in Bern antreten sollte. Marcel Grossmann hatte seinen Vater überredet einzuschreiten, um etwas gegen Alberts belastende Arbeitslosigkeit zu unternehmen. Grossmann senior kannte den Direktor des Schweizer Patentamtes und wusste von möglichen offenen Stellen. Er legte ein gutes Wort für Einstein ein. Als die Position eines »technischen Experten III. Klasse« ausgeschrieben wurde, schien sie speziell auf Einstein zugeschnitten. Er sei, so teilte ihm der Direktor mit, der Kandidat der Wahl.

Im Juni 1902 wählte ihn der Schweizer Bundesrat formell ins Amt. Sein Gehalt betrug 3500 Franken, aber es war unwahrscheinlich, dass er die Probezeit bestehen würde, wenn er mit einem unehelichen Kind im Schlepptau auftauchte. Deshalb hielt er seine Tochter vor allen Freunden, alten wie neuen, geheim. Und als Mileva wieder in die Schweiz zog, kam sie ohne die Tochter. Im August 1903, als Lieserl neunzehn Monate alt war, bekam sie Scharlach, und Mileva eilte zurück zu ihrem kranken Kind.

Über Lieserls Schicksal ist so gut wie nichts bekannt. Vielleicht ist sie gestorben, vielleicht wurde sie weggegeben, jedenfalls spielte sie im Leben ihrer Eltern keine Rolle mehr. Einstein und Marić tilgten ihre Tochter frappierend gründlich aus ihrem Leben. Seine Eltern und seine Schwester wussten nicht einmal von ihrer Existenz, ebenso wenig wie später die beiden Söhne. Die Briefe aus dieser Zeit wurden vernichtet. Und Einstein sprach nie wieder vom Lieserl.

17

Conrad Habicht, Maurice Solovine und Albert Einstein, 1903

Noch während Einstein auf das Stellenangebot des Patentamtes wartete, zog er nach Bern in eine Wohnung im zweiten Stock eines schmalen, grauen Gebäudes in der Gerechtigkeitsgasse, einer breiten, abschüssigen Straße. Da er in der Zwischenzeit Geld verdienen musste, setzte er eine kleine Anzeige in das Lokalblatt und bot Privatunterricht in Mathematik und Physik an, von »Albert Einstein, Inhaber des eidgenöss. Fachlehrerdiploms Poly«.

Eines Tages während der Osterferien 1902 klingelte es an Einsteins Tür. »Herein!«, brüllte er, ging aber schließlich doch zur Tür, um zu öffnen. Im dunklen Treppenhaus stand ein etwa fünfundzwanzigjähriger Mann, nicht besonders attraktiv, aber gut gekleidet und selbstbewusst, mit kurzem Haar und Franzosenbart. Er stellte sich als Maurice Solovine vor. Beim Blättern durch die Zeitung, erklärte er, habe er Herrn Einsteins Anzeige gelesen und sich sofort auf den Weg zur angegebenen Adresse gemacht. Ob Einstein ihn vielleicht Theoretische Physik lehren könne?

So begann eine Freundschaft fürs Leben. Sie sprachen bei dieser ersten Begegnung zwei Stunden lang genauso ausführlich über Philosophie wie über Physik, und als Solovine wieder aufbrach, begleitete Einstein ihn zur Straße, damit sie noch eine weitere halbe Stunde miteinander hatten. Sie verabredeten ein Treffen für den nächsten Tag. In der zweiten Stunde war der Physikunterricht bereits völlig vergessen. Am dritten Tag sagte Einstein zu ihm: »Offen gestanden, Sie brauchen keine Physikstunden zu nehmen; die Erörterung physikalischer Probleme ist viel interessanter. Besuchen Sie mich doch ganz zwanglos, es macht mir Freude, mich mit Ihnen zu unterhalten.«[68]

Die beiden beschlossen, die großen Denker zu lesen und zu diskutieren, und einige Wochen später stieß ein weiterer neuer Freund Einsteins dazu, Conrad Habicht, der Sohn eines Bankiers. Er wollte in Bern sein Studium abschließen und Mathematiklehrer werden. Bücher mit Titeln wie »Was sind Zahlen?« und »Über die Natur der Dinge an sich« gingen zwischen den dreien hin und her. Henri Poincarés »Wissenschaft und Hypothese« begeisterte die kleine Gruppe ganze vier Wochen lang. Sie lasen auch Theaterstücke, Charles Dickens und philosophische Werke von David Hume, Baruch Spinoza und Ernst Mach. Ihre Treffen fanden normalerweise in einem ihrer Zimmer oder im Café Bollwerk statt. Ihre Mahlzeiten waren jedenfalls ein Muster an Sparsamkeit. Sie bestanden aus einem Stück Schlackwurst, ein bisschen Greyerzer Käse, etwas Obst, einem kleinen Glas Honig und ein oder zwei Tassen Tee. Und doch war das genug für eine »überschäumende Fröhlichkeit«[69]. Gelegentlich spielte Einstein seinen Freunden auch auf der Geige vor.

Solovine taufte ihren kleinen Klub scherzhaft »Akademie Olympia«. Einstein, obwohl der Jüngste im Kreis, wurde zum Vorsitzenden erkoren und erhielt den Titel »Albert Ritter von Steißbein«. Sie bastelten eine Urkunde, auf der eine Büste von Einstein unter einer Wurstkette zu sehen war – die Widmung, im Original auf Lateinisch, lautet übersetzt:

> Ein erfahrener Mann in den schönen Künsten, bewandert in allen literarischen Gattungen – ein Mann, der das Zeitalter zur

> Gelehrsamkeit führt, ein untadelig und reiner Gelehrter, von erlesenem, feinem und elegantem Wissen durchdrungen, durchdrungen von der umwälzenden Wissenschaft des Weltalls, überschäumend von Wissen über die natürlichen Dinge, ein Mann von größtem Seelenfrieden und untadeliger Familientugend, der vor bürgerlichen Pflichten nicht zurückschreckt, der mächtigste Führer für die fantastischen, empfänglichen Moleküle unfehlbarer Hohepriester aus der Kirche der Armen im Geiste.

Sie hatten ihren Spaß. Eines Tages bummelten die drei durch die Laubengänge der Stadt und kamen an einem Delikatessengeschäft vorbei. In der Auslage lag zwischen den verschiedensten, köstlich aussehenden Spezialitäten etwas Kaviar. Solovine schwärmte in den höchsten Tönen davon.

»Ist das so etwas Gutes?«,[70] fragte Einstein.

Einstein konnte in Begeisterungsstürme ausbrechen, wenn er etwas für ihn Ungewohntes oder Unbekanntes aß – sehr zum Amüsement seiner Freunde. Solovine und Habicht vereinbarten, etwas Geld zu sparen und Einstein zu seinem Geburtstag Kaviar zu kaufen, gespannt, wie er darauf reagieren würde.

Als der 14. März da war, gab Solovine Kaviar auf die Teller statt der gewohnten Schlackwurst. Sie setzten sich zum Essen, und Einstein sprach leidenschaftlich über Galileis Trägheitssatz. Er war so vertieft, dass er eine Gabel Kaviar nach der anderen aß, ohne sich dazu zu äußern und ohne seine Rede auch nur zu unterbrechen. Habicht und Solovine hörten kaum zu – sie blickten einander nur immer wieder verblüfft an.

Albert aß zu Ende.

»Aber mein Lieber«, rief Solovine, »wissen Sie auch, was Sie da gegessen haben?«

»Ja«, sagte er und blickte mich mit seinen großen Augen an, »was war es denn?«

»Zum Donnerwetter, Kaviar war's, der berühmte Kaviar.«

»Das war also Kaviar«, antwortete er, als ihm bewusst wurde, was er da eben in sich hineingeschaufelt hatte.

Es herrschte betretenes Schweigen.

»Was will man da machen!«, fuhr Einstein fort. »Man kann Kerlen meiner Art die kostbarsten Gerichte vorsetzen, sie wissen sie nicht zu würdigen!«[71]

Aber seine Freunde ließen sich nicht davon abbringen, sie wollten ihn in den Genuss von Kaviar kommen lassen. Einige Tage später kauften sie noch einmal Kaviar, und dieses Mal servierten sie ihn und sangen nach der Melodie von Beethovens Achter Symphonie dazu: »Ein köstlich Mahl wird es fürwahr, wir kriegen heute Kaviar, er schmeckt, er schmeckt ganz wunderbar, der Kaviar, der Kaviar!«[72]

Solovine versäumte nur ein einziges Treffen. Ihre Zusammenkunft sollte bei ihm stattfinden, doch nachdem er an überraschend günstige Karten für ein tschechisches Quartett gekommen war, beschloss er stattdessen, das Konzert zu besuchen. Als Entschädigung hinterließ er seinen Akademiekollegen vier hart gekochte Eier, weil sie die besonders mochten, und eine Notiz in Latein: »Amicis carissimis ova dura et salutem« (Meinen lieben Freunden hart gekochte Eier und ein Gruß). Er hatte seine Vermieterin gebeten, Einstein und Habicht auszurichten, dass er wegen einer dringenden Angelegenheit wegmusste.

Sie ließen sich nicht täuschen. Sie aßen die Eier, und da sie wussten, dass Solovine Rauchen hasste, zündete Einstein sich eine Pfeife und Habicht eine Zigarre an, und die beiden qualmten wie besessen. Die Zigarrenstummel und die schwelende Pfeifenasche ließen sie auf einer Untertasse zurück. Um das Maß vollzumachen, stapelten sie Solovines Möbel und Besitztümer bis an die Decke auf sein Bett. »Amico carissimo fumum spissum et salutem«, schrieben sie auf ein Stück Papier und befestigten es an der Wand. »Dem lieben Freund dicken Rauch und einen Gruß«.

An den Sommerabenden stiegen sie nach ihren Treffen manchmal noch auf den Gurten, einen südlich der Stadt gelegenen Berg. Sie wanderten die ganze laue Nacht unter Sternen und sprachen über Astronomie. »Wir erreichten den Gipfel in der Frühe und waren tief bewegt, wenn wir sahen, wie die Sonne langsam am Horizont emporstieg, dann in ihrem vollen Glanze erstrahlte und die Alpengipfel rosenrot erglühen ließ, was einen zauberhaften Anblick gewährte.«[73] Sie warteten, bis die Gipfelhütte öffnete, tranken schwarzen Kaffee und stiegen wieder ab.

Als Albert und Mileva im Januar 1903 in Bern heirateten, waren Solovine und Habicht die einzigen Gäste.

18

Albert Einstein im Berner Patentamt, 1904

Ein Tag im Büro, 1904

Die Eheleute wünschen sich gegenseitig einen schönen Tag. Ihr Sohn, Hans Albert, der inzwischen fünf Monate alt ist, schreit, als Einstein das Haus verlässt. Er geht die schmale Treppe des

Mietshauses hinunter und tritt hinaus in den morgendlichen Straßenlärm. Das Wetter ist angenehm, fast so, als wäre der Sommer zurück. Er trägt einen hellen, dreiteiligen karierten Anzug und eine schicke Seidenkrawatte. Sein Haar ist einigermaßen gepflegt und sein Schnurrbart gestutzt. Er sieht für seine Verhältnisse ziemlich seriös und ordentlich aus.

Er läuft die gepflasterte Straße hinunter. Direkt vor ihm, von gleichförmigen Wohnhäusern gerahmt, steht die Zytglogge, der berühmte Glockenturm über dem alten Stadttor mit seiner Astrolabiumsuhr aus der Renaissance und einem Zeiger, der mit dem Gesicht der Sonne verziert ist. Es ist kurz vor acht. Wenige Minuten später erreicht Einstein die Genfergasse in der Nähe des Bahnhofs. Dort steht das Gebäude des Post- und Telegraphenamtes mit seiner strengen, neoklassizistischen Architektur und der wichtigtuerischen Sterilität der meisten Amtsgebäude. Das Patentamt befindet sich im obersten Stockwerk.

Er lächelt grüßend seinen Kollegen zu und macht eine Bemerkung zu dem herrlichen Tag. Josef Sauter ist bereits da, ebenso Michele Besso, sein engster Freund aus Züricher Tagen, die eine Ewigkeit her zu sein scheinen. Besso hatte seine Stelle einige Monate zuvor angetreten, nachdem Einstein ihn ermuntert hatte, sich zu bewerben. Albert schlängelt sich durch den langen Raum und lässt sich auf seinem Hocker an einem soliden Holztisch nieder.

Er mag seine Arbeit – sie ist abwechslungsreich und anregend. Heute geht es um Patente für eine Schreibmaschine und eine Kamera. Einen anderen Antrag – für ein elektrotechnisches Gerät – lehnt er fast sofort ab, denn er ist nicht korrekt ausformuliert. Die Aufgabe eines Patentprüfers ist es, zu entscheiden, ob eine Erfindung tatsächlich neu ist oder ein anderes Patent verletzt. Der Prüfer muss auch entscheiden, ob die Erfindung wirklich funktionieren würde. Einsteins Vorgesetzter, Friedrich Haller, ein schroffer, kluger, geachteter Mann, hat ihm beigebracht, wie er mit den Anträgen umgehen soll: »Wenn Sie ein Gesuch zur Hand nehmen, dann denken Sie, es sei alles falsch, was der Erfinder sagt.«[74] Er fordert ihn auf, in seiner Kritik nicht müde zu werden und jede Prämisse, wenn möglich, zu widerlegen. Der Rat kam Einsteins Denkweise sehr entgegen und war seiner wissenschaftlichen Forschung ebenso zuträglich wie seiner täglichen Arbeit.

Sein Mittagessen nimmt er am Schreibtisch ein, dann puzzelt er ein wenig oder schaut aus dem Fenster. Sauter, der etwas vor Einstein ebenfalls am Polytechnikum studiert hat, kommt herüber und fragt, ob er nächste Woche zum Treffen der Gesellschaft kommt. Der ältere Kollege hatte Einstein in die wissenschaftlichen Zirkel Berns eingeführt, und er begleitet ihn häufig zu den Treffen der »Naturforschenden Gesellschaft« als Sauters Gast. Einmal hielt er sogar einen Vortrag über elektromagnetische Wellen, das zweite Thema des Abends widmete sich der Tiermedizin. In diesem Monat soll es um das Nashorn gehen. Einstein versichert Sauter, dass er sich darauf freut.

Kurz nach seiner Pause hat Einstein die offizielle Arbeit des Tages beendet. Er rattert häufig in zwei, drei Stunden durch seine Anträge, damit er anschließend seine Schublade öffnen und die physikalischen Notizen herausnehmen kann, die er verstohlen auf seinem Schreibtisch ausbreitet. Auf seinem Stuhl schaukelnd, geht er der eigenen Arbeit nach. Wenn Haller vorbeikommt, verstaut er den Papierstapel rasch wieder in der Schublade und versucht, beschäftigt zu wirken. Haller tut höflicherweise so, als würde er das nicht bemerken – Herr Einstein macht schließlich gute Arbeit.

Ganz in der Nähe erscheint die Figur des Chronos an der Zytglogge, wenn die Turmuhr zur vollen Stunde schlägt. Zeigt sie das Ende des Arbeitstages an, wartet Einstein, bis Besso seine Sachen zusammengesucht hat, und die beiden verlassen gemeinsam das Haus und sprechen über Physik – oder vielmehr ist es Einstein, der redet, und Michele hört zu und stellt gelegentlich eine Frage. Einstein verspricht beim Abschied, Besso und seine Frau bald einmal zum Abendessen einzuladen: Sie hatten kürzlich einen wunderbaren Abend zusammen, und Anna und Mileva verstehen sich sehr gut. Bald ist er zu Hause, die Zeit verging wie im Flug.

In der Wohnung schreit Hans Albert unablässig – Mileva beruhigt das Baby. Sie fragt nach seinem Tag. Mit abwesendem Blick und offensichtlich in Gedanken erzählt ihr Albert, was er mit Michele gesprochen hat, dann nimmt er seinen Sohn auf den Arm, der wirklich ein hübsches Kind ist. Er spricht noch ein wenig mit seiner Frau, grübelt aber immer noch über Fragen der Thermodynamik im kleinskaligen Bereich. Er sollte wirklich noch etwas arbeiten, bevor er sich häuslich einrichtet. Er könnte sich einen Namen machen, wenn es ihm gelänge, noch ein paar Beiträge zu publizieren.

19

Alberts Zeit im Patentamt wurde oft als die goldene Brutzeit seines wissenschaftlichen Denkens betrachtet. Jenseits der akademischen Schranken stand er unter keinerlei Druck, ständig neue Publikationen verfassen zu müssen – er musste keine Karriereleiter erklimmen, und seine Ideen konnten sich in aller Ruhe unabhängig entwickeln. Vielmehr stärkte die Arbeit im Amt seinen natürlichen kritischen Geist und schärfte seine Fähigkeit, komplexe Systeme aus Bilderskizzen und elementaren Prämissen zu extrapolieren.

Doch dem theoretischen Physiker in Einstein kamen die Jahre als technischer Experte nicht zugute; sie befriedigten lediglich den Ingenieur. Er war mit neuen Technologien und Maschinen groß geworden – er hatte in der Fabrik seines Vaters gearbeitet, und sein Onkel Jakob hatte Erfindungen eingereicht und besaß einige Patente auf verschiedene elektrische Geräte. Im Laufe seines Lebens meldete Einstein zahlreiche eigene Patente an.

Eines Morgens, Mitte der 1920er-Jahre, stieß Einstein auf einen Artikel über den Tod einer ganzen Familie: Aus dem Kühlschrank waren giftige Gase ausgeströmt, und alle Mitglieder der Familie waren in ihren Betten gestorben. Damals fingen Kühlschränke gerade an, in den Haushalten Einzug zu halten (die Einsteins nutzten noch einen mit Eisblöcken bestückten Isolierschrank in ihrer Wohnung), doch ein nicht giftiger Kühlschrank war noch nicht erfunden. Diese Geschichte trieb Einstein an, nach einer sichereren Alternative zu suchen.

Er bat Leo Szilard, einen brillanten jungen Physiker von der Universität Berlin, zu Hilfe, der später eine entscheidende Rolle bei der Entwicklung der Atomenergie spielte und maßgeblich an der Initiierung des Manhattan-Projekts beteiligt war. Die beiden Männer ließen sich verschiedene Kühlschranksysteme patentieren, darunter eines, das lediglich eine externe Wärmequelle benötigte. Als Teil des Kühlungssystems konstruierte Einstein eine geniale Pumpe, die elektromagnetisch angetrieben wurde. Sie funktionierte wie ein Kolben, der flüssiges Metall auf und ab bewegt und ohne bewegliche mechanische Teile auskommt. Leider war der Kühlschrank nicht besonders leistungsfähig und machte Geräusche wie ein Klageweib. Trotz einigen Interesses wurde das Projekt nie verwirklicht.

Zu seinen anderen Erfindungen gehörte ein Hörgerät, das er mit dem deutschen Erfinder Rudolf Goldschmidt konstruierte. Das elektromagnetische »Schallwiedergabegerät« setzte akustische Signale in elektrische um, die dann in eine am Kopf befestigte Membran geleitet und über den Knochen aufs Ohr übertragen werden. 1934 erhielten Goldschmidt und Einstein das Patent, doch der Aufstieg des Nationalsozialismus setzte ihrer Zusammenarbeit ein Ende, und Einstein verließ Europa.

Ein Jahr später tüftelte er mit seinem Freund Gustav Peter Bucky an einer Kamera, die sich automatisch den Lichtverhältnissen anpasst. Das Licht traf in der Kamera auf eine Reihe Folien unterschiedlicher Transparenz, an denen eine fotoelektrische Zelle befestigt war. Je nach Lichtintensität schob sich dann ein anderer Einsatz vor das Objektiv. Wie bei allen Erfindungen Einsteins war das kommerzielle Interesse gering. Zwei Jahre später brachte Kodak eine Kamera mit automatischer Belichtung auf den Markt.

20

Für einen Physiker im Jahr 1905 war Licht eine Welle. Dies stand außer Zweifel. Es war eine Tatsache, experimentell nachgewiesen, die auf einer mehr als hundert Jahre alten Theorie beruhte. Egal, ob das Licht von einem Stern oder einem Glühwürmchen ausgestrahlt wurde, es breitete sich gleichmäßig im Raum aus und bewegte sich eindeutig wie eine elektromagnetische Welle.

Albert war 1905 äußerst beschäftigt. Er arbeitete noch immer sechs Tage die Woche im Patentamt, er hatte einen einjährigen Sohn, um den er sich kümmern musste, und er schrieb in diesem Jahr einundzwanzig Rezensionen für eine wissenschaftliche Zeitschrift. Im Mai kam noch ein Umzug hinzu. Und doch schaffte er es noch, in sechs Monaten fünf wissenschaftliche Arbeiten zu verfassen, von denen drei die Physik verändern würden.

Die erste Abhandlung dieses Wunderjahres war im März fertig und trug den Titel »Über einen die Erzeugung und Verwandlung des Lichtes betreffenden heuristischen Gesichtspunkt«. Es war das Revolutionärste, was er je geschrieben hatte. Darin schlug er vor, Licht als einen Strom von Teilchen zu betrachten.

Er widmete sich damit bewusst einer der zentralen Fragen der modernen Physik: War die Welt grundsätzlich kontinuierlich oder diskontinuierlich? Oder in den Metaphern des Philosophen und Mathematikers Bertrand Russell ausgedrückt, war die Welt ein Eimer Sirup oder ein Eimer Sand? Und auf elementarster Ebene der Wirklichkeit: Waren die Dinge gleichförmig, ein ungebrochenes, kontinuierliches Ganzes, oder waren sie körnig und aus Partikeln zusammengesetzt? Auch wenn es umstritten blieb, wuchs der allgemeine Konsens, dass sich Materie aus Atomen zusammensetzte. Licht jedoch blieb weiterhin unteilbar. Diese Diskrepanz war irritierend und ärgerlich, und so richtete sich die Aufmerksamkeit der Wissenschaftler auf die Schnittstelle der konträren Standpunkte. Man hoffte durch Forschungen zur Wechselwirkung von Licht und Materie die verwirrenden Funktionsweisen der Natur entschlüsseln zu können.

Ein sehr gutes und vielversprechendes Beispiel dieser Art von Schnittstelle war die sogenannte Schwarze Strahlung, mit der man sich eingehend zu beschäftigen begann. Wie jeder weiß, glühen heiße Gegenstände rot, noch heißere gelb und extrem heiße weiß. Wird Glas erhitzt, leuchtet es nicht etwa in freundlichem Grün oder blassem Braun, es glüht erst rot, dann gelb, dann weiß. Um dieser Strahlung auf den Grund zu gehen, bauten Wissenschaftler wie der deutsche Physiker Gustav Kirchhoff Öfen, die auf präzise Temperaturen erhitzt und auf einer bestimmten Temperatur gehalten werden konnten, sodass die unterschiedlichen Wellenlängen des aus dem Inneren ausgestrahlten Lichts exakt gemessen werden konnten.

Es stellte sich heraus, dass die Wellenlängen allein von der Temperatur im Ofen abhingen. Weder das verwendete Material noch dessen Form spielten eine Rolle, bei gleicher Temperatur wurde die gleiche Farbe erzeugt. Wird Eisen auf, sagen wir,

700 Grad erhitzt, strahlt es genau dasselbe Lichtspektrum aus wie jedes andere feste Element bei 700 Grad. Die Ergebnisse waren unanfechtbar, nur gab es da ein Problem. Denn dieses Verhalten konnte niemand mathematisch erklären. Niemand vermochte zu erklären, was das bedeutete. Das Licht war in Kontakt mit den Atomen der Wände des Ofens. Kontinuität und Diskontinuität gingen Hand in Hand, da konnte, so schien es, irgendetwas nicht stimmen.

Die Frage blieb ungeklärt, bis Max Planck 1900 die Idee des »Quanten« einführte und die Physik damit auf einen revolutionären Pfad in die Moderne führte. Planck war nicht der geborene Revolutionär. Als Nachkomme einer alteingesessenen deutschen Juristen-, Gelehrten- und Theologenfamilie war er zurückhaltend, förmlich und korrekt, vertrat konservative Ansichten und achtete die Tradition: ein stolzer Patriot. Er war ein Musterbeispiel an Fleiß und Scharfsinn und immer tadellos gekleidet – als junger Mann schon trug er einen edlen Zwicker. Die Auffassungen des zweiundvierzigjährigen Physikprofessors Planck und des aufstrebenden Nachwuchswissenschaftlers Einstein konnten unterschiedlicher nicht sein.

Denn Plancks Konservatismus erstreckte sich auch auf seine wissenschaftliche Arbeit. Jahrelang hatte er sich der Atom-These und allem, was der Idee einer kontinuierlichen Materie widersprach, vehement widersetzt, doch als er mit dem Problem der schwarzen Strahlung konfrontiert wurde, sah sich Planck gezwungen, sich der Kontroverse zu stellen, wenn er vorankommen wollte. Es gelang ihm – wenn auch durch reichlich Spekulation – eine Formel zu finden, die mit den experimentellen Ergebnissen übereinstimmte. Doch sie enthielt seltsamerweise eine mathematische Konstante – die wahrhaft winzige Zahl von $6{,}626 \times 10^{-34}$ Js, der er das Formelzeichen *h* gab –, die Planck zunächst nicht erklären konnte. Auf welchen tatsächlichen Vorgang in der Natur sie sich bezog, wusste er nicht.

Um der Entdeckung Sinn zu verleihen, musste er etwas

ziemlich Verrücktes annehmen. Die Wände von allem, was Licht und Wärme ausstrahlt, so folgerte er, enthielten schwingende Moleküle oder »harmonische Oszillatoren«. Es waren diese Oszillatoren, die das Licht aus dem Ofen erzeugten. Das funktionierte allerdings nur, wenn die Oszillatoren die Energie in Päckchen oder Bündeln aussendeten und absorbierten – Planck nannte sie »Quanten«. Tatsächlich konnten die Oszillatoren nur diskontinuierliche Energiepartikel emittieren und absorbieren. Die Bündel enthielten bestimmte, festgelegte Mengen an Energie ohne Abstufungen. Man hatte entweder einen oder zwei Euro, aber kein Wechselgeld dazwischen. Das Plancksche Wirkungsquantum oder die Planck-Konstante bestimmte die für Quanten verfügbare Energie.

Planck war sich sicher, dass seine Erklärung der Absorption und Emission die Eigenschaft von Licht selbst nicht berührt, denn er betrachtete seine Theorie als mathematische Vereinfachung. Im Kontext der schwarzen Strahlung mag die Energie aus gleichförmigen, festen Bündeln bestehen – doch Licht war schließlich, wie jeder wusste, eine Welle.

Als Einstein Plancks Abhandlung 1901 las, war es, »wie wenn einem der Boden unter den Füßen weggezogen worden wäre, ohne dass sich irgendwo fester Grund zeigte, auf dem man hätte bauen können«.[75] Vier Jahre später erkannte er jedoch, dass sie noch nicht weit genug gegangen war. Zum einen wurde die Teilung zwischen kontinuierlichem Licht und diskontinuierlichen Atomen aufrechterhalten. In seinem Beitrag vom März argumentierte Einstein intuitiv, aber fehlerfrei, dass nicht nur der Energieaustausch zwischen Licht und Materie auf diese besondere Weise in Bündeln erfolgte. Die Lichtwellen selbst bestanden aus Teilchen – Einstein nannte sie »Lichtquanten«. Heute werden sie als Photonen bezeichnet.

Einstein bemühte sich weiter darum zu beweisen, warum es sinnvoll war, Licht auf diese Weise zu betrachten. Er zeigte, dass die Existenz von Lichtquanten den sogenannten fotoelektrischen Effekt erklären konnten. Man hatte entdeckt, dass es möglich war, mit einem Lichtstrahl auf Metalloberflächen Elektronen herauszulösen. Die Energie dieser freigesetzten Elektronen, so stellte sich heraus, hing vollständig von der verwendeten Lichtfrequenz (also der Farbe) ab. Egal wie hell das Licht war, die Elektronen gewannen ausschließlich dann an Energie, wenn die Frequenz erhöht wurde, und egal wie schwach das Licht war, sie verloren nur durch eine Reduzierung der Frequenz an Energie. Das war erstaunlich, da sehr helles Licht mehr Energie besitzt als schwaches Licht.

Die Wellentheorie konnte dies nicht erklären, doch für Einstein war es ein Leichtes. Die Energie eines Photons ist das Produkt aus der Lichtfrequenz und der Planck-Konstante: $E = h\nu$. Geht man, wie Einstein, davon aus, dass ein Photon »seine ganze Energie an ein einziges Elektron abgibt«[76], bedeutet das, dass sich eine Veränderung der Frequenz unmittelbar auf die Menge der Energie auswirkt, die ein Photon auf ein Elektron übertragen kann. Nur die Lichtstärke zu erhöhen, ohne die Frequenz zu verändern, erzeugt zwar mehr Photonen, ändert aber nichts an deren Energie. Es würden in der Folge also mehr Elektronen aus dem Metall emittiert, aber deren Energie bliebe gleich.

Einstein erwartete als Reaktion auf seine März-Abhandlung einen Aufschrei. Immerhin hatte er gerade die Grundprinzipien der modernen Physik umgestoßen. Doch als der Beitrag in den *Annalen der Physik* erschien, wurde er keineswegs mit Fanfaren und Jubel – oder wenigstens Abwehr – begrüßt, es herrschte Schweigen.

21

Ohne sich eine Pause zu gönnen, begann Einstein mit der Arbeit an einem neuen Thema. Wieder versenkte er sich in die Welt des winzig Kleinen. Seine zweite Abhandlung von 1905 war am 30. April fertig. »Eine neue Bestimmung der Moleküldimensionen« war eine mathematisch kompakte Untersuchung der Viskosität und des Verhaltens der Moleküle einer Zuckerlösung, die eine Möglichkeit zur Bestimmung der Molekülgröße eröffnete. (Den Durchmesser eines Zuckermoleküls schätzte er auf etwa ein Millionstel Millimeter.)

Aufgrund seiner Berechnungen konnte er auch einen Wert für die als Avogadro-Zahl bekannte Konstante schätzen. Wasserstoff hat eine Atommasse von 1, Helium von 4 und Lithium von 7. Somit würden ein Gramm Wasserstoff, vier Gramm Helium und sieben Gramm Lithium genau die gleiche Anzahl von Atomen enthalten. Dasselbe gilt für 16 Gramm Sauerstoff oder 122 Gramm Antimon. Die Zahl der Atome ist die Avogadro-Zahl. Der von Einstein ermittelte Wert war 210 000 000 000 000 000 000 000 oder $2{,}1 \times 10^{23}$. Es ist schwer zu sagen, wie groß diese Zahl ist. Der aktuelle, genauere Wert der Avogadro-Konstante ist mehr als dreimal so hoch wie Einsteins Ergebnis. Im kleinsten Fliegenschiss Wasser befinden sich Milliarden und Abermilliarden Atome.

Diese Abhandlung vom April wählte Albert als seine Dissertation aus, die er an der Universität Zürich einreichte. Sein dritter Versuch, den Doktorgrad zu erringen. Wenn sein Beitrag über Lichtquanten das revolutionärste Papier dieses Wunderjahres war, so war dieses sein konventionellstes. Doch als Doktorarbeit war genau das von Vorteil – er bewies damit, dass er ein Wissenschaftler war, der die klassische Physik anerkannte und physikalisch arbeiten konnte. Seine Ergebnisse würden keine hochgezogenen Augenbrauen provozieren, es sei denn vielleicht aus Bewunderung. In diesem Sommer wurde seine Dissertation nach einer kleinen Korrektur einiger Daten angenommen, und Albert war endlich Dr. Einstein.

Keine neun Tage nach Fertigstellung der zweiten Arbeit schrieb Einstein eine weitere Studie über die Vorgänge in der verborgenen Welt. In dieser Abhandlung versuchte er, die sogenannte Brownsche Bewegung zu erklären, benannt nach dem schottischen Botaniker Robert Brown, der sie 1828 als Erster untersucht hatte. Brown hatte in Wasser schwebende Pollen durch das Mikroskop betrachtet und dabei ein seltsames Phänomen beobachtet – Teilchen innerhalb der Pollen schienen sich unregelmäßig zu bewegen und ständig zu zittern. Brown hielt dies zunächst für ein Merkmal männlicher Geschlechtszellen und für ein Produkt des Lebens, doch er beschloss, seine Theorie zu überprüfen. Er untersuchte Pollen, die seit mehr als einem Jahrhundert abgestorben waren – mit demselben Befund. Er setzte seine Beobachtungen mit unbelebter Materie fort, untersuchte Rauchpartikel, zermahlene Glas- und winzige Granitsplitter – aus irgendeinem Grund testete er sogar Feilspäne von der Großen Sphinx von Gizeh – und immer sah er, dass die Teilchen umherwanderten und sich wie von selbst in Bewegung setzten. Im Lauf der Jahre wurden mehrere Erklärungen für dieses Verhalten vorgeschlagen, aber keine erwies sich als plausibel.

Dank der kinetischen Gastheorie (die seit den 1870er-Jahren breitere Anerkennung fand und die zufällige Bewegung von Molekülen zur Erklärung des Verhaltens von Flüssigkeiten heranzog) wusste Einstein, dass Moleküle in Flüssigkeiten nicht gleichmäßig verteilt waren. Stattdessen flogen sie in unterschiedlichen Geschwindigkeiten umher, sammelten sich kurz in einem Bereich, bevor sie sich wieder zerstreuten und anderswo neu bündelten. Vernünftigerweise folgerte Einstein, dass ein Teilchen in einer Flüssigkeit durch diese Bewegung beeinflusst wurde.

Sogar das feinst gemahlene Stückchen Kalkstein der Großen Sphinx ist im Vergleich zu einem Wassermolekül gigantisch groß – etwa um das 10 000-Fache. Ein Wassermolekül könnte es genauso wenig bewegen wie eine Erbse das Empire State Building. Im Wasser jedoch war das Kalksteinteilchen Millionen von Zusammenstößen pro Sekunde ausgesetzt. Wie Einstein zeigte, rief die zufällige Verteilung solcher Zusammenstöße das Zittern hervor, das man unter dem Mikroskop beobachten konnte. Im einen Moment wird eine Seite des Teilchens stärker beschossen als die andere, im nächsten Moment hat es schon gewechselt, und die andere Seite ist dem stärksten Beschuss ausgesetzt. Das erzeugt eine unkontrollierte Bewegung, und das Teilchen torkelt trunken von hier nach da.

Unter Verwendung der Statistiken, die er für seine Dissertation entwickelt hatte, konnte Albert berechnen, dass ein in Wasser suspendiertes Standardteilchen bei all den Zickzackbewegungen in einer Minute um 0,006 mm verschoben wird. Seine Vorhersage, betonte er, sei überprüfbar. Es hing also viel davon ab, ob dieses Ergebnis experimentell bestätigt werden konnte.

Es war damals noch lange nicht üblich, Atome und Moleküle als real zu betrachten. Viele Physiker und Chemiker hielten sie für einleuchtend, und sie hatten sich als theoretisch hilfreich erwiesen. Aber noch fragte man sich, ob sie wirklich existierten oder ob sie eher waren, was Planck von seinen Quanten hielt – eine nützliche Annahme. Einsteins vorhergesagter Wert für die Verlagerung war sehr präzise, und seine Methode, ihn zu ermitteln, führte direkt zur Atomwissenschaft. Sollte sich Einsteins Ergebnis als richtig herausstellen, existierten Atome und Moleküle; war es falsch, gab es sie nicht.

An Reaktionen auf diese Publikation hat es nicht gemangelt – sie erntete Aufmerksamkeit und verursachte eine umfangreiche Korrespondenz mit theoretischen wie mit Experimentalphysikern. Innerhalb von Monaten wurden Versuche unternommen, Einsteins Vorhersage zu verifizieren. Vier Jahre später wurde sie durch den französischen Physiker Jean Perrin mit höchster Präzision bestätigt. Die Atomskeptiker mussten ihre Position aufgeben. Von jetzt an waren Atome in jeder Hinsicht real. Perrin wurde später für die Bestätigung von Einsteins Theorie mit dem Nobelpreis ausgezeichnet.

Nach Abschluss dieser ersten Ergüsse nahm sich Einstein die Zeit, seinem Freund Conrad Habicht zu schreiben, der Ende des Jahres 1903 von Bern nach Schaffhausen gezogen war. Sie hatten sich eine Weile nicht mehr geschrieben, und Einstein scherzte, dass er eine »sündige Entweihung« begehe, indem er »das weihevolle Stillschweigen zwischen uns« nun »durch ein wenig bedeutsames Gepappel« in seinem Brief unterbreche.

»Was machen Sie denn, Sie eingefrorener Walfisch, Sie geräuchertes, getrocknetes, eingebüchstes Stück Seele oder was ich sonst noch [...] Ihnen an den Kopf werfen möchte!?«, schrieb er. »Aber warum haben Sie mir Ihre Dissertation immer noch nicht geschickt? Wissen Sie denn nicht, dass ich einer von den 1½ Kerlen sein würde, der dieselbe mit Interesse und Vergnügen durchliest, Sie Miserabler? Ich verspreche Ihnen vier Arbeiten dafür [...]« Die erste, erzählt er, »handelt über die Strahlung und die energetischen Eigenschaften des Lichtes und ist sehr revolutionär, wie Sie sehen werden, wenn Sie mir Ihre Arbeit *vorher* schicken«. Die zweite, schreibt er, war »eine Bestimmung der wahren Atomgröße aus der Diffusion und inneren Reibung der verdünnten flüssigen Lösungen neutraler Stoffe«. Und die dritte erkläre die zufälligen Bewegungen von Molekülen in Flüssigkeit.

Die letzte Abhandlung hatte er noch nicht abgeschlossen, aber er war sich sicher, dass sie von besonderem Interesse sein würde. »Die vierte Arbeit liegt erst im Konzept vor und ist eine Elektrodynamik bewegter Körper unter Benützung einer Modifikation der Lehre von Raum und Zeit.«[77]

Habicht konnte es nicht ahnen, aber sein Freund war drauf und dran, einen weiteren Schleier zu lüften und die Welt zu zwingen, sie neu zu betrachten.

22

Stellen Sie sich vor, Sie wären auf einem Schiff und hätten sich unter Deck eingeschlossen. Die Großraumkabine wirkt höchst seltsam: Die Luft ist voller Schmetterlinge; auf dem Tisch steht eine große Glasschale mit Wasser, in der sich einige Fische tummeln; aus einer Flasche, die an der Decke hängt, tropft Wasser in ein darunterstehendes Gefäß. Das Schiff liegt noch im Hafen vor Anker, und Sie sehen die Fische umherschwimmen, die Schmetterlinge fliegen in unterschiedlichen Geschwindigkeiten hin und her, und das Wasser aus der Flasche tropft in das Gefäß. Stellen Sie sich nun vor, das Schiff hat die Segel gesetzt und fährt nun mit konstanter Geschwindigkeit auf erstaunlich ruhiger See. Sie würden den Unterschied nicht merken. Nichts würde sich ändern.

Dieses Gedankenexperiment stammt von Galilei aus dem Jahr 1632. Er versuchte damit, das kopernikanische Weltbild gegenüber seinen Kritikern zu verteidigen. Sie argumentierten, dass die Menschen es spüren müssten, wenn sich die Erde um die Sonne drehen würde. Galileos Schiff veranschaulicht den sogenannten Sonderfall der Relativitätstheorie. Die allgemeine Relativitätstheorie besagt, dass die physikalischen Gesetze unabhängig von der Bewegung gleich bleiben, was einfach zu verstehen, aber schwer zu akzeptieren ist. Die spezielle Relativitätstheorie dagegen bezieht sich nur auf Bezugssysteme mit konstanter Geschwindigkeit, also nur auf Dinge, die sich entweder in Ruhe befinden oder mit gleichmäßiger Geschwindigkeit geradlinig in eine Richtung bewegen. Eine Beschleunigung wird in der speziellen Relativitätstheorie nicht in Betracht gezogen.

Obwohl dieser »Sonderfall« aufgrund der strikten Einschränkungen reichlich konstruiert klingt, ist die Theorie dahinter sehr viel leichter zu begreifen, schließlich können wir die Auswirkungen in unserem Alltag nachvollziehen. Im japanischen Hochgeschwindigkeitszug Shinkansen zum Beispiel werden die Pendler bei 320 Kilometer pro Stunde nicht durch das Abteil geschleudert, sondern bleiben bequem sitzen. Ob sie dort ein Bogenschießturnier veranstalten, einen bretonischen Kuchen backen oder Radiowellen senden, die physikalischen Gesetze würden dort genauso gelten wie auf festem Grund.

Der Relativitätstheorie liegt die Idee zugrunde, dass kein Bezugsystem einem anderen gegenüber privilegiert wäre. Wenn jemand am Bahnhof steht und den Zug vorbeirasen sieht, dann sieht es für ihn logischerweise so aus, als würde sich der Zug mit all seinen Passagieren in eine bestimmte Richtung bewegen. Für jemanden im Zug allerdings sieht es so aus, als würde *der Bahnhof* in entgegengesetzter Richtung vorbeirasen. Beide Sichtweisen sind stichhaltig. Welche »richtig« ist, lässt sich nicht entscheiden. Da die physikalischen Gesetze für die Person im Zug in genau der gleichen Weise gelten wie für die Person auf dem Bahnsteig, kann kein Experiment klären, welche von beiden *wirklich* in Ruhe bzw. in Bewegung ist. Es hängt immer vom Bezugssystem ab.

1905 war die Relativitätstheorie ein längst akzeptierter Teil der Physik. Einstein hat sie nicht erfunden. Was seine spezielle Relativitätstheorie von Galileis Schiff unterschied, war seine Betrachtung des Lichts.

Schallwellen würden nicht existieren, wenn es nicht etwas gäbe, durch das sie schwingen, Luft etwa oder ein Stück Holz. Wasserwellen gäbe es nicht ohne Wasser. Für die Physiker Anfang des 20. Jahrhunderts war eine Welle per definitionem eine

Deformation in einem Medium. Während Newton sich Licht als aus Teilchen bestehend vorgestellt hat, betrachtete man es Ende des 19. Jahrhunderts als Welle. James Clerk Maxwell hatte auf brillante Weise nachgewiesen, dass Licht Teil eines ganzen Spektrums elektromagnetischer Wellen war, eine Kombination elektrischer und magnetischer Felder. Zudem verhielt sich Licht in Experimenten wie eine Welle – es wurde gebeugt und reflektiert und besaß eine messbare Frequenz. Deshalb ging man davon aus, Licht brauche wie alle anderen Wellen auch ein Medium, um sich ausbreiten zu können. Diese unbekannte Substanz nannte man »Äther«.

Um die Vorstellung eines Äthers mit der wahrnehmbaren Wirklichkeit in Einklang bringen zu können, musste er seltsame Eigenschaften besitzen. Zum einen musste er das gesamte Weltall durchziehen, sonst könnte das Licht der Sterne die Erde nicht erreichen. Und er musste so dünn und diffus sein, dass er keinerlei Auswirkung auf irgendetwas hatte, und doch so fest, dass das Licht ihn in ungeheurer Geschwindigkeit durchlaufen konnte. Im späten 19. Jahrhundert befassten sich viele Physiker mit der Suche nach diesem Äther. Das erwies sich als äußerst schwierig.

Ein Weg, mit dem man glaubte, den Äther entdecken zu können, war, verschiedene Lichtgeschwindigkeiten aufzuspüren. Man nahm an, dass die Erde, wenn sie sich durch den Äther bewegte, einen »Ätherwind« erzeugte, der entgegengesetzt zur Bewegungsrichtung der Erde blies, genau so, als würde sie sich durch Luft oder Wasser bewegen. Licht, so war die Überlegung, hätte es gegen den Ätherwind – sozusagen stromaufwärts – schwerer als mit ihm, stromabwärts.

1887 führten die amerikanischen Physiker Albert Michelson und Edward Morley ein berühmt gewordenes Experiment auf Grundlage dieser Überlegungen durch. Sie spalteten einen Lichtstrahl so auf, dass sich die eine Hälfte mit der Bewegung der Erde ausbreitete, die andere Hälfte quer dazu verlief. Sosehr sie sich auch bemühten, es war nicht der geringste Unterschied in der Geschwindigkeit der beiden Strahlen auszumachen.

Keines der vielen Experimente, die die Existenz des Lichtäthers beweisen sollten, war von Erfolg gekrönt. Dennoch blieb der Äther für die Wissenschaftler des späten 19. und frühen 20. Jahrhunderts *real* – so real wie Luft. Der Gedanke, dass sich Licht ohne ein Medium ausbreiten könnte, durch nichts, schien absurd.

Im Jahr 1905 zweifelte Einstein endgültig an der Existenz des Lichtäthers. In seiner Abhandlung vom Juni »Zur Elektrodynamik bewegter Körper« verwarf er die Idee, ohne sich noch weiter damit aufzuhalten. »Die Einführung eines ›Lichtäthers‹ wird sich insofern als überflüssig erweisen«[78], schrieb er und legte damit zweihundert Jahre wissenschaftlicher Erkenntnisse ab wie einen alten Mantel.

Einsteins Arbeit beruhte auf zwei Prinzipien. Alles Weitere entwickelte sich direkt aus diesen unumstößlichen Wahrheiten. Das erste war das »Prinzip der Relativität«: Es besagt, dass die Gesetze der Physik in allen nichtbeschleunigenden Bezugssystemen gelten. Das zweite Prinzip war, dass die Lichtgeschwindigkeit im leeren Raum konstant ist. Licht bewegt sich mit 299 792 458 m/s. Im ausgehenden 19. Jahrhundert war dieser Wert mit ziemlich großer Genauigkeit bekannt. Einstein wagte es anzunehmen, dass die Lichtgeschwindigkeit unabhängig von der Bewegung einer Lichtquelle gleich bleibt. Anders ausgedrückt, die Lichtgeschwindigkeit ist in allen Bezugssystemen konstant.

Zurück zu unserem sich mit konstanter Geschwindigkeit bewegenden Zug. Wenn Sie einen Ball durch den Waggon in die Richtung werfen, in die der Zug fährt, werden Sie sehen, dass sich der Ball mit der Geschwindigkeit bewegt, mit der Sie ihn geworfen haben. Jemand, der draußen auf dem Bahnsteig steht und durch die Fenster Ihr rücksichtsloses Verhalten beobachtet, sieht jedoch etwas völlig anderes. Er würde sehen, dass der Ball sich mit der Geschwindigkeit des Zuges plus der Wurfgeschwindigkeit bewegt. Dasselbe gilt für ein Stück der Großen Sphinx oder genauso für die Schallwellen, wenn Sie sprechen – für die Person auf dem Bahnsteig würden sie sich mit der Geschwindigkeit des Zuges plus der Schallgeschwindigkeit bewegen.

Vor Einstein ging man davon aus, dass sich Licht genauso verhält wie alles andere. Wenn Sie einen Laserstrahl durch den Zug schicken oder eine Laterne in die Höhe halten, so glaubte man, würde sich das emittierte Licht in Ihrem Bezugssystem mit Lichtgeschwindigkeit bewegen, für die Person auf dem Bahnsteig jedoch in Zuggeschwindigkeit plus Lichtgeschwindigkeit.

Einstein betrachtete es als ein Naturgesetz, dass sich Licht – anders als alles andere – für beide Personen, im Zug wie auf dem Bahnsteig, mit gleicher Geschwindigkeit bewegt. Er war sich sicher, dass er recht hatte. Er war sich auch sicher, dass das Prinzip der Relativität richtig war und dass seine Theorie auf diesen beiden Postulaten aufbauen musste.

Zu diesem Schluss war er schon einige Zeit vor 1905 gelangt. Unglücklicherweise jedoch waren diese beiden Prinzipien »unverträglich«, wie er in seiner Juni-Abhandlung zugibt, wenn auch »nur scheinbar unverträglich«, weshalb er »fast ein Jahr lang vergeblich darüber nachgedacht hat«.[79]

Dann, eines schönen Tages in Bern, besuchte er seinen Freund Michele Besso und erzählte ihm von seinem Problem. »Ich gebe auf«, sagte er. Doch die Freunde diskutierten weiter, und plötzlich lag das Gebäude frei, und Einstein begriff. Gleich am nächsten Tag besuchte Albert Besso erneut, und ohne auch nur zu grüßen, platzte er heraus: »Danke. Ich habe das Problem gelöst.«

Und das hatte er. Fünf Wochen später, Ende Juni, reichte Einstein seine Abhandlung ein. Was er in den Gesprächen mit

Michele verstanden hatte, war, dass ein simultanes Ereignis in dem einen Bezugssystem nicht unbedingt ein simultanes Ereignis in einem anderen sein musste. Wenn eine Person zwei Blitzeinschläge gleichzeitig sieht, bedeutet das tatsächlich nur, dass sie genau in der Mitte zwischen den Blitzen steht und sie das Licht der Blitze gleichzeitig erreicht. Stünde die gleiche Person jedoch an derselben Stelle in einem sich auf einen der Blitze zubewegenden Zug, würde sie das Licht dieses Blitzes vor dem des anderen erreichen. Dann würde ein Blitz früher einschlagen. Nach dem Relativitätsprinzip sind beide Ansichten gleich gültig. *Echte* Gleichzeitigkeit gibt es nicht. Man könnte auch sagen, Gleichzeitigkeit ist ein relativer Begriff.

Und das bedeutet, wie Einstein erkannte, dass es keine absolute Zeit gibt. Oder wie er es später erklärte: »Es gibt in der Welt kein überall hörbares Tik-Tak, was wir als Zeit betrachten könnten.«[80] Jedes Bezugssystem hat seine eigene Zeit. Es war dieses neue Zeitverständnis, das es Einstein erlaubte, seine beiden Prinzipien in Einklang zu bringen, und das hatte einige eigentümliche Konsequenzen.

Wenn Zeit relativ ist, so konnte Einstein zeigen, dann ist es auch der Raum. Stellen Sie sich zwei Personen vor, beide haben ihre eigenen synchronisierten Uhren – eine im Zug, eine am Bahnsteig. Stellen Sie sich weiterhin vor, dass der Fahrgast im Zug einen goldenen glänzenden Stab bei sich hat. Um die Länge des fantastischen Stabes zu messen, muss der Passagier im Zug lediglich einen Maßstab benutzen. Für die Person in Ruhe jedoch bewegt sich der Stab. Will er die Länge des Stabes messen, ist ein komplizierteres Verfahren erforderlich. Zuerst muss er bestimmen, wo sich die beiden Enden des Stabes zu einem bestimmten Zeitpunkt befinden. Sobald er die Position des Anfangs- und Endpunktes kennt, kann er sie mit Fähnchen markieren und den Abstand dazwischen messen. Der gesunde Menschenverstand sagt uns, dass das Ergebnis der Messung das gleiche sein wird. Doch das ist es nicht. Der goldene Stab erscheint der Person in Ruhe kürzer als der Person, die mit ihm in Bewegung ist. Der Grund dafür ist, dass die Person am Bahnsteig einen anderen Begriff von Gleichzeitigkeit hat als die Passagiere im Zug. Die Person im Zug würde behaupten, dass die Person in Ruhe die beiden Enden des Stabes zu unterschiedlichen Zeitpunkten und nicht im selben Augenblick lokalisiert hat. Dieses Phänomen ist als »Längenkontraktion« bekannt.

Eine andere kontraintuitive Konsequenz aus der speziellen Relativitätstheorie ist die »Zeitdilatation«. Stellen Sie sich nun vor, die Person im Zug hätte den Stab weggeräumt und ihn gegen zwei Spiegel ausgetauscht. Ein Spiegel wird am Boden, der andere an der Decke befestigt. Ein Lichtstrahl geht zwischen den beiden Spiegeln hin und her. Für den Zugreisenden zeichnet der Lichtstrahl eine gerade Linie nach oben und unten. Für die Person am Bahnsteig jedoch bewegt sich der Lichtstrahl in einer Zickzacklinie. Für ihn sieht es so aus, als fiele der Lichtstrahl schräg nach oben zum Deckenspiegel, der sich mit dem Zug ein wenig nach vorn bewegt hat, und er fällt schräg nach unten zum Bodenspiegel zurück, der sich ebenfalls weiter nach vorn bewegt hat. Für die Person am Bahnhof scheint das Licht eine größere Strecke zurückzulegen als für die Person im Zug. Aber die Lichtgeschwindigkeit – die in Einsteins Relativitätstheorie als gegeben vorausgesetzt wird – ist für beide Beobachter gleich groß. Daraus lässt sich nur folgern, dass für die Person in Ruhe mehr Zeit verstrichen ist als für die Person im Zug.

Je schneller der Zug fährt, desto weiter ist die Strecke, die der Lichtstrahl von Boden zur Decke zurücklegen muss. Genauso könnte man sagen, je schneller der Zug fährt, desto langsamer vergeht die Zeit. Die Menschen im Zug altern langsamer, Pflanzen brauchen länger zum Keimen und Wachsen, Atome zerfallen langsamer. Auf der Erde sind diese Effekte kaum wahrnehmbar – tatsächlich werden die Effekte der Relativität erst bei sehr hohen Geschwindigkeiten interessant.

Einsteins Juni-Abhandlung war nicht nur aufgrund ihrer neuen und tiefgreifenden Merkwürdigkeiten ungewöhnlich, sondern auch wegen der etwas profaneren Tatsache, dass sie kein einziges Zitat enthielt. Viele darin enthaltenen Ideen lagen in den Wissenschaften bereits in der Luft. George F. FitzGerald und Hendrik Lorentz zum Beispiel hatten beide unabhängig voneinander das Phänomen der Längenkontraktion präsentiert, und Henri Poincaré hatte das Konzept der absoluten Zeit infrage gestellt. Aber sie alle hatten dies als Korrektur für das Äther-Problem betrachtet. Einstein war allein auf diese verblüffende Weltsicht gekommen – oder fast allein. »Zum Schlusse bemerke ich, dass mir beim Arbeiten an dem hier behandelten Probleme mein Freund und Kollege M. Besso treu zur Seite stand und dass ich demselben manche wertvolle Anregung verdanke.«[81]

Nach Fertigstellung seiner Arbeit legte sich Einstein für zwei Wochen ins Bett, während Mileva mehrmals seine Arbeit überprüfte.

23

Im Rahmen seines Einbürgerungsantrags in der Schweiz hatte sich Einstein offiziell zum Abstinenzler erklärt. In der Regel trank er keinen Alkohol. Er schmeckte ihm nicht. Als ihm einmal ein Glas Champagner angeboten wurde, schnupperte er nur an der goldenen perlenden Flüssigkeit und ließ es dabei bewenden. »Ich brauche keinen Wein«, sagte er, »mein Hirn ist mit intellektueller Trunkenheit gut vertraut.«[82]

Doch nachdem Albert seine Abhandlung über die spezielle Relativitätstheorie fertiggestellt hatte, feierten er und Mileva. Inmitten ihres Festes schickten sie dem Freund Conrad Habicht eine Postkarte, auf der lediglich stand:

Total besoffen leider beide unterm Tisch. Ihr armer

Steisbein & Frau[83]

Wenige Monate später schickte er Habicht einen weiteren Brief. Eine erstaunliche Konsequenz seiner Theorie sei ihm in den Sinn gekommen, schrieb er, eine höchst unerwartete. Es schien, als wären Masse und Energie in irgendeiner Weise miteinander verbunden. »Die Überlegung ist lustig und bestechend; aber ob der Herrgott nicht darüber lacht und mich an der Nase herumgeführt hat, das kann ich nicht wissen.«[84]

Im September schrieb Albert einen nur drei Seiten umfassenden Nachtrag zu seiner Juni-Abhandlung. Durch die Betrachtung eines Körper, der eine Strahlung emittiert, zunächst in einem ruhenden, dann in einem sich gleichförmig bewegenden Bezugsrahmen, gelang es ihm, Gleichungen zu Geschwindigkeit und Masse zu entwickeln, und so gelangte er rasch zu der folgenden These: »Gibt ein Körper die Energie L in Form von Strahlung ab, so verkleinert sich seine Masse um L/V^2.«[85] Das bedeutet: »Die Masse eines Körpers ist ein Maß für dessen Energieinhalt […]«[86] Energie und Masse sind in Wirklichkeit ein und dasselbe, nur in verschiedener Gestalt.

Bringt man die Formel in ihre einfachste Gestalt, ergibt sich aus der speziellen Relativitätstheorie die Gleichung $E = mc^2$. Die berühmteste Gleichung der Wissenschaft ergab sich einfach aus Einsteins Arbeit, ein nachträglicher Gedankenblitz in einem Jahr, das ohnehin schon ein Jahr der Wunder war.

24

Mileva Einstein mit ihren beiden Söhnen Eduard (links) und Hans Albert (rechts), um 1914

Im April 1906 wurde Albert Einstein zum Technischen Experten II. Klasse befördert, und sein Gehalt stieg auf 4500 Franken. Er hatte sich als versierter Verwaltungsbeamter und begabter Patentprüfer mehr als bewährt. Außerdem, so betonte sein Vorgesetzter, als er ihn für eine Beförderung vorschlug, war Einstein jetzt ein Herr Doktor.

Wieder zog die Familie um. Sie mieteten das oberste Stockwerk eines Hauses in der baumgesäumten Aegertenstraße mit Blick auf die Berge im Berner Oberland und mit eigenen Möbeln. Einstein war siebenundzwanzig Jahre alt, hatte eine Arbeit und war seriös. Der neue Wohnort führte jedoch dazu, dass Besso und er nun getrennte Wege nach Hause hatten. Habicht und Solovine hatten Bern längst verlassen. Die fröhlichen Zeiten waren vorbei, und Einstein vermisste sie. Nur sonntags kamen Mileva und er unter Menschen.

»Mir geht es gut; ich bin ehrwürdiger eidgenössischer Tintenscheisser mit ordentlichem Gehalt. Daneben reite ich auf meinem alten mathematisch-physikalischen Steckenpferd und fege auf der Geige – beides in den engen Grenzen, welche mir mein 2 jähriger Bubi für derlei überflüssige Dinge gesteckt hat.«[87]

Nicht dass Einstein die Tyrannei seines Sohnes sonderlich gestört hätte. Hans Albert war »schon ein recht stattlicher, impertinenter Kerl geworden«,[88] und Mileva und Albert mussten sich oft das Lachen über sein Herumgekaspere verkneifen. Sie waren so bezaubert von ihm, dass sie zu Hause ausschließlich in Babysprache mit ihm kommunizierten und Hans Albert erst mit fünf Jahren richtiges Deutsch lernte.

Wenn Einstein auch nicht im Haushalt half – Brennholz hacken, Kohle schleppen und so weiter –, so verbrachte er doch viel vergnügliche Zeit mit seinem kleinen Sohn. An den Wochenenden schob er ihn in seinem barocken Kinderwagen herum. Er hielt ihn auf dem Schoß, wenn er arbeitete, und schaffte es dabei noch irgendwie, seine Berechnungen durchzuführen, er spielte ihm auf der Geige vor, um ihn zu beruhigen und ihm einen Sinn für die Bedeutung von Musik zu vermitteln.

Auch Spielzeug bastelte er ihm. Einmal baute er ihm aus Streichholzschachteln eine kleine funktionierende Seilbahn. »Das war eines der schönsten Spielzeuge, die ich in dieser Zeit hatte, und es funktionierte«, sagte Hans Albert viele Jahre später. »Aus einem Stück Bindfaden und ein paar Streichholzschachteln konnte er die schönsten Sachen machen.«[89]

25

Einige wenige Physiker beschäftigten sich ernsthaft mit der Relativitätstheorie, der bedeutendste war – zu Einsteins großem Glück – Max Planck, einer der renommiertesten und einflussreichsten Physiker der Zeit. Kurz nachdem Einsteins Arbeit veröffentlicht war, hielt Planck an der Universität Berlin einen Vortrag über die neue Theorie. Das sprach sich herum, und Einstein gewann Unterstützer – auch wenn, wie ihm

Planck 1907 schrieb, die Befürworter der Relativitätstheorie ein »bescheidenes Häuflein bilden«.[90]

In den folgenden Jahren wird Einstein einen regen Briefwechsel mit Physikern aus ganz Europa führen. Ein Großteil der Post, die er erhielt, war an die Universität Bern gerichtet, schien es seinen Briefpartnern doch nur logisch, dass der Mann hinter der Relativitätstheorie an einer akademischen Institution lehrte. »Ich muss Ihnen offen sagen, dass ich mit Staunen gelesen habe, dass Sie 8 Stunden im Tage in einem Bureau sitzen müssen«, schrieb ein junger Physiker, der zu Einsteins Unterstützung nach Bern kommen wollte. »Es gibt oft einen Treppenwitz in der Geschichte.«[91]

Als Erstes, im Sommer 1907, besuchte Plancks Assistent Max von Laue Einstein in Bern. Er wartete auf Einstein in der Eingangshalle des Post- und Telegraphenamtes. Als ein etwas zerzauster Mann Ende zwanzig mit einem runden Gesicht in die Halle kam, ließ Laue ihn vorbeigehen, es kam ihm gar nicht in den Sinn, dass dies der Vater der Relativitätstheorie sein könnte. Als Einstein schließlich zurückkam, stellten sie sich einander vor und brachen zu einem Spaziergang auf.

In den ersten beiden Stunden ihres Gesprächs warf Albert den Großteil der Gesetze der Physik über den Haufen und redete Laue in Grund und Boden. Er bot seinem Besucher auch eine Zigarre an, die so schlecht war, dass sie Laue auf einer Brücke über die Aare »versehentlich« ins Wasser fallen ließ. Irgendwann bewunderten die beiden den Blick auf die Berner Alpen, und Einstein kommentierte: »Wie man aber da oben herumlaufen kann, verstehe ich nicht!«[92]

26

Einsteins einstiger Mathematikprofessor am Polytechnikum in Zürich, Hermann Minkowski, war ein hochintelligenter und mit seinem wellenförmigen Schnauzbart ein eleganter Mann. Nachdem er Einsteins Abhandlung über die Relativitätstheorie gelesen hatte, erinnerte er sich an den ehemaligen Studenten: »Ach, dieser Einstein«, sagte er seufzend zu seinem Assistenten, »hat immer die Vorlesungen geschwänzt – das hätte ich ihm in der Tat nicht zugetraut!«[93]

Dennoch ließ Minkowski sich davon inspirieren, die Gleichungen der speziellen Relativitätstheorie geometrisch darzustellen – und damit entwickelte er das Konzept der »Raumzeit«. Er erfand ein vierdimensionales System mit der Zeit als vierter Dimension. In diesem System werden Ereignisse mithilfe von vier Koordinaten dargestellt, eine für jede Dimension.

Vierdimensionale Koordinaten sind im Alltag gar nicht so ungewöhnlich. Wenn ein Freund Sie zu einer Dinnerparty in sein New Yorker Apartment einlädt, wird er Ihnen nicht nur seine Adresse geben (also die Position in drei Dimensionen), er wird Ihnen auch Datum und Uhrzeit der Party mitteilen.

In Minkowskis Terminologie, die bis heute verwendet wird, wird ein Ereignis in der Raumzeit »Weltpunkt« genannt, und eine Reihe aufeinanderfolgender Ereignisse – die Bewegung eines Elektrons, der Flug eines Schmetterlings, die Umlaufbahn eines Planeten – bildet eine »Weltlinie«. Alles verfügt über eine eigene Weltlinie. Minkowskis Raumzeit-Diagramme werden in der Regel mit der Zeit als vertikaler Achse und mit nur einer Raumdimension als horizontaler Achse gezeichnet, um sie übersichtlicher zu gestalten.

Wenn Sie bei der Party Ihres Freundes eingetroffen sind und dann die ganze Zeit über still in der Ecke eines Raums stehen bleiben in der Hoffnung, jemand spricht Sie an, würde sich

Ihre Weltlinie in der Zeit, aber nicht im Raum weiterbewegen. Im Raumzeit-Diagramm wäre dies eine gerade vertikale Linie. Die Weltlinie einer Person, die in konstanter Geschwindigkeit vor Ihnen davonläuft, würde als diagonale Linie dargestellt, die sich durch Raum und Zeit bewegt.

Mithilfe dieser Diagramme lässt sich die Relativität von Zeit, Raum und Gleichzeitigkeit für verschiedene Beobachter leicht veranschaulichen. Minkowski hatte also eine Möglichkeit erfunden, die Diagramme so zu »transformieren«, dass man einfach zwischen den Perspektiven der Beobachter wechseln konnte. Ein großes Verdienst von Minkowskis Arbeit – über das Denken in den Begriffen der Raumzeit – war, dass sich die Auswirkungen der speziellen Relativitätstheorie auf eine formale, präzise und relativ einfache Weise erkennen ließen.

1908 hielt Minkowski über sein neues Konzept einen Vortrag an der Universität Köln. »Meine Herren«, begann er wichtigtuerisch, »die Anschauungen über Raum und Zeit, die ich Ihnen entwickeln möchte, sind auf experimentell-physikalischem Boden erwachsen. Darin liegt ihre Stärke. Ihre Tendenz ist eine radikale. Von Stund an sollen Raum für sich und Zeit für sich völlig zu Schatten herabsinken und nur noch eine Art Union der beiden soll Selbständigkeit bewahren.«[94]

Spricht man über den Raum, so spricht man auch über die Zeit – sie sind eins. Hat man sich bislang die Struktur des Raums, wie sie sich durch das Universum erstreckt, vorgestellt, als Bühne, auf der sich die Ereignisse abspielen, so hatte man sich jetzt eine Raum-*und*-Zeit-Struktur vorzustellen.

Einstein war nicht sonderlich beeindruckt, als er von Minkowskis Interpretation seiner Theorie erfuhr. Er beschrieb sie als »überflüssige Gelehrsamkeit«[95], und verwarf sie mit derselben Beiläufigkeit, mit der er die Idee des Äthers über Bord geworfen hatte. Bei anderer Gelegenheit klagte er: »Seit die Mathematiker über die Relativitätstheorie hergefallen sind, verstehe ich sie selbst nicht mehr.«[96]

27

Nach fünf Jahren beschloss Einstein, noch einmal zu versuchen, in die akademische Welt zurückzukehren. Im Alter von achtundzwanzig Jahren hatte er einige der wichtigsten Abhandlungen moderner Wissenschaft publiziert und die klassische Physik auf den Kopf gestellt, doch noch immer war es ihm nicht gelungen, eine Stelle an einer Universität zu bekommen.

Zum Teil war dies selbst verschuldet. 1907 bewarb er sich als Privatdozent an der Universität Bern. Zum Bewerbungsverfahren gehörte es, eine unveröffentlichte Arbeit einzureichen, die sogenannte Habilitationsschrift. Davon konnte man jedoch befreit werden, wenn der Bewerber »andere herausragende Leistungen« vorzuweisen hatte. Einstein hielt seine Leistungen in der Tat für herausragend. Das Fakultätsgremium jedoch war anderer Ansicht und lehnte ihn für die Stelle ab.

Er schluckte seinen Stolz hinunter und bewarb sich erneut, diesmal mit Habilitationsschrift – und wurde angenommen. Endlich, acht Jahre nach dem Studienabschluss, begann seine akademische Laufbahn. Allerdings war die Stelle, die er sich verschafft hatte – die eines Privatdozenten, die darin bestand, einige Vorlesungen zu halten und von der Hörerschaft Gebühren zu verlangen –, weder einflussreich noch gut bezahlt. In Wahrheit war sie so unbedeutend und schlecht bezahlt, dass Albert es sich nicht leisten konnte, seine Stelle im Patentamt zu kündigen. Er hatte einfach nur mehr Arbeit.

So wie Marcel Grossmann ihm die Stelle am Patentamt vermittelt hatte, kam ihm nun wieder ein Freund zu Hilfe. 1908 wurde an der Universität Zürich die neue Stelle eines außerordentlichen Professors für Theoretische Physik geschaffen. Der Extraordinarius würde unter Alfred Kleiner arbeiten, dem Professor, der sich lange für die Schaffung dieser Stelle eingesetzt hatte. Einstein war der ideale Kandidat, aber Kleiner wollte die

Position mit seinem Assistenten Friedrich Adler besetzen, den Einstein aus seiner Studienzeit kannte. In Anerkennung von Einsteins Talent überzeugte Adler seinen Chef, dass Albert für die Stelle wesentlich besser geeignet sei.

Dummerweise war Kleiner, als er nach Bern reiste, um eine von Einsteins Vorlesungen als Privatdozent zu besuchen – »um das Tier zu visitieren«,[97] wie Einstein es nannte – gar nicht angetan von dem, was er da sah. Einstein hielt keine gute Vorlesung, zum einen, weil er nicht vorbereitet war, aber auch, weil es ihn nervös machte, begutachtet zu werden. Nach der Vorlesung ließ Kleiner Einstein wissen, dass seine Lehrfähigkeit schlicht nicht gut genug sei. Einstein entgegnete scheinbar gelassen, dass sie ihn ja nicht berufen müssten. Doch so gelassen war er nicht. Kurz nach seiner Beurteilung ärgerte er sich, als er erfuhr, dass Kleiners schlechte Bewertung seiner Lehrtätigkeit in einigen physikalischen Fakultäten in der Schweiz und Deutschland die Runde gemacht hatte. Er fürchtete – nicht zu Unrecht –, dass ihm dieses Urteil jede Chance auf eine Universitätskarriere verbauen würde. Er schrieb Kleiner und warf ihm vor, die Gerüchte über ihn verbreitet zu haben. Kleiner lenkte ein und schlug vor, wenn er an der Stelle noch Interesse hätte, würde er sie bekommen, wenn er ein Mindestmaß an Lehrfähigkeit nachweisen könnte.

Einstein reiste nach Zürich und präsentierte eine weitere Vorlesung. »Dabei hatte ich Glück. Ganz gegen meine sonstige Gewohnheit trug ich damals gut vor«,[98] schrieb er einem Freund. Kleiner war zufrieden und empfahl Einstein wenige Tage später der Fakultät. Doch dort zögerte man ebenfalls, ob man Einstein auf die Stelle berufen sollte. Einige Kollegen hielten seine jüdische Herkunft für ein Problem, wie im Protokoll der Fakultätssitzung festgehalten wurde:

> Diese Äußerungen […] unseres Kollegen Kleiner waren […] von umso grösserem Wert, als Herr Dr. Einstein Israelit ist und

als gerade den Israeliten unter den Gelehrten allerlei unangenehme Charaktereigentümlichkeiten, wie Zudringlichkeit, Unverschämtheit, Krämerhaftigkeit in der Auffassung ihrer akademischen Stellung und dergl. nachgeredet werden, und zwar in zahlreichen Fällen nicht ganz mit Unrecht. Indessen darf doch gesagt werden, daß es auch unter den Israeliten Männer gibt, bei denen nicht die Spur dieser unangenehmen Eigenschaften vorhanden ist und dass es daher nicht angeht, einen Mann bloß deswegen zu disqualifizieren, weil er zufällig Jude ist. [...] Weder die Kommission noch die Gesamtfakultät hielt es daher mit ihrer Würde vereinbar, den »Antisemitismus« als Prinzip auf ihre Fahne zu schreiben [...][99]

Nach einer geheimen Abstimmung – zehn Stimmen für Einstein und eine Enthaltung – wurde Einstein die Stelle angeboten. Doch Einstein lehnte ab. Sein Gehalt, so stellte sich heraus, wäre geringer gewesen als das am Patentamt. Offensichtlich wurde das Angebot erhöht, und Einstein sagte zu. Im Jahr 1909 wurde Albert Einstein Professor.

»Nun bin ich also auch ein offizieller von der Gilde der Huren etc.«[100], kommentierte er dieses Ereignis.

28

Anfang Mai 1909 las eine in Basel lebende Hausfrau namens Anna Meyer-Schmid in der Lokalzeitung die Meldung von Einsteins Berufung. Das rührte an halb vergessene, zehn Jahre zurückliegende Erinnerungen. Damals war sie siebzehn und hatte in Mettmenstetten im Hotel Paradies, das ihrem Schwager gehörte, den Sommer verbracht. Sie erinnerte sich, dem gut aussehenden Physikstudenten, der mit seiner Mutter in den

Ferien war, zugelächelt und mit ihm geflirtet zu haben. Und sie erinnerte sich an das Liebesgedicht, das er für sie zurückgelassen hatte.

Anna, inzwischen mit einem Beamten verheiratet, schickte Professor Einstein eine Postkarte und gratulierte ihm. Er antwortete sofort mit einem Brief, der sich auf der Schwelle zwischen höflich und anzüglich bewegte. »Mit sicher noch mehr Freude als Sie denke ich an die hübschen Wochen, welche ich im Paradies in Ihrer Nähe verbringen durfte«, schrieb er. »Ich wünsche Ihnen von Herzen alles Glück und kann mir wohl denken, dass Sie eine treffliche, beglückende Frau geworden sind, wie Sie damals ein liebliches und fröhliches Mädchen waren.«[101] Er teilt ihr mit, dass er wirklich Fräulein Marić geheiratet habe und dass er immer noch der Gleiche sei, auch wenn sein Name jetzt in den Zeitungen auftauche – nur seine Jugend sei ihm abhandengekommen. In einem Postskriptum bittet er sie, ihn zu besuchen, sollte sie einmal in Zürich sein, und gibt ihr seine Arbeitsadresse.

Was immer Einsteins Beweggründe waren, Meyer-Schmid schien seine Antwort als erneutes Bekenntnis seiner Zuneigung aufgefasst zu haben. Sie schrieb eine Antwort, die irgendwie in Milevas Hände gelangte. Wütend auf diese Frau, die Albert geschrieben hatte – und auf Albert, der dieser Frau geschrieben hatte –, schickte Marić Annas Ehemann einen Brief. Sie wisse nicht, was seine Frau veranlasst habe, einen zweiten unangemessenen Brief zu schreiben, und fügte hinzu, Einstein sei über Annas Avancen empört gewesen – wenn auch offenbleibt, ob Letzteres eher ihrem Wunsch oder der Wahrheit entsprach.

Nun war es an Einstein, die Wogen zu glätten. Er schrieb Georg Meyer und entschuldigte sich. Er gab zu, auf Annas Karte, die alte Sympathien zwischen ihnen wiedererweckt hatte, unbedacht und übertrieben reagiert zu haben; doch das geschah nicht mit unlauteren Absichten. Er bat Meyer, Anna nicht böse zu sein, da sie, wie er betonte, nichts Unehrenhaftes getan habe. Einstein entschuldigte sich insbesondere für Milevas Einmischung: »Es war ein nur durch starke Eifersucht entschuldbares Unrecht meiner Frau, sich so zu verhalten, wie sie es ohne mein Wissen gethan hat.«[102]

Einstein sah sich eher als das Opfer des Vorfalls, weniger als der Unruhestifter. Die ganze Affäre behagte ihm gar nicht, und sie warf einen Schatten auf die Beziehung zu seiner Frau. Ihre Wut und ihre Eifersucht präsentierten sich in ihrer schlimmsten Form, und ihre Fürsorglichkeit begann, sich erdrückend anzufühlen.

Nur wenige Monate nachdem die Turbulenzen um Anna Meyer-Schmid ausgeräumt waren, geriet Einstein wegen einer anderen Frau in Verwirrung: Marie Winteler, seine erste Liebe. Marie war nie ganz aus Einsteins Leben verschwunden – ihre Schwester Anna war mit Michele Besso verheiratet, und ihr Bruder Paul würde 1910 Einsteins Schwester Maja heiraten –, doch geschrieben hatten sich die beiden seit einem Jahrzehnt nicht mehr. Einst hatte er Mileva mit einem durchaus etwas verstörenden Mangel an Taktgefühl gestanden, dass »wenn ich das Mädchen wieder ein paarmal sähe, wär ich gewiß verrückt, das weiß ich & fürcht ich wie das Feuer«.[103]

Er hatte nicht übertrieben. Es war vermutlich im Sommer 1909, als Einstein Marie wiederbegegnete. Wahrscheinlich war sie nach Bern gekommen, um ihre Schwester und ihren Schwager zu besuchen. Inzwischen war sie zweiunddreißig Jahre alt und Lehrerin. Einstein war dreißig. Ihre Liebe flammte rasch wieder auf. Sie trafen sich an Orten am Stadtrand von Bern – auf dem Gurten, dem üppigen, grünen Berg südlich der Stadt, im Bremgartenwald, in dem kleinen Ort Zollikofen – offenbar, ohne Milevas Aufmerksamkeit zu erregen.

Doch vielleicht kannte Marie Einsteins Wankelmut allzu gut und war nicht bereit, sich ihm auszuliefern, vielleicht hatte sie aber auch einfach nur mehr Skrupel als er. Wie auch immer, Einstein verlor ihr Vertrauen. Er versuchte vergeblich, sie in

Zürich zu treffen, wartete unter ihrem Fenster und schickte ihr zahllose Briefe, die alle unbeantwortet blieben. Im September schrieb er:

> Ich lebe immer noch in der Erinnerung an die wenigen Stunden, in denen mir das geizige Geschick Dich bescherte. Sonst ist mein Leben ein denkbar trauriges, was die private Seite anlangt. Ich entgehe der ewigen Sehnsucht nach Dir nur durch angestrengtes Arbeiten & Grübeln. Sag mir doch wenigstens, was Du für Gründe hast, mich wie einen Aussätzigen zu fliehen! Meine einzige Freude wäre, Dich wiederzusehen, oder ein Briefchen von Dir zu erhalten. [...] Ich bin wie gestorben in diesem von Pflichten erfüllten Leben ohne Liebe und ohne Freude.[104]

Einstein war monatelang ganz aufgelöst, sogar noch nachdem er mit seiner Familie nach Zürich gezogen und Mileva erneut schwanger war. Im März 1910 schrieb er Marie noch einmal, eindeutig noch immer verliebt. »Ich denke in innigster Liebe an Dich in jeder freien Minute und bin so unglücklich wie nur ein Mensch sein kann. Verfehlte Liebe, verfehltes Leben, so klingt es mir immer nach.« Ihre gemeinsamen Stunden, so versichert er ihr, bedeuteten den »Höhepunkt des Lebens«.[105]

Marie ließ sich nicht erweichen. Nach einigen Monaten des Schweigens schrieb sie Einstein, wahrscheinlich um ihm mitzuteilen, dass sie sich mit einem Uhrenfabrikanten verlobt hatte. Diese Nachricht und Maries Zurückweisung stürzten Einstein in tiefe Verzweiflung. Seine Antwort schrieb er nur anderthalb Wochen nach der Geburt seines zweiten Sohnes Eduard, als sich Mileva noch von der Geburt erholte.

> Als ich Deinen Brief las, da war es mir, wie wenn ich zusähe, dass mein Grab gegraben wird. [...] Ich danke Dir und der gütigen Natur aber doch noch einmal, dass sie auch mir Enterb-

tem durch Dich ein paar Stunden reinen Glückes gegeben hat, vor 15 Jahren und voriges Jahr. Nun bist Du eine andere; was ich da sage gilt jener, die mein war. Leb wohl und denk lieber gar nicht mehr an mich Unglücklichen, als dass Du in Hass & Bitterkeit an ihn denkst. Es mag Dir scheinen, dass ich ein Verräter bin, aber es ist nicht wahr.[106]

29

Einsteins Studenten an der Universität Zürich waren von ihrem strubbeligen neuen Professor nicht besonders beeindruckt. Seine Hosen waren zu kurz, seine Uhrenkette aus billigem Metall, und er hatte nicht einmal ein Vorlesungsskript bei sich, lediglich ein Stück Papier voller Kritzeleien, das die Größe einer Visitenkarte hatte. Auch sein Vorlesungsstil trug nicht dazu bei, dass sich die kollektiv hochgezogenen Augenbrauen gesenkt hätten. Einstein irrlichterte durch seine Themen und wurde sich offenbar erst im Lauf des Vortrags über die Dinge klar.

»Hier muß es eine blöde mathematische Umformung geben, die ich momentan einfach nicht finde«, sagte er während einer Vorlesung. »Sieht sie vielleicht einer der Herren?« Schweigen. »Dann lassen Sie eine Viertelseite aus! Wir wollen keine Zeit verlieren.« Und er fuhr im Thema fort. Zehn Minuten später unterbrach er sich plötzlich, als er längst bei einem anderen Punkt war, und verkündete: »Ich hab's«,[107] und er trug die fehlende Umformung nach.

Bald hatte er seine Studenten für sich eingenommen. Sie begriffen schnell, dass dieser seltene Einblick in einen wissenschaftlichen Denkprozess viel besser war als jeder geschliffene Monolog. Sie hatten das Privileg, Einstein dabei zu beobachten, wie er während der Vorlesung seine Ideen entwickelte. Das versetzte sie in die Lage, sein Handwerkszeug sehen und seine Arbeitsweise nachzuvollziehen zu können, statt ein wunderbares fertiges Konvolut an Wahrheiten präsentiert zu bekommen, von dem sie nicht wussten, wie es zustande gekommen war.

Wichtiger noch war, dass Einstein ein ungewöhnlich motivierender Lehrer war. Er drängte seine Studenten, Fragen zu stellen, zu sagen, wenn sie etwas nicht verstanden hatten. Er fragte regelmäßig, ob alle folgen konnten. Die Studenten durften ihn sogar unterbrechen. Während der Pausen in seinen Vorlesungen ließ er die Studenten sich um ihn versammeln, sodass sie ungezwungen mit ihm sprechen oder ihm Fragen stellen konnten. Er nahm sich Zeit und antwortete ausführlich und freundlich. Manchmal nahm er in seiner Begeisterung einen Studenten beim Arm, um seinem Standpunkt Nachdruck zu verleihen.

Für Einstein erwies sich die Tätigkeit als Professor – sogar die eines Assistenzprofessors – als weitaus aufwendiger, als er gedacht hatte, und er beklagte sich häufig über zu viel Arbeit. Die Fakultät hatte ihm ein aufreibendes Arbeitspensum auferlegt. Er verabscheute vor allem den praktischen Unterricht. Einem Studenten gestand er, dass er nicht wagte, ein Gerät in die Hand zu nehmen, aus Angst, es könnte explodieren. Doch sein chaotisches Auftreten sollte nicht darüber hinwegtäuschen, dass er seine Lehrveranstaltungen aufwendig vorbereitet hat.

Nach seinen abendlichen Seminaren fragte er gewöhnlich, wer noch mitkommen wolle zum Café *Terrasse*. Die Studenten und der Professor brachen auf und liefen durch die Stadt bis zu dem Lokal mit Blick auf die Limmat, wo sie aus dem Zürichsee abfließt. Dort sprachen sie bis zur Sperrstunde über Physik und Mathematik, aber auch über Persönliches. Die Atmosphäre war locker. Ab und an wagte die Studentenschar, sich über ihren Professor lustig zu machen, aber das sprengte nie den Rahmen. Hatten Studenten es sich mit Einstein verscherzt, ging er ihnen in der Regel aus dem Weg, oder er strafte sie mit einem »befremdenden Blick«, wie einer seiner Studenten sich erinnerte, der »stärker traf und grössere seelische Verheerungen anzurichten imstande war, als der legendäre Blitz aus den Augen des erzürnten indischen Gottes«.[108]

Selbst wenn das Licht ausgedreht und die Stühle hochgestellt wurden, war der Abend noch nicht zu Ende. Einmal verkündete Einstein, er hätte am Morgen eine Abhandlung von Professor Planck erhalten, in der ein Fehler stecke, und fragte, ob jemand einen Blick hineinwerfen wolle. Zwei furchtlose Studenten folgten ihm nach Hause, um die Abhandlung zu studieren.

»Sucht inzwischen den Fehler, während ich euch einen Kaffee braue!«,[109] sagte er.

Sosehr sie sich auch bemühten, sie konnten nichts Falsches entdecken und sagten das auch. Nachdem er den Kaffee aufgebrüht und eingeschenkt hatte, zeigte Einstein ihnen, was sie übersehen hatten. Ziemlich überrascht schlugen die Studenten vor, Planck zu schreiben und ihn auf die Unstimmigkeit hinzuweisen. Einstein hielt das für eine gute Idee, doch sollten sie es nicht direkt *Fehler* nennen, sondern nur vorsichtig den korrekten Beweis erläutern. Denn das Ergebnis sei korrekt, erklärte er seinen Studenten, nur der Beweis war anfechtbar.

»Die Hauptsache«, beteuerte er, »ist doch der Inhalt, nicht die Mathematik. Mit der Mathematik kann man nämlich alles beweisen.«[110]

30

Einstein blieb nicht lange in Zürich. Im März 1911 zogen er und Marić nach Prag, wo man ihm eine ordentliche Professur angetragen hatte. Die mittelalterliche, verwinkelte Stadt, das ließ sich nicht leugnen, war schön, doch von der Prager Gesellschaft ließ sich dasselbe nicht sagen. Er beklagte sich in einem Brief an Besso: »Das sind gar keine Menschen mit natürlichem Empfinden; gemütslos und ein eigentümliches Gemisch von standesdünkelhaft und servil, ohne irgend welches Wohlwollen gegen die Mitmenschen. Protzenhafter Luxus und daneben schleichendes Elend auf der Strasse. Gedankenöde ohne Glauben.«[111]

Nicht einmal in dieser beengenden Atmosphäre blieb Albert lang ohne Freunde. Er wurde bald in einen Salon vorwiegend jüdischer Intellektueller eingeführt, der sich über der Einhorn-Apotheke im Haus ihrer Vermieterin, Berta Fanta, traf. Dort wurde über Philosophie und Literatur diskutiert, man gab Lesungen, machte Musik und hielt aufwendige Kostümbälle ab.

Neben Einstein, der selten ohne seine Geige anzutreffen war, gehörten Philosophen, Psychologen, Schriftsteller, Zionisten und Musiker zu Fantas Gästen. Gelegentlich besuchte Franz Kafka den Salon. Bei einem Silvesterfest führte die Gesellschaft offenbar ein von ihm mitverfasstes Stück auf, dessen ungewöhnliches Sujet die Philosophie Franz Brentanos war. Weder Kafka noch Einstein haben sich über den jeweils anderen geäußert.

Mehr Notiz von Einstein nahm dagegen Kafkas enger Freund, der Schriftsteller, Übersetzer und Komponist Max Brod. Brod, ein schmaler Mann mit Brille und einem asketischen Gesicht arbeitete an einem Roman über die letzten Jahre von Tycho Brahe, dem großen dänischen Astronomen, der die genauesten Stern- und Planetenbeobachtungen seiner Zeit vorgenommen hatte. Als »Tycho Brahes Weg zu Gott« erschien, kam einigen die Figur des Johannes Kepler – Brahes junger Assistent, der in der Geometrie der Welt Gott fand und der später die elliptischen Planetenbahnen entdeckte – ziemlich bekannt vor.

Der Roman schildert Brahes Bemühungen um einen Kompromiss zwischen der ptolemäischen, geozentrischen Sicht des Sonnensystems und dem damals neuen radikalen kopernikanischen und heliozentrischen Weltbild, für das Kepler stand.

Brods Kepler ist ein Mann, der für das normale Leben nicht erreichbar ist; ein ruhiger, der Wissenschaft und der Wahrheit verpflichteter Mensch. Als der deutsche Chemiker Walther Nernst den Roman las, habe er zu Einstein gesagt, »Dieser Kepler, das sind Sie.«[112]

31

Die Teilnehmer der ersten Solvay-Konferenz 1911 in Brüssel. Stehend Zweiter von rechts: Albert Einstein

Marie Curie war 1906 Witwe geworden, nachdem ihr Mann Pierre – mit dem sie sich 1903 den Nobelpreis für Physik geteilt hatte – bei einem Unfall mit einer Pferdekutsche tödlich verunglückt war. Sie war am Boden zerstört, ebenso wie Pierres Schützling, der Physiker Paul Langevin, der neben anderen Errungenschaften einen genialen Weg entwickelt hatte, um die Beschleunigung eines Teilchens in einer Flüssigkeit zu beschreiben, und der das erste Sonargerät zum Aufspüren von U-Booten erfinden würde.

Langevin war lange in einer lieblosen Ehe gefangen gewesen. Einmal war er voller blauer Flecken in seinem Büro aufgetaucht und musste zugeben, dass seine Frau und seine Schwiegermutter ihn mit einem Eisenstuhl angegriffen hatten. In ihrem beiderseitigen Kummer begannen Curie und er mehr Zeit miteinander zu verbringen, und schließlich verliebten sie sich. Sie nahmen sich eine Wohnung in der Nähe der Sorbonne, um sich heimlich treffen zu können. Als Langevins Frau hinter ihre Beziehung kam, ließ sie jemanden in die Wohnung einbrechen und die Liebesbriefe stehlen.

In dieser Zeit, Ende Oktober 1911, wurden sowohl Curie als auch Langevin zur ersten Solvay-Konferenz nach Brüssel eingeladen. Es war vom intellektuellen Niveau eine höchst beeindruckende Versammlung. Ein Drittel der zwanzig geladenen Teilnehmer hatte den Nobelpreis bereits oder sollte ihn noch erhalten. Curie war die erste Frau, die einen Nobelpreis erhalten hatte, und sie war die einzige Frau, die zur Konferenz eingeladen wurde. Jeder Wissenschaftler hatte von Ernest Solvay, einem belgischen Chemiker und Industriellen, der mit der Erfindung eines Herstellungsverfahrens von Natriumkarbonat ein Vermögen gemacht hatte, 1000 Francs für die wohlgefällige Teilnahme erhalten. Da er sein Geld für sinnvolle Zwecke einsetzen wollte und weil er einige kuriose Ideen zur Schwerkraft hatte, für die er sich Aufmerksamkeit wünschte, beschloss Solvay, ein Treffen der bedeutendsten Wissenschaftler Europas zu finanzieren.

Just als die Konferenz begann, spielte Langevins Schwiegermutter die gestohlenen Liebesbriefe einem Journalisten zu.

Am 4. November, als Curie und Langevin noch Solvays Gäste waren, erschien in *Le Journal* ein Artikel mit der Überschrift »Eine Liebesgeschichte«. »Das Feuer des Radiums, das so geheimnisvoll strahlt […] hat offenbar ein Feuer im Herzen eines Wissenschaftlers entfacht, der sich hingebungsvoll mit dessen Wirkung beschäftigt; und die Frau und die Kinder dieses Wissenschaftlers sind in Tränen aufgelöst.« – »Eine Romanze im Labor« stand am nächsten Tag auf der Titelseite einer anderen

Zeitung. Die Teilnahme des Paares an der Solvay-Konferenz wurde als gemeinsames Durchbrennen dargestellt.

»Dass Langevin sich scheiden lassen will, ist schon länger bekannt«, erklärte Einstein seinem Freund Heinrich Zangger. »Wenn er Frau Curie liebt & sie ihn – dann brauchen sie nicht durchzugehen, weil sie in Paris Gelegenheit genug haben, einander zu treffen. […] Ich glaube auch nicht, dass Frau Curie herrschsüchtig oder sonst -süchtig ist. Sie ist eine schlichte, ehrliche Person, der ihre Pflichten und Lasten fast über den Kopf wachsen. Sie hat eine sprühende Intelligenz, ist aber trotz ihrer Leidenschaftlichkeit nicht anziehend genug, um jemandem gefährlich zu werden.«[113]

Bald nach Curies Rückkehr nach Paris erfuhr sie, dass ihr für ihre Entdeckung von Radium und Polonium der Nobelpreis für Chemie zugesprochen wurde. Damit war sie die erste Person, der zwei Nobelpreise verliehen wurden. Trotz dieser überwältigenden öffentlichen Unterstützung ihrer Arbeit kam die »Curie-Langevin-Affäre« nicht zur Ruhe. Eine Zeitung ging gar so weit, die Liebesbriefe des Paares zu veröffentlichen – möglicherweise gefälscht –, dazu eine an Curie gerichtete Hetzschrift, in der der Herausgeber der Zeitung, Gustave Téry, Langevin als »Trampel und Feigling« bezeichnete. Langevin hielt es für seine Pflicht, Téry zum Duell zu fordern.

Am Ende gab keine der Parteien einen Schuss ab, und die Sache war erledigt, aber nicht ohne die negative Presse für Curie noch zu befeuern. Die Berichte über das Duell hatten die Schwedische Akademie erreicht, die Curie empfahl, den Feierlichkeiten in Stockholm fernzubleiben – es wäre besser, sie würde den Nobelpreis erst nach einer Scheidung Langevins entgegennehmen. Sie teilten ihr sogar mit, dass sie den Preis nicht erhalten hätte, hätten sie die Geschichte um ihre Liebesaffäre für glaubwürdig gehalten, was sie inzwischen täten. Curie antwortete, dass sie keinerlei Verbindung zwischen ihrem beruflichen und privaten Leben sehe. Da der Preis ihre Arbeit auszeichne, werde sie auch nach Stockholm kommen. In der Presse löste dies natürlich weitere Empörung aus.

Einstein schrieb Curie aus Prag einen Brief, um sie zu unterstützen, und ärgerte sich über die Behandlung, der sie ausgesetzt war:

> Lachen Sie nicht über mich, wenn ich Ihnen schreibe, ohne Ihnen etwas Verständiges zu sagen zu haben. Aber ich bin so wütend über die niederträchtige Art, in der sich der Pöbel gegenwärtig mit Ihnen zu befassen wagt, dass ich diesem Gefühl unbedingt Ausdruck geben muss. [...] Es drängt mich, Ihnen zu sagen, wie ich Ihren Geist, Ihre Thatkraft und Ihre Ehrlichkeit bewundern gelernt habe, und dass ich mich glücklich schätze, Ihre persönliche Bekanntschaft in Brüssel gemacht zu haben. Wer nicht zu den Reptilien zählt, wird sich nach wie vor freuen, das [sic] wir solche Persönlichkeiten wie Sie und auch Langevin unter uns haben, wirkliche Menschen, im Verkehr mit denen man sich glücklich fühlt. Wenn sich der Pöbel noch weiter mit Ihnen befasst, so lesen Sie einfach das Gewäsch nicht, sondern überlassen Sie das dem Reptil, für das es fabriziert ist.[114]

32

Stellen Sie sich eine Person vor, die in einem kleinen Raum ohne Fenster und Türen, ähnlich dem Inneren eines Lifts, erwacht. Sie hat keine Möglichkeit festzustellen, wo sie ist. Sie weiß nur, dass sie mitten im Raum schwebt. Das bedeutet, dass sie sich entweder irgendwo tief im Weltraum, außerhalb des Einflusses der Schwerkraft befindet oder auf der Erde und im freien Fall – sie kann jedoch nicht sagen, was davon zutrifft. In jedem dieser besorgniserregenden Szenarien hätte sie das exakt gleiche Gefühl von Schwerelosigkeit.

Auf diese Idee der Schwerelosigkeit war Einstein im November 1907 während seiner Arbeit im Patentamt gestoßen. Er saß an seinem Schreibtisch, wo er eindeutig nicht seiner Arbeit nachging, als ihm plötzlich der Gedanke kam, dass ein Mensch im freien Fall sein eigenes Gewicht nicht spüren würde. Später nannte er ihn den »glücklichsten Gedanken«[115] seines Lebens. Er war darüber so verblüfft wie aufgeregt, denn er begriff, dass dies der Schlüssel zur Entwicklung einer Gravitationstheorie war. Als er weiter über diese unglückselige, fallende Person nachdachte, wurde er sich noch einer anderen einfachen, aber wichtigen Tatsache bewusst: Wenn eine Person fällt, beschleunigt sie. Einstein schloss daraus, dass ein in einem Gravitationsfeld fallender Mensch und ein Mensch, der ohne Schwerkraft beschleunigt, äquivalent sind.

Diese Äquivalenz ist nicht unmittelbar einleuchtend, und so kam Einstein zur Veranschaulichung auf ein weiteres Gedankenexperiment, das sich um die im Lift eingeschlossene Person drehte. Dieses Mal schwebt die Person, wenn sie in ihrem fensterlosen Raum erwacht, nicht zwischen Boden und Decke wie ein Astronaut. Stattdessen stehen die Füße fest auf dem Boden. Die Person könnte sich also im Ruhezustand im Gravitationsfeld der Erde befinden, doch sie könnte sich auch noch immer im Weltraum befinden. Zöge jemand die Kammer mit konstanter Beschleunigung an einem Seil nach oben, würde die Person im Inneren genau wie auf der Erde spüren, dass ihre Füße auf den Boden gedrückt werden. Sie würde nicht nur genauso dastehen wie in einem Haus, einer Bank oder einem Postamt, auch eine Kugel, die sie loslassen würde, würde zu Boden fallen. Einstein wurde bewusst, dass die Auswirkungen von Beschleunigung und Schwerkraft nicht unterscheidbar waren, und er war genial genug, um daraus zu schließen, dass Schwerkraft und Beschleunigung tatsächlich eng miteinander verbunden sind.

Einsteins Überlegungen zur Schwerkraft und seine Bemühungen darum, die spezielle Relativitätstheorie zu verallgemeinern, knüpften sich nun, nachdem es gefunden war, an dieses »Äquivalenzprinzip«. Er war sich bewusst, dass seine Theorie von 1905 unvollständig war. Es war trotz allem ein Spezialfall, der nur auf Dinge zutraf, die sich in konstanter Geschwindigkeit in eine Richtung bewegten oder sich im Ruhezustand befanden. Einstein wünschte sich eine breiter aufgestellte Theorie, die auch die Beschleunigung mit umfasste – und er war sich sicher, dass es sie gab. »Daher beschloss ich, die Relativitätstheorie, die nur für Systeme mit konstanter Geschwindigkeit galt, für beschleunigte zu verallgemeinern«, so fasste er es später zusammen. »Ich ging davon aus, dass mir eine solche Verallgemeinerung auch helfen würde, um das Problem der Schwerkraft zu lösen.«[116]

Ein kontraintuitiver Effekt des Äquivalenzprinzips war, dass die Schwerkraft damit Licht beugen müsste. Denken wir an unsere Person im Lift, die nach oben beschleunigt wird. Jetzt befindet sich in der Wand eine Lochblende, durch die ein Lichtstrahl fällt. In der Zeit, in der das Licht die gegenüberliegende Wand erreicht, hat sich der Lift aufwärtsbewegt, und der Lichtstrahl ist dem Boden näher als bei seinem Eintritt. Würde man ein Diagramm mit dem Weg des Lichts zeichnen, ergäbe sich eine abwärtsgeneigte Kurve. Da die Auswirkungen von Schwerkraft und Beschleunigung gleich sein sollen, müsste sich das Licht gemäß dem Äquivalenzprinzip auch im Gravitationsfeld krümmen.

Während seiner Zeit in Prag, im Jahr 1911, kam Einstein zur allgemeinen Relativitätstheorie zurück. Zwei Phänomene erregten seine Aufmerksamkeit. Das erste war die Beugung von Licht, die er zwar bereits angedacht hatte, der er nun aber seine volle Aufmerksamkeit widmete. Licht bewegt sich bekanntlich auf dem kürzesten Weg und ohne jeglichen Umweg in gerader Linie von A nach B. Das weiß jeder. Wie kann es also sein, dass Licht gekrümmt ist?

Eine mögliche Antwort war, sich den Weg eines Lichtstrahls

ähnlich vorzustellen wie den kürzesten Weg zwischen zwei Punkten auf der Erdkugel oder einer anderen gekrümmten oder gebogenen Oberfläche. Auf solchen Oberflächen ist der kürzeste Weg von A nach B nicht gerade, sondern gebogen, und er hat einen eigenen Namen: Geodäte. Es könnte sein, dass das Medium, durch das sich das Licht bewegt, der Raum selbst, durch die Schwerkraft gekrümmt ist. Wäre das so, wäre es nur logisch, wenn sich das Licht auf einer gekrümmten Geodäte und nicht auf der bekannten geraden Linie bewegen würde.

Einstein beschäftigte sich auch damit, was passiert, wenn sich eine Scheibe dreht. Innerhalb der speziellen Relativitätstheorie führt eine sich drehende Scheibe zu einem Problem. Für jemanden, der sich in einem Bezugssystem befindet, das nicht mit der Scheibe rotiert, wird sich der *Umfang* der Scheibe verkürzen, ähnlich wie die Länge eines Zuges kürzer wird, wenn er an jemandem vorbeifährt, der am Bahnsteig steht. Das ist eine Folge der konstanten Lichtgeschwindigkeit, wie Einstein in der speziellen Relativitätstheorie gezeigt hatte, und an sich nicht verwunderlich. Das Problem war vielmehr, dass sich für diesen Beobachter der *Durchmesser* der rotierenden Scheibe nicht ändern würde, genauso wie sich die Breite des Zuges aus Sicht der Person am Bahnsteig nicht ändert, auch wenn sich die Länge ändert. Die Verkürzung der Länge erfolgt nur in Bewegungsrichtung. Wenn sich der Umfang der Scheibe ändert, aber nicht sein Durchmesser, kann ihr Verhältnis nicht mit Pi definiert werden.

Dass Durchmesser und Umfang eines Kreises durch Pi definiert werden, gehört zu den vertrauten Prinzipien der Geometrie. Der griechische Mathematiker Euklid stellte es im dritten Jahrhundert v. Chr. auf, und es hat sich seither als äußerst nützlich erwiesen. Die euklidische Geometrie beschreibt, wie sich Formen auf ebenen Flächen verhalten. Innerhalb dieses Systems haben die Winkel eines Quadrats 90 Grad, die Winkelsumme eines Dreiecks ergibt 180 Grad und so weiter. Doch

Euklids Geometrie kann nicht beschreiben, was mit Einsteins rotierender Scheibe passiert. Kann sie Rotation nicht beschreiben, so kann sie auch Beschleunigung nicht definieren, denn Rotation ist in der Tat ein spezieller Fall von Beschleunigung. Und wenn die euklidische Geometrie Beschleunigung nicht beschreiben kann, dann kann sie gemäß dem Äquivalenzprinzip auch Schwerkraft nicht beschreiben.

Einstein wurde mit Blick auf die Krümmung von Licht und aufgrund seiner Überlegungen zur Rotation klar, dass er, um seine Relativitätstheorie zu verallgemeinern – die auch Beschleunigung und Schwerkraft einbeziehen sollte –, sie in der Sprache einer nicht-euklidischen Geometrie formulieren musste. Einsteins Geometrie beschreibt, wie sich Formen auf gekrümmten oder gebogenen, nicht auf ebenen Oberflächen verhalten. In einem nicht-euklidischen Raum wären die Winkel in einem Quadrat nicht alle 90 Grad groß. Ein Dreieck auf die Erdoberfläche gezeichnet, dessen Linien den kürzesten Weg zwischen den Punkten beschrieben, wäre, verglichen mit der herkömmlichen Vorstellung eines Dreiecks, leicht gekrümmt. Seine Winkelsumme wäre größer als 180 Grad.

Leider war Einstein die dafür nötige komplexe Mathematik weitgehend fremd, er hatte diesem Bereich als Student kaum Aufmerksamkeit geschenkt. Aber er kannte jemanden, der darin sehr gut war.

Im Juli 1912 zog Einstein wieder nach Zürich, wo man ihm an der Universität eine Professur angeboten hatte, und so fand er sich auch in der Gesellschaft seines alten Freundes und Kommilitonen Marcel Grossmann wieder. Grossmann war inzwischen Leiter der mathematischen Fakultät am Polytechnikum und wusste eine Menge über nicht-euklidische Geometrie. Sie war Gegenstand seiner Dissertation gewesen, der seither sieben Veröffentlichungen zu diesem Thema gefolgt waren.

Einstein besuchte den Freund fast unmittelbar nach seiner Ankunft in der Stadt. »Grossmann, Du musst mir helfen, sonst werd' ich verrückt.«[117] Er schilderte ihm seine verzwickte Lage. Grossmann war Feuer und Flamme und erklärte sich bereit, ihn zu unterstützen. Er verwies Einstein insbesondere auf die Arbeit von Bernhard Riemann.

Riemann war einer der größten Mathematiker, die je gelebt haben. Der nicht-euklidischen Geometrie vor Riemann ging es um die Entwicklung mathematischer Methoden zur Beschreibung der Oberfläche von Kugeln und anderen, etwas verschnörkelteren, gekrümmten Objekten. Riemann entwickelte eine Methode zur Beschreibung einer Oberfläche, selbst wenn sich ihre Geometrie von Punkt zu Punkt änderte – selbst wenn sie hier gekrümmt, dort wieder flach und dann auf einmal merkwürdig verzerrt war. Mehr noch, Riemann fand auch einen Weg, die Geometrie des vierdimensionalen Raums zu beschreiben. Das Werkzeug, das er dafür benutzte, nennt man »Tensor«. Mit diesen Tensoren musste sich Einstein auseinandersetzen, wenn er die Relativitätstheorie verallgemeinern wollte.

Tensoren sind komplex und enthalten die entscheidenden Informationen. Stellen Sie sich einen Vektor vor. Ein Vektor enthält zwei Informationen: die Richtung von etwas und seine Größe (die angibt, wie viel von etwas vorhanden ist, z. B. wie viel Abstand oder welche Geschwindigkeit). Der Vektor selbst ist eine Kombination aus diesen beiden Faktoren. Wenn eine Kanonenkugel die Mündung der Kanone verlässt, hat sie eine bestimmte Geschwindigkeit und eine bestimmte Richtung. Daher kann man einen Vektor für die Kugel an diesem Punkt berechnen. Beim Weg der Kanonenkugel zum entgegenkommenden Feind beschreibt sie einen Bogen, ihre Geschwindigkeit und Richtung ändern sich ständig, sodass es für jeden Punkt auf dem Weg der Kanonenkugel einen Vektor gibt, der ihn beschreibt. Ein Vektor ist eine Art Tensor – ein erfreulich unkomplizierter Tensor. Doch es gibt Tensoren, die deutlich mehr als nur zwei Informationen enthalten. Und je mehr Informationen ein Tensor aufweist, desto schwieriger ist er zu berechnen. Wenig überraschend, dass die Tensoren, die Einstein verwendete, um dem Aufbau des Universums auf die Spur zu kommen, eine schrecklich große Menge an Informationen umfassten.

Als Einstein mit Grossmann zusammenarbeitete, hatte er einen der tiefgreifendsten Gedanken in der Geschichte der Wissenschaft bereits gefasst. Er hatte erkannt, dass Schwerkraft Geometrie war. Schwerkraft *war* die Krümmung der Raumzeit. Raumzeit ist, wie der Name schon sagt, die Kombination aus Raum und Zeit – es ist das Gewebe des Raums, das Medium, in dem alles existiert. Masse krümmt die Raumzeit; je größer die Masse, desto gekrümmter die Raumzeit. Das Gewebe eines Trampolins sinkt unter dem Gewicht zum Beispiel einer Bowlingkugel stärker ein als unter dem einer Murmel. Grob gesagt gilt dies auch für die Struktur des Weltraums. Massereiche Objekte krümmen und verzerren die Raumzeit um sie herum, und je größer ihre Masse ist, desto stärker wird die Raumzeit gekrümmt – und genauso gut kann man sagen, je größer die Masse eines Objekts, desto stärker ist sein Gravitationsfeld.

Nach seiner Rückkehr nach Zürich versuchte Einstein monatelang mithilfe von Tensoren Gleichungen zu entwickeln, um die Raumzeit zu beschreiben. Es war eine extrem harte Arbeit. Mal versuchte er, die Sache rein mathematisch zu fassen, wobei er darauf achtete, dass die Tensoren für sich genommen sinnvoll waren, mal ging er sie mit dem Bewusstsein des Physikers an. Er wollte einerseits sicherstellen, dass seine Gleichungen tatsächlich die Welt beschrieben und nicht nur abstrakte Mathematik blieben, zugleich war ihm wichtig, dass sie mathematisch konsistent waren.

Ende 1912 hatte er tatsächlich eine Reihe schöner Gleichungen mit Tensoren entwickelt, die grundsätzlich richtig waren. Drei Jahre bevor er seine Theorie der Welt präsentieren sollte, hatte er es wirklich geschafft, die richtige Lösung für die Funktionsweise des Universums zu finden. Doch nachdem er die

Gleichungen aufgestellt hatte, machte er sich daran, sie zu testen. Die Beschreibung bestimmter Umstände, wie die auf der Erde, sollten mit der Theorie Newtons übereinstimmen. Wenn nicht, waren sie nicht gut, egal, wie schön sie waren. Als Einstein sie überprüfte, unterlief ihm ein Fehler. Diese Lösung schien sich mit Newton nicht vereinbaren zu lassen, also verwarf er sie und widmete sich etwas anderem.

1913 veröffentlichten Einstein und Grossmann ihre Erkenntnisse. Sie wussten, dass es nur eine vorläufige Skizze war – ein »Entwurf«, wie sie es nannten. Doch der war nicht nur unvollständig, er war, offen gesagt, falsch. Einer der Hauptmängel der Theorie war, dass sie nicht »allgemein kovariant« war, das bedeutet, dass sich die Gleichungen möglicherweise je nach Bewegung einer Person ändern konnten. Ursprünglich wollte Einstein, dass die Gesetze seiner Theorie unveränderlich sind, dass sie für alle gleich sind, egal, ob sie sich in einem Ruhezustand befinden oder sich beschleunigen, und unabhängig davon, wie sie beschleunigen. Außerdem konnte die Theorie die seltsame Umlaufbahn des Planeten Merkur nicht erklären.

Physiker wussten seit den 1840er-Jahren, dass die Umlaufbahn des Planeten Merkur Rätsel aufgab. Das »Perihel« ist der Punkt einer Planetenumlaufbahn, der der Sonne am nächsten liegt. Merkurs Perihel hatte sich stärker verschoben, als es nach den Newtonschen Gesetzen möglich sein sollte. Um ein winziges, winziges Etwas verschoben – 0,43 Bogensekunden pro Jahrhundert, um genau zu sein –, aber doch genug, um nach einer Erklärung zu verlangen. Anfangs dachte man, ein unsichtbarer Planet wirke auf Merkur ein, genauso wie Neptun auf Uranus einwirkte. Man gab diesem Planeten den Namen Vulcanus. Natürlich konnte niemand Vulcanus finden – er existierte nicht.

Wären Einsteins Feldgleichungen korrekt, müssten sie die Abweichung des Perihels von Merkur korrekt vorhersagen. Einstein wusste das und war erpicht darauf, die Berechnung zu versuchen. Er holte sich sogar Hilfe von seinem alten Freund

Michele Besso, der ihn im Sommer besuchte, um die Berechnungen gemeinsam durchzuführen. Leider kamen sie auf ein Ergebnis, das nicht einmal annähernd dem realen Wert entsprach. Doch Einstein war sich noch immer sicher, dass er richtiglag, obwohl es keinen Beweis gab, der seine Thesen stützen konnte. Die Sache trieb ihn um – irgendetwas fehlte noch.

»Die Natur zeigt uns von dem Löwen zwar nur den Schwanz«, schrieb er einem Freund. »Aber es ist mir unzweifelhaft, dass der Löwe dazu gehört, wenn er sich auch wegen seiner ungeheuren Dimensionen dem Blicke nicht unmittelbar offenbaren kann. Wir sehen ihn nur wie eine Laus, die auf ihm sitzt.«[118]

33

Albert und Elsa Einstein, Berlin 1922

Elsa Löwenthal kannte Albert schon ihr Leben lang. Ihre Mütter waren Schwestern und ihre Väter Cousins. Sie war also eine Cousine ersten und zweiten Grades von Einstein. Albert und Elsa sprachen den gleichen Dialekt, kannten dieselben Orte, verfügten beide über denselben Schatz an Familiengeschichten und teilten Kindheitserinnerungen. Ihr erstes Kunsterlebnis hatten sie gemeinsam in der Münchner Oper. Elsa war wie ihr Cousin aufgewachsen, war weggezogen und hatte geheiratet. Sie hatte zwei Töchter mit einem Textilkaufmann, der ihr Geld verprasst hatte. Nach zwölf Jahren Ehe ließen sie sich 1908 scheiden, und sie zog wieder bei ihren Eltern ein.

Elsa hatte sich in der Berliner Gesellschaft einen Namen gemacht. Gelegentlich trug sie im Theater Gedichte vor. Sie war zielstrebig, willensstark und kletterte ungeniert die soziale Leiter nach oben. Trotz ihrer schlechten Augen weigerte sie sich, eine Brille zu tragen, sodass sie sich bei einer Einladung einmal am Blumenarrangement vergriff, das sie für Salat hielt.

Im April 1912 besuchte Einstein Berlin, um Freunde und Kollegen zu treffen. So stattete er auch Tante und Onkel einen obligatorischen Besuch ab, bei dem auch die Vertrautheit mit Elsa wieder auflebte.

Nach seiner Rückkehr nach Prag schickte sie ihm heimlich einen Brief. Er antwortete stürmisch. »Ich habe Dich in diesen wenigen Tagen so lieb gewonnen, dass ich Dirs kaum sagen kann. […] Ich bin ganz selig, wenn ich an unsere Tour nach Wannsee denke. Ich gäbe was drum, wenn ichs wiederholen könnte!«[119] Im Lauf der Woche jedoch überkam ihn das Gefühl, dass es falsch wäre, eine Beziehung zu beginnen, und er schrieb ihr einen Brief, um ihr dies mitzuteilen. Und zwei Wochen später schrieb er erneut im Versuch, sich selbst vom Gesagten zu überzeugen.

> Ich schreibe so spät, weil ich mir ernste Gedanken mache über unser Beginnen. Ich habe das Gefühl, dass es uns beiden und andern nicht zum Guten gereicht, wenn wir uns enger aneinander anschliessen. Ich schreibe Dir also heute zum letzten mal und begebe mich in das Unvermeidliche zurück, und Du musst es auch. […] Du weisst, dass ich ohne Hoffnung, wie Du, mein Kreuz schleppe.[120]

Doch konnte er sich nicht durchringen, die Verbindung mit seiner Cousine wirklich zu kappen. Als Einstein wieder nach Zürich zurückgezogen war, schickte er Elsa seine neue berufliche Anschrift.

Im Juli 1913 erhielt Einstein ein äußerst großzügiges berufliches Angebot: eine Professur an der Universität Berlin, wo er zugleich Direktor des neuen physikalischen Instituts und jüngstes Mitglied in der Geschichte der Preußischen Akademie der Wissenschaften werden sollte. Er hatte keinerlei Lehrverpflichtung, und es war viel Geld im Spiel. Mileva, so teilte er Elsa mit, schrecke der Gedanke an einen Umzug nach Berlin. »Meine Frau geht mit sehr gemischten Gefühlen hin, weil sie die Verwandten fürchtet, vielleicht am meisten Dich (hoffentlich mit Recht!). Du kannst aber sehr wohl mit mir zusammen Dich freuen, ohne dass sie gekränkt werden braucht. Etwas, was sie nicht besitzt, wirst Du ihr nicht nehmen können.«[121]

Mileva und er hatten sich auseinandergelebt. »Andererseits behandle ich meine Frau wie eine Angestellte, der ich allerdings nicht kündigen kann«,[122] schrieb er. Liebe, Wärme und Schutz gegen die Schläge des Alltags fand er stattdessen bei Elsa. »Es ist eine halbe Schande, dass ich mich schon wieder hinsetze, Dir zu schreiben, nachdem ich erst heute Deinen Brief erhielt«, schrieb er im Oktober 1913. »Aber die Stunden, die ich so behaglich mit Dir verlebte, haben in mir eine solche Sehnsucht nach gemütlichem Gespräch und traulichem Beisammensein zurückgelassen, dass ich nicht widerstehen kann, nach dem elenden papierenen Surrogat der Wirklichkeit zu greifen. Dazu kommt, dass es zuhause abscheulicher ist als je: Eisiges Schweigen.«[123]

Elsa schickte ihm Leckereien und kaufte ihm Geschenke, etwa eine Haarbürste, oder wie Einstein sie nannte, eine »borstige Freundin«[124]. Einstein schickte ihr zum Trost neckische Einsatzberichte. »Haarbürste wird regelmässig verwendet, auch sonst verhältnismässig ordentliche Reinigung. Sonstiger

Lebenswandel so la la. Zahnbürste aus ächt wissenschaftlichen Erwägungen betreffend die Gefährlichkeit der Schweinsborste wieder in Ruhestand versetzt: Schweinsborste bohrt Diamanten durch; wie sollten also meine Zähne ihr widerstehen?«[125]

Wie hübsch es doch wäre, schrieb er ihr, wenn sie ein Leben ohne Grandezza in einer kleinen »Zigeunerwirtschaft«[126] leben könnten. Das war schon ein Traum, den er als Student mit Mileva geteilt hatte, doch weit entfernt von Elsas Wünschen. Sauberkeit blieb ein Streitpunkt:

> Aber wenn ich anfange, mich körperlich zu pflegen, dann bin ich nicht mehr ich selber. Also für mich wäre es der Anfang einer (Gottseibeimir) Verberlinerung. Also zum Teufel damit. Wenn ich Dir so unappetitlich bin, dann such Dir einen für weibliche Geschmäcker geniessbareren Freund. Ich aber bewahre mir meine Indolenz, die schon den Vorteil hat, dass mich mancher »Fatzke« in Ruhe lässt, der mich sonst aufsuchen würde.
> Also mit kräftigem Fluch und einer Kusshand aus appetitlicher Distanz
> Dein ehrlich dreckiger
> Albert.[127]

34

Ich habe mir fest vorgenommen, mit einem Minimum medizinischer Hilfe ins Gras zu beissen, wenn mein Stündlein gekommen ist, bis dahin aber drauf los zu sündigen, wie es mir meine ruchlose Seele eingibt«, schrieb Einstein 1913 an Elsa. »Diät: Rauchen wie ein Schlot, Arbeiten wie ein Ross, Essen ohne Überlegung und Auswahl, Spazierengehen *nur* in wirklich angenehmer Gesellschaft, also leider selten, Schlafen unregelmässig etc.«[128]

Er zieht Elsa auf, weil sie sich Sorgen um ihn macht und ihm vernünftige Ratschläge erteilt. Die Liste mag nicht ganz ernst gemeint sein, aber sie beschreibt wohl doch recht gut, wie Einstein lebte. Er rauchte so gut wie ständig. Er rauchte zwar Zigarren – die dicksten und längsten, die er bekommen konnte –, doch bevorzugte die Pfeife. Er glaubte, dass Pfeiferauchen zu einem weitgehend ruhigen und objektiven Urteil in allen menschlichen Angelegenheiten führe, wie er 1950 schrieb, als er die lebenslange Mitgliedschaft im Montreal Pipe Smokers Club erhielt.[129]

Die Pfeife war ein Mittel, seinen Geist in Gang zu setzen, und sie half ihm, seine Arbeit zu durchdenken. Eine von Einsteins vielen Pfeifen – eine schlicht gearbeitete Pfeife aus Bruyèreholz – liegt heute im National Museum of American History, wo sie das am häufigsten nachgefragte Objekt in der Sammlung für moderne Physik ist. Selbst in Phasen, in denen er das Rauchen aufgegeben hatte, trug er sie bei sich und kaute darauf herum, so sehr, dass er ein Loch in das Mundstück biss.

Einstein schaffte es freilich nie lang, das Rauchen aufzugeben. Als Antwort auf eine von Elsas zahlreichen Ermahnungen, dass es seiner Gesundheit schade, hat er einmal mit ihr gewettet, es von Thanksgiving bis Neujahr ohne Rauchen zu schaffen. Er gewann die Wette, stand aber im Morgengrauen des 1. Januar auf und nahm die Pfeife den ganzen Tag nicht mehr aus dem Mund, es sei denn, um zu essen.

Sein Lieblingstabak war Revelation, aber er nahm alles. Gegen Ende seines Lebens, als ihm sein Arzt erneut das Rauchen verboten hatte, änderte Einstein seinen Arbeitsweg. Seine übliche Strecke führte ihn über eine grüne, gemähte Wiese. Er stellte jedoch fest, dass er auf viele Zigarren- und Zigarettenstummel stieß, wenn er an der Straße entlanglief. Die konnte er aufheben, seine Pfeife füllen und rauchen. Er wollte seinen

Arzt nicht brüskieren und offen Tabak kaufen. Einstein rauchte also weiter Kippen, bis sich ein Freund bereit erklärte, ihn regelmäßig mit Tabak zu versorgen. Solange der Tabak formal nicht ihm gehörte, fühlte Einstein sich berechtigt, ihn zu rauchen.

35

Die Ehe der Einsteins hatte sich immer weiter verschlechtert, und der Umzug nach Berlin im April 1914 sollte sie vollends zerstören. Marić war unglücklich, und Einstein betrachtete die Familie nur als lästige Ablenkung von der Arbeit. Er war in seine Cousine verliebt, und Mileva hatte selbst mindestens eine Affäre begonnen.

Nach kaum zwei Monaten in der neuen Wohnung nahm sie die Jungen und zog zu gemeinsamen Freunden, obwohl sie noch immer hoffte, dass sich alles wieder geradebiegen ließ. Kurze Zeit später schickte Einstein ihr eine unmissverständliche Mitteilung, in der er die Bedingungen für ein weiteres Zusammenleben festlegte. Dort hieß es:

> A. Du sorgst dafür
> 1) dass meine Kleider und Wäsche ordentlich im Stand gehalten werden
> 2) dass ich die drei Mahlzeiten *im Zimmer* ordnungsgemäss vorgesetzt bekomme.
> 3) Das [sic] mein Schlafzimmer und Arbeitszimmer stets in guter Ordnung gehalten sind, insbesondere, dass der Schreibtisch *mir allein* zur Verfügung steht.
> B. Du verzichtest auf alle persönlichen Beziehungen zu mir, soweit deren Aufrechterhaltung aus gesellschaftlichen Grün-

den nicht unbedingt geboten ist. Insbesonder [sic] verzichtest Du darauf
1) dass ich zuhause bei Dir sitze
2) dass ich zusammen mit Dir ausgehe oder verreise
C. Du verpflichtest Dich ausdrücklich, im Verkehr mit mir folgende Punkte zu beachten
1) Du hast weder Zärtlichkeiten von mir zu erwarten noch mir irgendwelche Vorwürfe zu machen.
2) Du hast eine an mich gerichtete Rede sofort zu sistieren, wenn ich darum ersuche.
3) Du hast mein Schlaf- bezw. Arbeitszimmer sofort ohne Widerrede zu verlassen, wenn ich darum ersuche.
D. Du verpflichtest Dich, weder durch Worte noch durch Handlungen mich in den Augen meiner Kinder herabzusetzen.

Dieser Liste folgte ein verbittertes und etwas verwirrtes Postskriptum, in dem Einstein schreibt:

Geh doch allein, lass dich an der Nase ziehen. Ich mach mir wirklich nichts draus. Lies das langsam. Es wird dir gut thun, lies dies auch Deiner Familie vor, sie hat ja sonst nicht zu thun.

Und an Hans Albert gerichtet fügte er hinzu: »Seit du in Berlin bist, bist Du ganz faul geworden.«[130]

Als Mileva seine Bedingungen akzeptierte, schrieb Einstein ihr erneut, um sicherzustellen, dass sie sich »über die Situation ganz klar« ist.

Ich bin bereit, in unsere Wohnung zurückzukehren, weil ich die Kinder nicht verlieren will und weil ich nicht will, dass sie mich verlieren, und zwar *nur* deshalb. Von einem kameradschaftlichen Verhältnis zu Dir kann nach allem Vorgefallenen keine Rede mehr sein. Es soll ein loyales geschäftliches Verhältnis werden; das Persönliche muss auf einen kleinen Rest reduziert werden. Dafür sichere ich Dir aber ein korrektes Benehmen von meiner Seite zu, wie ich es einer fremden Frau gegenüber üben würde. Hiefür genügt das Vertrauen, das ich zu Dir habe, aber auch *nur* hiefür. Wenn es Dir nicht möglich ist, das Zusammenleben auf dieser Basis fortzusetzen, so werde ich mich in die Notwendigkeit einer Trennung fügen.[131]

Am 24. Juli 1914 trafen sie sich, um eine Trennungsvereinbarung zu treffen. Er erklärte sich bereit, Mileva etwa die Hälfte seines Gehalts zu zahlen, und forderte keine Scheidung. Am darauffolgenden Mittwoch verließen Marić und die beiden Söhne Berlin in Richtung Zürich. Einstein begleitete sie zum Frühzug, und – was in seinem Leben äußerst selten blieb – er weinte und hörte den gesamten Nachmittag und Abend nicht auf zu weinen. Ein Leben getrennt von seinen Söhnen war schwer vorstellbar, und die Aussicht darauf ließ ihn verzweifeln.

»Ich wäre doch ein wahrer Unmensch, wenn ich anders empfände.«[132]

36

Der Philosoph und Mathematiker Bertrand Russell war extrem gut vernetzt und lernte fast jede Persönlichkeit persönlich kennen, die Ende des 19. und Anfang des 20. Jahrhunderts von Bedeutung war. Er hatte nur selten ein gutes Wort für sie übrig.

So war er etwa von Lenin »weniger beeindruckt, als ich erwartet hätte«. Seiner Meinung nach war Alfred Lord Tennyson »eine Art Betrüger. Ich hielt ihn für einen Schaumschläger.« Dwight D. Eisenhower war ein »törichter Mensch«, während

George Bernard Shaw »eitel war, und das war alles«. D. H. Lawrence war »völlig unerträglich. Er war ein Faschist.«[133]

Einstein jedoch, den er recht gut kannte, sei, so urteilte er 1961, ein »geradezu unglaublich liebenswerter Mensch. Er war extrem bescheiden, absolut frei von jeglicher Anmaßung. Man hätte ihm in einem Zug begegnen können und nicht gemerkt, dass er etwas Besonderes war. Er war sehr, sehr freundlich, sehr aufgeschlossen. Ich fand ihn insgesamt bezaubernd – ich glaube, der angenehmste berühmte Mann, den ich je gekannt habe. Ich hätte ihn mir in keiner Hinsicht anders wünschen können.«

37

Europa betrieb schon einige Jahre vor Ausbruch des Ersten Weltkriegs im Jahr 1914, was Einstein »Säbelrasseln« nannte. Wie viele andere dachte er, es bliebe ohne Konsequenzen.

Sein enger Freund Fritz Haber, Direktor des Kaiser-Wilhelm-Instituts für physikalische Chemie und Elektrochemie in Berlin, eilte bei Kriegsausbruch zwar nicht sofort zur Front, betrachtete sich aber als Soldat. Sein Gesicht war von etlichen Duellnarben aus seiner Jugend gezeichnet. Nachdem er sein Offizierspatent erhalten hatte, erschien er auch im Alltag in Uniform zur Arbeit und war bekannt dafür, unterwegs Helm zu tragen.

Haber trug mit zwei wichtigen wissenschaftlichen Entdeckungen zum Kriegseinsatz Deutschlands bei. Die erste hatte sogar die Struktur des Planeten verändert. Großbritannien errichtete rasch eine Seeblockade gegen Deutschland und seine Verbündeten in der Hoffnung nicht nur die Lebensmittelversorgung, sondern, wichtiger noch, auch die Nitratversorgung zu kontrollieren. Nitrate waren ein unverzichtbarer Baustein bei der Herstellung von Düngemitteln – und ein unverzichtbarer Bestandteil von Sprengstoffen. Ohne Nitrate wäre der Krieg für Deutschland rasch vorbei. Haber hatte dieses Problem schon vor dem Krieg erkannt und eine Methode zur Synthese von Ammoniak entwickelt, einer Verbindung, die sich nach einer einfachen chemischen Reaktion in ein Nitrat verwandelt. Zum ersten Mal in der Geschichte waren Menschen in der Lage, landwirtschaftliche Düngemittel – und natürlich auch Bomben – herzustellen, ohne den unbeständigen, unzuverlässigen Abläufen in der Natur ausgeliefert zu sein.

Habers zweiter Beitrag zum Krieg waren Chemiewaffen. Er war der Erste, der sowohl Chlorgas einsetzte – das beim Einatmen in Verbindung mit Feuchtigkeit die Lunge mit Salzsäure füllt, sodass man das Gefühl hat, innerlich zu brennen und zugleich zu ertrinken – als auch Senfgas, das auf der Haut und in der Lunge zu Blasenbildung und zu vorübergehender Blindheit führt.

Einstein und Haber standen sich während des Krieges und in den Zeiten danach sehr nah, trotz ihrer gegensätzlichen politischen Überzeugungen und Taten. Es waren die Habers, bei denen Mileva mit den Kindern während der Trennungsphase gewohnt hatte. Als Haber mit Chlorgas experimentierte, gab Albert dessen Sohn Nachhilfeunterricht in Mathematik.

Einstein war Pazifist, und bei Ausbruch des Krieges bekannte er, sich fehl am Platz zu fühlen. »In solcher Zeit«, schrieb er einem Freund, »sieht man, welcher traurigen Viehgattung man angehört. Ich […] empfinde nur eine Mischung von Mitleid und Abscheu.«[134]

Seine Schweizer Staatsbürgerschaft, die er behalten hatte, bedeutete, dass er nicht für Deutschland in den Krieg ziehen musste, selbst wenn der Kaiser dies gewollt hätte, aber er hatte es auch nicht eilig, seine wissenschaftlichen Talente zur Verfügung zu stellen. Stattdessen engagierte er sich im weiteren Verlauf des Krieges im Vorstand der Zentralorganisation für einen dauerhaften Frieden, reiste als gewähltes Mitglied des Antikriegsrates in die Schweiz und nahm an Treffen der Deutschen Friedensgesellschaft teil. Zudem war er ein frühes Mitglied des Bundes Neues Vaterland, der zur Vermeidung künftiger Konflikte für die Gründung einer europäischen Föderation eintrat und 1916 verboten wurde.

Als er um einen Beitrag für eine Essaysammlung von Intellektuellen, die den Krieg rechtfertigten, gebeten wurde, prangerte er in seinem Beitrag den Zustand der modernen Zeit und die biologisch begründete »aggressive Eigenart des männlichen Geschöpfes« an. Den Krieg nannte er den »ärgsten Feind der menschlichen Entwicklung«. »Doch wozu viele Worte, wenn ich alles in einem Satze sagen kann, und noch dazu in einem Satze, der mir als einem Juden wohl ansteht: ›Ehret euren Meister Jesus Christus nicht nur mit Worten und Gesängen, sondern vor allem durch eure Thaten.‹«[135]

1918 schließlich schränkten die Militärbehörden Einsteins Bewegungsfreiheit ein. Man hielt ihn inzwischen für zu gefährlich. Fritz Haber indessen erhielt für seinen Beitrag zum Krieg den Nobelpreis für Chemie.

38

In Berlin kämpfte Einstein weiter mit seinen Gravitationsgleichungen. Das war keine leichte Aufgabe, und sein Kampf dauerte über ein Jahr. Das lag vor allem daran, weil der Weg, den er eingeschlagen hatte, nicht der richtige war. Nachdem Mileva und seine Söhne Berlin verlassen hatten, war er in eine andere Wohnung in einem neuen Haus gezogen. Sie hatte sieben Zimmer, und er besaß bei Weitem nicht genug Möbel, um sie einzurichten. Hier konnte er, allein, arbeiten, wann immer es ihm passte, und er konnte essen und schlafen, wenn es ihm gerade einfiel. Als er ganz in seinen Gedanken durch die fast leeren Zimmer wanderte, tauchten immer neue Probleme mit seiner und Marcel Grossmanns vorläufiger Version der allgemeinen Relativitätstheorie auf. Doch Einstein war noch nicht bereit, sie aufzugeben, noch nicht.

Im Sommer 1915 reiste er für eine einwöchige Vorlesungsreihe über seine Fortschritte nach Göttingen. Die Universität Göttingen galt als führend, was den mathematischen Teil der theoretischen Physik betrifft, und einer der herausragendsten Mathematiker dort war David Hilbert. Einstein wusste um Hilberts Fähigkeiten, und die beiden schlossen Freundschaft. Hocherfreut, jemanden gefunden zu haben, der verstand, woran er arbeitete, erklärte Einstein ihm die komplexen Details seiner Theorie. Hilbert war gebannt von der Idee – so gebannt, dass er versuchen wollte, die richtige Feldgleichung selbst aufzustellen.

Drei Monate nach seinem Besuch in Göttingen hatte Einsteins »Entwurf« zwei weitere Rückschläge erlitten, und so musste er angesichts der vielen Fehler schließlich abbrechen. Als er seine jahrelange Arbeit gerade beiseitelegen wollte, erfuhr er von Hilberts Bemühungen um die richtigen Gleichungen. Und so widmete er sich erneut der Überprüfung der Tensoren und der Durchsicht und Verbesserung der Gleichungen. Dieses Mal wollte er absolut sichergehen, dass seine Gleichungen kovariant waren und die Gesetze des Universums für alle, egal unter welchen Umständen, gleich blieben.

Zur selben Zeit, als er versuchte, die richtigen Gleichungen für die allgemeine Relativitätstheorie zu formulieren, hielt er auch eine Vorlesungsreihe an der Preußischen Akademie, in der er den Stand der Arbeit an seiner Theorie präsentierte. Im November 1915 kam Einstein jeden Donnerstag in den großen Saal der Königlichen Bibliothek zu einem Vortrag vor den anderen Mitgliedern der Akademie. In seinem ersten Vortrag stellte er dar, was er bis dahin falsch gemacht hatte, und gestand, dass er das Vertrauen in seine bisherigen Bemühungen völlig verloren und einen Kurswechsel vollzogen hatte.

Einstein und Hilbert standen in dieser Zeit in brieflichem Austausch, beide versuchten sie, den anderen zu überholen. Nach dem zweiten Vortrag erhielt Einstein einen besorgniserregenden Brief. Hilbert sagte, er könne am kommenden Dienstag seine gesamte Theorie in allen Einzelheiten erläutern, und er lud Einstein zu seinem Vortrag ein. Einstein antwortete verständlicherweise, dass er der Einladung nicht nachkommen könne – bat jedoch besorgt um einen Beweis für die Richtigkeit von Hilberts Abhandlung. Gleichzeitig beschloss Einstein zu prüfen, ob seine neuen Gleichungen – von denen er wusste, dass sie noch nicht fertig waren – einigen Prüfungen standhielten. Er nahm sich noch einmal seine und Bessos alte Berechnungen zur Umlaufbahn des Merkurs vor und stellte zu seiner großen Freude fest, dass er das richtige Ergebnis erhielt: 0,43 Bogensekunden.

»Ich war einige Tage fassungslos vor freudiger Erregung«,[136] schrieb er. Einsteins Freund Abraham Pais bemerkte später: »Diese Entdeckung war, wie ich glaube, die intensivste emotionelle Erfahrung in Einsteins wissenschaftlichem Leben, vielleicht überhaupt in seinem Leben.«[137]

Am 18. November präsentierte er seine Ergebnisse der Akademie. Am gleichen Tag erhielt er eine Kopie von Hilberts Abhandlung und stellte zu seiner Bestürzung fest, dass Hilberts Arbeit der seinen auffallend ähnlich war. Zwei Tage später reichte Hilbert seine Arbeit mit dem etwas prätentiösen Titel »Die Grundlagen der Physik« bei einer wissenschaftlichen Zeitschrift ein.

Einstein, der zu dieser Zeit erschöpft war und an schweren Magenproblemen litt, schaffte es, die kompletten Gravitations- oder Feldgleichungen rechtzeitig am 25. November, zum letzten Vortrag in der Königlichen Bibliothek, fertigzustellen. Sie waren kovariant, genau wie Einstein es immer gefordert hatte.

Er hatte sie, seine allgemeine Relativitätstheorie. In einer ihrer einfachsten Varianten, in der vieles in eine übersichtliche Schreibweise zusammengefasst ist, lautet sie: $G\mu\nu = 8\pi T\mu\nu$.

Hilbert korrigierte seine Arbeit, bevor sie schließlich im Dezember veröffentlicht wurde, und änderte seine Gleichungen so, dass sie mit Einsteins Gleichungen, die er in seinem Vortrag präsentiert hatte, übereinstimmten. Er beanspruchte nie, die Gleichungen als Erster gefunden zu haben, und bald waren er und Einstein wieder in freundschaftlichem Kontakt, sehr zu ihrer beider Freude.

Die gleichzeitig entdeckten und exakt dargestellten Feldgleichungen beschrieben eine neue Auffassung von Zeit, Raum und Schwerkraft. Trotz ihrer Komplexität lassen sie sich auf eine einfache Aussage reduzieren. Sie bedeuten, dass die Masse bestimmt, wie sich die Raumzeit krümmt (das repräsentiert die linke Seite der Gleichung), und dass die gekrümmte Raumzeit bestimmt, wie sich Masse bewegen kann (rechte Seite der Gleichung). Das Universum tanzt also einen fantastischen Walzer, bei dem jeder Partner den anderen beeinflusst und den Tanz lenkt.

Die Gleichungen dienen auch als praktisches Werkzeug. Sie können zur Beschreibung beliebig vieler spezifischer Wechselwirkungen zwischen Objekten im Weltraum herangezogen werden. Solange man die richtigen Zahlen einsetzt, können sie das Verhalten eines Meteoriten, der durch den leeren Raum schießt, oder den Weg eines kleinen Planeten um einen riesigen Stern, die Ausbreitung von Gravitationswellen oder die Rotation von Galaxien beschreiben.

39

Sechzehn Jahre später schilderte Elsa bei einem Essen mit Charlie Chaplin in Kalifornien den Augenblick, in dem Einstein auf seine Theorie stieß, auf eine Weise, die ihrem Geschmack eher entsprach. Man musste Herrn Chaplin schließlich nicht mit all den Kämpfen behelligen, die Albert durchgefochten hatte, um zu einer Lösung zu kommen, und er musste auch nicht erfahren, dass sie damals noch nicht zusammengelebt hatten. Chaplin erinnert sich an die Situation so:

> Während des Essens erzählte sie mir die Geschichte des Morgens, an dem er seine Relativitätstheorie konzipierte. Sie sagte, der Doktor sei wie üblich im Schlafrock zum Frühstück gekommen, habe aber kaum etwas gegessen. »Ich glaubte, es fehle ihm etwas und fragte ihn daher, was ihn bedrücke.
> ›Liebling‹, sagte er, ›ich habe eine wunderbare Idee.‹ Nachdem er seinen Kaffee getrunken hatte, setzte er sich an das Klavier und begann zu spielen. Ab und zu machte er eine Pause, notierte irgend etwas und wiederholte dann ›Ich habe eine herrliche Idee, eine ganz wunderbare Idee!‹
> ›Dann sage mir doch um Gottes Willen, was es ist‹, sagte ich, ›halte mich nicht in solcher Spannung.‹
> ›Es ist sehr schwierig‹, sagte er, ›ich muß es noch ausarbeiten.‹
> Er fuhr fort, Klavier zu spielen und sich Notizen zu machen. Das dauerte etwa eine halbe Stunde. Dann ging er hinauf in sein Arbeitszimmer und sagte, er wolle nicht gestört werden. Er blieb zwei Wochen dort oben. Seine Mahlzeiten schickte ich ihm jeden Tag hinauf. Gegen Abend machte er kleine Spaziergänge, kehrte dann aber wieder zu seiner Arbeit zurück.
> Schließlich kam er aus seinem Arbeitszimmer nach unten. Er sah sehr blaß aus. ›Das ist es‹, sagte er und legte zwei Bogen Papier auf den Tisch. Es war seine Relativitätstheorie.«[138]

40

die Ermordung des Ministerpräsidenten Karl Graf Stürgkh durch Friedrich Adler am 21. Oktober 1916. Friedrich, Sohn des prominenten sozialdemokratischen Parteiführers Victor Adler, hatte Stürgkh im Restaurant des Hotels Meissl & Schadn während des Mittagessens

Illustrierte Kronen Zeitung

Ermordung des Ministerpräsidenten Grafen Stürgkh.

Beim Mittagessen im Hotel „Meißl & Schadn“ erschossen.

Der Attentäter – Dr. Friedr. Adler.

24

Titelseite der Illustierten Kronenzeitung vom 22. Oktober 1916; das Bild zeigt die Ermordung des österreichischen Ministerpräsidenten Karl Graf Stürgkh durch Friedrich Adler am Vortag.

Am 21. Oktober 1916 gegen zwei Uhr nachmittags betrat Einsteins Freund Friedrich Adler das Hotel Meissl & Schadn in Wien, wo der Ministerpräsident von Österreich, Karl Graf Stürgkh, zu Mittag aß. Adler näherte sich Stürgkhs Tisch und rief: »Nieder mit dem Absolutismus! Wir wollen den Frieden!« Dann schoss er ihm drei Mal in den Kopf. Er widersetzte sich seiner Festnahme nicht.

Stürgkh war seit Ende 1911 Ministerpräsident Österreichs und hatte ein autoritäres Militärregime errichtet, das Parlament aufgelöst und per Dekret regiert. Adler war im gleichen Jahr aus Zürich nach Österreich übersiedelt. Er hatte seine akademische Laufbahn aufgegeben, um an der Seite seines Vaters sozialdemokratischer Politiker zu werden. Seine für den Tag vor dem Attentat geplante Demonstration für die Wiedereinberufung des Parlaments hatte Stürgkh verboten.

Als Einstein in einer Berliner Zeitung von dem Mord las, waren ihm Adlers Motive nicht bekannt. Dennoch zweifelte er nicht daran, ihm beistehen zu müssen. Adler war es gewesen, der zugunsten Einsteins auf die Stelle verzichtet hatte, als der seine erste richtige Professur in Zürich erhielt. Albert schrieb Adlers Frau Kathia und bot seine Hilfe an: »Er ist einer der Vortrefflichsten und Reinsten, die ich gekannt«, erklärte er. »Unbesonnenes traue ich ihm nicht zu, dazu ist er viel zu gewissenhaft.«[139] Albert schrieb auch Adler selbst ins Gefängnis und bot sich als Zeuge für seine Verteidigung an. Einstein bemühte sich auch um Hilfe von den Freunden in Zürich, den ehemaligen Kollegen Adlers, und aufgrund seiner Bitten stellten die Mitglieder der Züricher Physikalischen Gesellschaft Adler ein positives Charakterzeugnis aus.

Als Adler am 17. Mai 1917 zum Tod verurteilt wurde, gab Einstein einer Zeitung ein Interview in der Hoffnung, seinen Freund positiv darstellen zu können. Er deutete sogar an, dass Adlers Tat gerechtfertigt sein könnte: »Die Objektivität, die sich in seinen Studien zeigte«, sagte er, »beherrschte auch sein Handeln.«[140]

Als das Urteil gesprochen wurde, wusste man in gewissen Kreisen bereits, dass Adlers Todesurteil wohl nicht vollstreckt würde, schließlich genoss sein Vater als Führer der Sozialdemokraten großen Respekt. Adlers Urteil wurde nach einem Einspruchsverfahren in eine achtzehnjährige »Festungshaft« umgewandelt, nach Ende des Ersten Weltkriegs wurde er begnadigt.

Noch am Ende seines Lebens zollte Einstein den Österreichern Respekt dafür, seinen Freund nicht hingerichtet zu haben.

41

In einem tiefen Graben an der russischen Front sitzt ein über vierzigjähriger Mann mit hoher Stirn, einem großen Schnurrbart und den Abzeichen eines Leutnants auf der Uniform. Karl Schwarzschild wurde zunächst als Freiwilliger in Belgien eingesetzt, um Wettervorhersagen zu erstellen. Jetzt im Januar 1916 ist seine Aufgabe, die Flugbahnen von Artilleriegranaten zu berechnen, doch im Moment schreibt er einen Brief an Albert Einstein. Er hat Neuigkeiten. Als ehemaliger Professor in Göttingen und Direktor des astrophysikalischen Observatoriums in Potsdam war Schwarzschild ein begabter Mathematiker, und trotz der eisigen Temperaturen und der Schrecken des Krieges hat er es irgendwie geschafft, Einsteins Feldgleichungen zu lösen.

Nicht einmal Einstein war es gelungen, seine Gleichungen zu lösen – tatsächlich glaubte er zunächst gar nicht, dass sie gelöst werden konnten. Wenn er sich selbst daran versuchte, hatte er mit Näherungen gearbeitet, was durchaus zulässig war. Er war der Ansicht, mehr könne man nicht erreichen. Differenzialgleichungen sind nicht die Art von Mathematik, mit der die meisten vertraut sind. Bei manchen Gleichungen ist es durchaus möglich, dass es keine exakte Lösung gibt. Sie zu lösen ist zumindest äußerst schwierig. Doch Schwarzschild war es gelungen, und das in wenigen Monaten. Er hatte geschafft, was Einstein nicht konnte. »Wie Sie sehen, meint es der Krieg freundlich mit mir, indem er mir trotz heftigen Geschützfeuers in der durchaus terrestrischer [sic] Entfernung diesen Spaziergang in dem von Ihrem Ideenlande erlaubte.«[141]

Einsteins Feldgleichungen beschreiben die Regeln der allgemeinen Relativitätstheorie, die Gesetze, denen die Raumzeit unterworfen ist. Eine Lösung der Feldgleichungen beschreibt, wie die Raumzeit unter konkreten Bedingungen reagiert. Durch die

Lösung von Einsteins Gleichungen konnte man beschreiben, was geschieht, wenn zwei Sterne umeinander kreisen, oder ob ein sehr großer Planet mit zwei kleinen Monden kollidiert und so weiter. Verständlicherweise machte sich Schwarzschild die Aufgabe so leicht wie möglich, indem er einen möglichst einfachen Fall annahm: eine nicht rotierende, homogene, kugelsymmetrische, nicht elektrisch geladene Masse – sprich, eine Kugel, die eine Masse hat und für sich steht. Seine Lösung beschreibt die genaue Form, die die Raumzeit um die Kugel herum annimmt. Damit lassen sich die Flugbahnen von Objekten berechnen, die sich in ihrer Nähe bewegen. Das war tatsächlich nützlich, da die meisten Objekte im Weltraum Kugeln gleichen.

Als Schwarzschild schrieb, schien seine Lösung zwar nicht wirklich ein Problem aufzuwerfen, aber sie enthielt doch etwas Ungewöhnliches. Zweifellos war sie richtig, aber sie implizierte – oder ließ vielmehr keinen anderen Schluss zu als den –, dass die Rechnung nicht funktionieren würde, wenn die Masse auf einen ausreichend kleinen Raum komprimiert würde. Wenn zum Beispiel die Sonne in einem riesigen kosmischen Schraubstock so klein gequetscht würde, dass ihre gesamte Masse in einen bestimmten Radius passt, würde sie in einen mathematischen Rausch der Unendlichkeit stürzen. Wie groß der Radius sein muss, hängt von der ursprünglichen Masse des Objekts ab. Dieser Radius wurde Schwarzschild-Radius genannt. Je größer die Masse des ursprünglichen Objekts, desto größer ist der Schwarzschild-Radius. Für die Sonne beträgt er ungefähr knapp drei Kilometer, ist also im Verhältnis zu ihrer Größe sehr klein. Im Zentrum dieser dichten Masse würde sich die Raumzeit unendlich in sich selbst krümmen. Das bedeutet, dass aus dem Drei-Kilometer-Radius nichts mehr entweichen könnte, kein Gegenstand, ja nicht einmal Licht – das Objekt, das die Sonne dann bilden würde, wäre völlig schwarz. Darüber hinaus scheint die Zeit aufgrund der immensen Verformung innerhalb des Radius komplett stillzustehen.

Alles in allem schien dies nicht sehr sinnvoll, aber es beunruhigte die beiden Briefpartner zu diesem Zeitpunkt auch nicht besonders. Das war merkwürdig, aber nicht sehr wichtig. Einstein glaubte sein ganzes Leben lang, dass diese mathematische Laune in der realen Welt keine Entsprechung hätte. Doch es gibt sie. Seit den 1960er-Jahren kennen wir dieses dicht gepackte, mathematisch verwirrende Phänomen als »Schwarzes Loch«, das in der Astronomie zunehmend an Bedeutung gewann. Die neueste Generation von Physikern sucht in diesen alles verzehrenden Abgründen nach den Geheimnissen des Universums. 2019, über hundert Jahre, nachdem Schwarzschild auf ihre Existenz gestoßen war, wurde das erste Mal ein Schwarzes Loch fotografiert. Trotz all ihrer paradoxen Eigenschaften sind Schwarze Löcher real. Tatsächlich treten sie sehr häufig auf und sind im gesamten Universum verbreitet – kleine, große, im Zentrum von Galaxien und miteinander kollidierend.

Schwarzschild hatte wenig Zeit, sich mit den Auswirkungen seiner Erkenntnis auseinanderzusetzen. Noch an der Front erkrankte er an *Pemphigus vulgaris,* einer seltenen Autoimmunerkrankung. Er starb, wenige Monate nachdem er Einstein seine Lösung geschickt hatte. Ein Asteroid, ein Observatorium und ein Krater auf der abgewandten Mondseite wurden nach ihm benannt – und natürlich eine bestimmte Art des Schwarzen Lochs.

42

Nachts ist der Himmel dunkel. Doch *warum* ist er dunkel? Er ist übersät mit Milliarden und Abermilliarden Sternen, so vielen, dass tatsächlich an jedem Punkt am Himmel einer scheint. Wir sind umgeben von Leuchtkörpern der Kernfusion, und das Licht, das sie aussenden, bewegt sich ungehindert über Millionen von Jahren durch das Vakuum des Weltraums. Wenn es in jeder Richtung Sterne gibt, müsste der Nachthimmel weiß brennen. Stattdessen sehen wir Lichtpunkte in der Dunkelheit.

Tausende von Jahren grübelten Philosophen und Physiker über diese Frage. Schon die alten Griechen haben sich darüber gewundert, auch der deutsche Astronom Johannes Kepler im frühen 17. Jahrhundert und Edmond Halley ein Jahrhundert später in England. 1901 veröffentlichte der britische Physiker Lord Kelvin eine kurze Abhandlung, in der er eine Lösung vorschlug, doch die Antwort blieb ihm versagt. Um ihr Sinn zu verleihen, wäre ein neues Konzept des Universums erforderlich. Die Schwärze des Nachthimmels hängt eng mit einer Folge aus Einsteins allgemeiner Relativitätstheorie zusammen und damit, was als sein »größter Fehler«[142] bekannt wurde.

Die allgemeine Relativitätstheorie – wie Einstein sie 1915 in seinen Feldgleichungen formuliert hat – war etwas Wunderschönes. Sie bewertete den Kosmos neu. Sie erklärte offene Fragen wie die abweichende Umlaufbahn des Merkurs und forderte neue Wege beim Verständnis von Zeit, Raum und Masse. Doch irgendetwas schien nicht zu stimmen.

Das Problem war folgendes: Die Masse im Universum – das heißt die Gesamtmasse von allem, sämtlicher Sterne und Planeten, Meteoriten und Kometen – beeinflusst die Größe des Universums als Ganzes. Die Gleichungen implizierten – Einstein stieß darauf, als er sie auf das gesamte Universum anwendete –, dass das Universum keine feste Größe haben konnte. Wäre das Universum statisch, würden die Gravitationskräfte am Ende alle Materie zusammenziehen. Doch das geschah offensichtlich nicht – es wurde *nicht* alles zusammengezogen. Demnach konnte das Universum nicht statisch sein. Wenn auch nur die grundlegendsten Annahmen der allgemeinen Relativitätstheorie richtig waren, müsste sich das Universum entweder ausdehnen oder schrumpfen. Entweder führte die Masse im Universum dazu, dass das Raumgefüge auseinanderflog, was bedeuten würde, dass die Sterne, die großen »von der Hand der Natur errichteten Bauten«, sich eines Tages so weit voneinander entfernt hätten, dass fast überall Dunkelheit herrschen würde. Oder sie würde nach innen kollabieren, sodass alles zusammengezogen und auf einen einzigen Punkt ins Nichts geschrumpft und zermalmt würde.

Einstein fand keine dieser Möglichkeiten verlockend. Aber wichtiger noch, sie passten nicht zu den Fakten. Im frühen 20. Jahrhundert hatten die Astronomen keine Ahnung, dass das Universum größer ist als die Milchstraße. Und in unserer Galaxie schien alles stabil zu sein. Die Erde drehte sich, natürlich, um die Sonne, und überall sonst waren ähnliche planetarische Bewegungen zu beobachten. Doch blieb alles im kosmischen Gesamtgefüge, soweit man das beurteilen konnte, an seinem Platz, ohne sich nach außen oder innen zu bewegen. Es war Konsens unter den Physikern der Zeit, inklusive Einstein, dass der Kosmos statisch und ohne Anfang und Ende ist.

Statt seiner eigenen Theorie zu vertrauen, wie seltsam die Schlussfolgerungen auch immer waren, beugte sich Einstein der herrschenden Meinung und bezweifelte seine eigenen Erkenntnisse. Er war fast vierzig, in der Mitte seines Lebens, nicht mehr jung genug, um das Universum ein zweites Mal neu zu erfinden, und nicht alt genug, um überzeugt zu sein, es besser zu wissen als alle anderen. Er war ein angesehener Professor, in der Wissenschaftscommunity zu Recht geschätzt und in Deutschland berühmt. Er war wohlhabend, etabliert und – auch wenn er das ungern zugegeben hätte – gutbürgerlich. Das Ringen mit der allgemeinen Relativitätstheorie hatte ihn von der Macht der Mathematik überzeugt und ihn bestärkt, der Intuition und dem Entdeckergeist zu vertrauen, doch noch immer hielt er an den beobachtbaren Fakten fest. Und was die Fakten anging, so hatte er wohl kaum eine Wahl. Er musste seine Gleichungen anpassen. Wenn nicht, wäre seine allgemeine Relativitätstheorie nichts als Unsinn, losgelöst von der Realität. Dazu trug bei, dass Einstein das Universum wirklich für homogen und isotrop hielt – das heißt, dass es in alle Richtungen gleich aussah und die Erde darin keinen besonderen Platz einnahm. Er war auch überzeugt, dass das Universum unveränderlich und ewig sei, auch wenn seine Theorie etwas anderes nahelegte.

1917 nahm er eine »kleine Modifikation«[143] an seinen Feldgleichungen vor. Er fügte eine kosmologische Konstante – das »kosmologische Glied« – hinzu, beschrieben mit dem griechischen Buchstaben Λ, Lambda. Mit dieser Korrektur, die Einstein in seine Gleichungen einführte, wollte er erreichen, dass das Universum auch mathematisch statisch war. Das klingt nach Trickserei, und zum Teil war es das auch, wenn auch nicht ganz so gravierend. Er hat nicht einfach irgendeine Zahl angehängt, damit herauskommt, was er wollte. Zum einen änderte der zusätzliche Term nichts daran, wie gut die Gleichungen funktionierten. Und wichtiger noch, er existierte in seinem ursprünglichen System bereits und harrte der Anwendung – hatte er seinen Wert doch bis dahin mit null angesetzt, sodass man ihn weglassen konnte. Das schien nun anders.

Die kosmologische Konstante entsprach einem Schub nach außen, der der Anziehungskraft der Materie entgegenwirkte und so für die Stabilität des Universums sorgte. Eine Anti-Gravitation. Auch wenn Einstein Λ für erforderlich hielt, war er mit der Lösung doch nicht zufrieden. In der Abhandlung, in der er die Konstante einführte, schreibt er: »Um zu dieser widerspruchsfreien Auffassung zu gelangen, mußten wir allerdings eine neue, durch unser tatsächliches Wissen von der Gravitation nicht gerechtfertigte Erweiterung der Feldgleichungen der Gravitation einführen.«[144] Er klingt niedergeschlagen.

Der neue Term zerstörte die Eleganz der ursprünglichen Gleichungen. »Hierin liegt ein besonders schwerwiegender Schönheitsfehler der Theorie.«[145] Der Term wurde angehängt, ja, aber für Einstein noch bedenklicher, er wirkte auch so. Das roch nach schlampiger Arbeit. Nicht nur vonseiten Einsteins, sondern auch von Gott. Einstein glaubte, dass das Universum mangelnde Eleganz oder Komplexität an Stellen, wo es einfach ginge, nicht dulde. Unordnung hatte in den unveränderlichen Gesetzen des Universums nichts zu suchen. Oder wie er es in einem Vortrag aus dem Jahr 1933 ausdrückte: »Nach unserer bisherigen Erfahrung sind wir nämlich zum Vertrauen berechtigt, daß die Natur die Realisierung des mathematisch denkbar Einfachsten ist.«[146] Trotzdem, und obwohl Albert Einstein die kosmologische Konstante nicht wirklich mochte, freundete er sich bald damit an, da sie immerhin sicherstellte, dass das Universum statisch blieb.

Im folgenden Jahrzehnt, in dem Einstein zum berühmtesten Wissenschaftler seit Newton wurde und den Nobelpreis erhielt, kamen erste Zweifel an der Konstante auf. Physiker, die Einsteins Gleichungen studiert hatten, versuchten ihn zu überzeugen, dass ein expandierendes Universum durchaus denkbar war. Es war die plausible, ja wahrscheinliche Folge seiner Theorie. Einstein widersprach ihnen, obwohl die Beweise dafür sprachen, dass sie recht hatten.

1912 – noch bevor Einstein seine Gleichungen vollständig aufgestellt hatte – beobachtete der Astronom Vesto Slipher weit entfernte Objekte im Universum und stellte fest, dass sie sich zu entfernen schienen. Aufgrund seiner technischen Ausstattung konnte er seine Ergebnisse nicht endgültig mit einem expandierenden Universum in Zusammenhang bringen, aber in den 1920er-Jahren konnten weitere Observationen Sliphers Vermutung bestätigen. Vom Mount Wilson Observatory in den San Gabriel Mountains bei Pasadena in Kalifornien – Standort des damals weltgrößten Teleskops – kamen aufsehenerregende Entdeckungen aus den äußeren Bereichen des bekannten Universums. Ihre Daten waren lückenhaft, aber auch hier sahen die Astronomen entfernte Sternhaufen, die von uns wegzufliegen schienen.

Einstein war damals jedoch der berühmteste Wissenschaftler der Welt, der zehn Jahre lang für eine kosmologische Konstante und ein statisches Universum eingetreten war. Es musste schon etwas Unwiderlegbares sein, das ihn noch von seiner Meinung abbringen konnte. Dieses Etwas trat 1929 in Gestalt einer Publikation des bedeutenden amerikanischen Astronomen Edwin Hubble, Direktor des Mount Wilson, auf den Plan. Die Abhandlung lieferte schlüssige Beweise für ein sich ausdehnendes Universum. 1924 hatte Hubble eine Galaxie außerhalb der Milchstraße entdeckt: Andromeda. Bald sollte er zwei Dutzend weitere entdecken und damit unsere Vorstellung von der Größe und der Natur des Universums völlig verändern. Wir waren nicht *eine* Ansammlung von Sternen, sondern eine von vielen »Welteninseln«, wie Immanuel Kant es nannte, durch riesige Entfernungen voneinander getrennt.

Hubble und sein Kollege Milton L. Humason machten sich daran, die Rotverschiebung dieser neuen außergalaktischen Sterne zu messen. Die Rotverschiebung ist für das Licht das, was der Dopplereffekt für den Schall ist. Die Frequenz einer Welle ändert sich, wenn sie sich in Richtung auf den Empfänger zubewegt. Wenn sich ein Krankenwagen mit Martinshorn oder ein pfeifender Zug auf einen zubewegt, werden die Schallwellen gestaucht – das bedeutet, sie haben eine höhere Frequenz und klingen im Ergebnis höher. Bewegt sich der pfeifende Zug von einem weg, dehnen sich die Wellen aus, die Frequenz wird kleiner, und der Ton klingt tiefer. Das Gleiche gilt für Licht. Wenn sich eine Lichtquelle – sagen wir ein Stern – auf den Beobachter zubewegt, werden die Lichtwellen gestaucht und erzeugen eine höherfrequente Farbe, die sich zum blauen Ende des Spektrums verschiebt. Bewegt sich ein Stern vom Beobachter weg, nimmt die Lichtfrequenz ab, und es erscheint röter.

Schon Slipher hatte gesehen, wie sich das Licht weit entfernter Sterne in Richtung Rot bewegte – ebenso der belgische Physiker und Priester Georges Lemaître. Doch Hubble und Humason konnten jetzt den stichhaltigen – unanfechtbaren – Beweis erbringen, dass sich die Sterne in alle Richtungen wegbewegten und röter und röter wurden. Wenn die Erde nicht das Zentrum der Schöpfung war, konnte das nur bedeuten, dass sich das Universum ausdehnte.

Die Neuigkeiten erreichten Berlin und Einstein, der die kosmologische Konstante fast unmittelbar aufgab. Zwei Jahre später, auf seiner zweiten Amerikareise, besuchte er mit Elsa den Mount Wilson. Sein Ruhm war mittlerweile so gewachsen, dass sein Besuch großen Wirbel verursachte, nicht zuletzt bei Hubble selbst. Einstein wurde herumgeführt und durfte an ein paar Einstellrädchen des berühmten Teleskops drehen. Als man Elsa erklärte, dass diese gewaltigen Instrumente Umfang und Form des Universums bestimmen konnten, soll sie geantwortet haben, ihr Ehemann hätte dasselbe auf einem alten Briefumschlag geschafft.[147]

Humason und Hubble zeigten Albert die Fotoplatten, die sie aufgenommen hatten, und es war sofort ersichtlich, dass alles seine Richtigkeit hatte. Am nächsten Tag zog Einstein bei einer Pressekonferenz in der Bibliothek des Observatoriums die Konstante auch offiziell zurück und räumte ein, dass das Universum nach alldem sehr wahrscheinlich nicht statisch war.

Das Universum dehnt sich also aus. Angenommen, man verteilt gleichmäßig Punkte auf einen aufgeblasenen Luftballon und bläst ihn dann weiter auf. Wenn sich der Ballon ausdehnt, dehnen sich mit ihm auch die Punkte aus, und man kann feststellen, dass die Punkte, je weiter sie voneinander entfernt sind, sich umso schneller voneinander wegbewegen. Das bedeutet, dass die Strecke, die er bei der Ausdehnung zurücklegt, für einen von Anfang an weit entfernt liegenden Punkt groß ist. Ist seine Entfernung gering, ist auch die zurückgelegte Strecke nicht groß. So sieht, kurz gesagt, das sich ausdehnende Universum aus, wobei der Luftballon das Universum darstellt und die Punkte die Materie im Universum. Es bedeutet, dass die am weitesten entfernten Sterne immer schwächer und schwächer werden, je weiter sie sich von uns entfernen, und irgendwann verschwinden. Das wird Äonen dauern – weit über den Tod des Sonnensystems hinaus – aber schließlich wird das gesamte Weltall aus einem Ozean verwaister Sterne bestehen, die allein in der Dunkelheit schweben. Das mag kein schöner Gedanke sein, aber Einstein war begeistert.

Als Nebenprodukt seiner Entdeckung war endlich eine Erklärung für die Dunkelheit des Nachthimmels gefunden. Ein expandierendes Universum spielt auf zweierlei Weise eine Rolle, damit es sowohl Dunkelheit als auch Licht gibt. Zum einen bedeutet die Ausdehnung des Universums, wie wir gesehen haben, dass das Licht, das ein Stern ausstrahlt, sich zum roten Ende des Spektrums hinbewegt. Doch dieser Vorgang endet nicht mit dem sichtbaren Licht. Je weiter ein Stern entfernt ist, desto weiter strecken sich die elektromagnetischen Wellen. Sichtbares Licht wird auf diese Weise infrarot und ist für unsere Augen nicht mehr sichtbar.

Wichtiger noch ist die Tatsache, dass ein expandierendes Universum einen *Anfang* voraussetzt, einen Punkt, von dem die Expansion ausgeht. Heute kennen wir diesen Punkt als Urknall. Er ereignete sich vor ungefähr 13,8 Milliarden Jahren. Das bedeutet, dass sich das Licht nur in diesem Zeitraum bewegen konnte. 13,8 Milliarden Jahre ist gewiss viel, aber Licht bewegt sich nicht in einem einzigen Augenblick von A nach B, sondern mit einer bestimmten Geschwindigkeit, und für manche Sterne ist der Zeitraum noch nicht groß genug, dass ihr Licht die Strecke bis zur Erde schon zurücklegen konnte. Und da sich das Universum ausdehnt, wird die Entfernung, die das Sternenlicht überwinden muss, immer größer und wird uns nie erreichen. Der Nachthimmel ist dunkel, weil das Universum einen Anfang hat.

1931 befreite Einstein sich frohgemut von der kosmologischen Konstante und kam nur noch spöttisch darauf zurück. Sie diente keinem Zweck mehr. Die Schönheit war wiederhergestellt.

Viel später stellte sich jedoch heraus, dass das nicht die ganze Wahrheit war. Die Konstante wurde aus einem überraschenden Grund wieder eingeführt. Seitdem erwies es sich als immer schwieriger, sie abzuschaffen. Doch solange Einstein lebte, blieb sie: der große Irrtum.

43

Ilse Einstein, 1921

Ilse Einstein war einundzwanzig. Einstein hatte Elsas älteste Tochter gerade als Sekretärin des physikalischen Instituts angestellt, dessen Direktor er war. Ilse war idealistisch, politisch links und aktiv, und sie war eine elegante Frau. Bei einem Unfall in der Kindheit hatte sie eines ihrer dunklen Augen verloren, doch dieser Makel wirkte attraktiv und steigerte ihre Ausstrahlung eher, als ihr zu schaden.

Sie hatte sich in Georg Nicolai verliebt, einen Physiologen und langjährigen Freund der Familie, der zwanzig Jahre älter war als sie. Er war Pazifist und ein gebildeter Mann, der in Russland und Frankreich gelebt hatte, doch er war auch sehr selbstbezogen und bekannt für waghalsige Aktionen. Berühmt wurde seine Flucht in einem gestohlenen Doppeldecker der deutschen Luftwaffe nach Dänemark, als er während seiner Arbeit als Militärarzt vor ein Militärgericht gestellt werden sollte. Hand in Hand mit seiner Selbstherrlichkeit ging sein unstillbares sexuelles Verlangen. Auf einer Reise nach Russland listete er in einem Notizbuch all die Frauen auf, mit denen er Sex hatte – insgesamt einhundertsechs, darunter zwei Mutter-Tochter-Kombinationen.

Im Mai 1918 schickte Ilse Nicolai einen langen weitschweifigen Brief. Beigefügt die Aufforderung: »Vernichten Sie bitte diesen Brief sofort nach dem Lesen!«

> Gestern plötzlich wurde die Frage gestellt, ob A. Mama oder mich heiraten wolle. Diese Frage, zuerst halb im Scherz ausgesprochen, wurde innerhalb weniger Minuten eine ernste Angelegenheit […]. Albert selbst lehnt jede Entscheidung ab, er ist bereit mich oder Mama zu heiraten. Daß A. mich sehr lieb hat, vielleicht so lieb wie mich nie mehr ein Mann haben wird, weiß ich, hat er mir auch selbst gestern gesagt. Eines Teils würde er vielleicht sogar mich lieber als Frau haben, da ich jung bin und er Kinder von mir haben könnte, was bei Mama natürlich ganz wegfällt, er ist aber viel zu anständig und hat Mama zu lieb, als daß er es jemals aussprechen würde. Wie ich mich zu A. stelle, wissen Sie. Ich habe ihn sehr lieb, habe die größte Achtung vor ihm als Mensch. Wenn es wirklich Freundschaft und Kameradschaft zwischen zwei Wesen verschiedener Gattung gibt, so waren es ganz sicher meine Gefühle für A. Ich habe nie den Wunsch oder die geringste Lust verspürt, ihm körperlich nahe zu sein. Anders bei ihm – wenigstens in letzter Zeit. […] Als dritte Per-

son in dieser seltsamen und auch gewiß stark komischen Angelegenheit, wäre noch Mutter zu erwähnen. Vorläufig – da sie noch nicht fest dran glaubt, daß ich wirklich Ernst mache – hat sie mir vollkommen freie Wahl gelassen. Wenn sie sehen würde, daß ich wirklich nur bei A. glücklich sein könnte, würde sie sicher aus Liebe zu mir zurücktreten. Es würde ihr aber sicher bitter schwer fallen. [...] Es wird Ihnen sonderbar vorkommen, daß ich kleines, dummes, 20jähriges Ding über eine solch' ernste Sache entscheiden soll; ich kann es selbst kaum glauben, fühle mich auch sehr unglücklich dabei. Helfen Sie mir![148]

Einstein und Mileva ließen sich im Februar 1919 offiziell scheiden. Im Juni heiratete er Elsa.

44

Seit seiner Ankunft in Berlin fing Einstein an, sich zunehmend mit dem Gedanken anzufreunden, einem Volk zuzugehören, ja er schien ihm sogar zu gefallen. Die Neudeutung seiner Herkunft war großteils den vielen Juden geschuldet, die er in Berlin kennenlernte und die versucht hatten, sich in Deutschland zu assimilieren. Die meisten deutschen Juden hielten es für das Beste, wie Einstein es ausdrückte, sich »durch möglichst weitgehende Abstreifung alles Jüdischen«[149] anzupassen. Er empfand diesen Versuch unterwürfig und idiotisch – er selbst nannte sie »knechtisch« und sprach von »Leisetretern«[150] – und das sagte er den Leuten auch gerne ins Gesicht.

Assimilation war in Westeuropa häufiger anzutreffen als im osteuropäischen Raum. Einstein missfiel vor allem die Art, wie sich Juden in Deutschland assimiliert hatten, die sich selbst für kultivierter und daher für etwas Besseres hielten als die meist nicht assimilierten Juden aus Ländern wie Russland oder Polen. »Erst als ich mit 35 Jahren nach Berlin kam, ging mir die jüdische Schicksalsgemeinschaft auf und empfand ich die Pflicht, mich eben wie es ging der Würdelosigkeit der jüdischen akademischen Kollegen entgegenzustellen.«[151]

Er hat nicht zum Glauben zurückgefunden. Judentum, wie Einstein es verstand, war keine Frage der Religion. Mit einer Metapher gesprochen, die er selbst verwendete: Eine Schnecke ist ein Lebewesen, das in einem Schneckenhaus wohnt, aber als Definition taugt diese Aussage nicht; denn wenn sie das Schneckenhaus abstreifen würde, wäre sie noch immer eine Schnecke. Er definierte Judentum, wie er einmal schrieb, als Traditionsgemeinschaft. Seine Solidarität mit dem jüdischen Volk war eine Solidarität mit »Stammesgenossen«, nicht mit Glaubensbrüdern.

Anfang 1919 wandte sich Einstein dem Zionismus zu, um seinen »Stamm« zu unterstützen. Vor allem dank der Überzeugungsarbeit des Zionistenführers Kurt Blumenfeld überwand Einstein seine instinktiven Vorbehalte gegen das der Bewegung innewohnende nationalistische Element – nämlich die Schaffung eines jüdischen Staates – und war der Auffassung, dass ein jüdisches Zuhause in Palästina Juden die innere Sicherheit und Freiheit schenken könnte, die ihnen bisher verwehrt geblieben war.

Auf dem gemeinsamen Heimweg nach einem Vortrag Blumenfelds erklärte er: »Ich bin gegen den Nationalismus, aber für die zionistische Sache. Der Grund ist mir heute klar geworden: Wenn ein Mensch beide Arme hat, und er sagt dauernd, ich habe einen rechten Arm, dann ist er ein Chauvinist. Wenn einem Menschen aber der rechte Arm fehlt, dann muß er alles tun, um das fehlende Glied zu ersetzen. Deshalb bin ich in meiner menschlichen Haltung ein Gegner des Nationalismus. Als Jude aber bin ich seit heute für die jüdisch-nationalen Bestrebungen der Zionisten.«[152]

Nachdem er seine Unterstützung einmal zugesagt hatte, zog er sie nie wieder zurück. Obwohl er offiziell keiner zionistischen Organisation beitrat, engagierte er sich häufig für die Ziele der Bewegung, insbesondere für die Gründung einer jüdischen Universität in Palästina. Ein jüdisches Heimatland, so glaubte er, »wird eine Kulturstätte für alle Juden sein, eine Zuflucht für die Bedrängtesten, ein Feld der Betätigung für die Besten unter uns, ein einigendes Ideal und ein Mittel der inneren Gesundung für die Juden der ganzen Welt«.[153]

Gerade zu der Zeit, als Einstein sich neu zum Judentum bekannte und sich für Juden einsetzte, wo immer er konnte, wuchs in Deutschland der offene Antisemitismus. Als Reaktion auf die erdrückenden Reparationszahlungen an die Alliierten nach dem Ersten Weltkrieg verbreitete die rechte Presse einen beschwichtigenden, heimtückischen Mythos: Grund für die Niederlage sei der Verrat im eigenen Land gewesen. Die Armee sei von pazifistischer, internationalistischer und antimilitaristischer Geisteshaltung an der Heimatfront unterwandert worden: Die Zivilbevölkerung und ihre Führer hätten an einem entscheidenden Punkt in diesem Krieg ihre Unterstützung verweigert. Dieses Narrativ wurde bald vereinfacht, und die Schuld an der Demütigung des Landes wurde fast ausschließlich den Juden angelastet.

Das allein genügte schon als Grund für Einstein, seine jüdische Zugehörigkeit zu bekunden und zu verteidigen. Seine erste öffentliche Stellungnahme gegen den Antisemitismus erfolgte im Sommer 1920 in Form einer persönlichen Verteidigung. Am 24. August tagte ein rechtsextremer nationalistischer Verein namens »Arbeitsgemeinschaft deutscher Naturforscher zur Erhaltung reiner Wissenschaft« im großen Saal der Philharmonie in Berlin. Ziel dieser Veranstaltung waren Angriffe auf die Relativitätstheorie und den Charakter ihres Erfinders. Als Erster sprach Paul Weyland, ein Ingenieur, der einige politisch motivierte Artikel geschrieben hatte, in denen er die Relativitätstheorie verunglimpfte. Er hängte sich an der Tatsache auf, dass die Öffentlichkeit, darunter auch einige Wissenschaftler, beunruhigt sei, denn die Theorie sei nicht experimenteller, sondern theoretischer Natur und bedrohe viele »traditionelle« Wissenschaften mit dem, seiner Meinung nach, »Jüdischen«. Die Relativitätstheorie, erklärte Weyland auf der Veranstaltung, sei fadenscheinig, ein großer Schwindel für die Öffentlichkeit, und zu allem Überfluss sei sie ein Plagiat. Als Nächstes sprach der Experimentalphysiker Ernst Gehrcke, der im Grunde dasselbe sagte wie Weyland, nur in wissenschaftlicher Sprache.

Während der Rede ging plötzlich ein Flüstern durch den Saal – »Einstein« raunten die Zuhörer. »Einstein, Einstein.«

Albert saß für alle sichtbar in einer der Logen und sah sich das Spektakel an, um sich öffentlich darüber lustig zu machen. Obwohl er sich über die unverhohlenen Vorurteile seiner Kritiker wirklich ärgerte – und ein paar Tage später in einem Artikel zum Gegenangriff überging und die Argumente widerlegte –, lächelte Einstein in diesem Moment und blieb ruhig. Gemeinsam mit seinem Freund Walther Nernst unterbrach er den Vortrag mit lautem Gelächter und Applaus. Er amüsierte sich.[154]

45

Die wenigen, unfassbaren Minuten einer totalen Sonnenfinsternis – wenn der Mond vor die Sonne tritt und sie dahinter verschwindet – führen einem die Absurdität des Universums auf elegante Weise vor Augen. Wir erleben sie aufgrund eines kosmologischen Zufalls. Die Sonne ist um die vierhundertmal größer als unser Mond, und gleichzeitig ist sie etwa vierhundertmal weiter von der Erde entfernt. Die beiden Himmelskörper erscheinen uns daher genau gleich groß. Bei einer totalen

Sonnenfinsternis verdeckt die schwarze Scheibe des Mondes die Sonne faszinierend genau, sodass nur das matte, perlmuttartige Glühen der äußeren Sonnenatmosphäre zu sehen ist: die Corona. Die Sterne am Himmel wirken heller.

Am 29. Mai 1919 fotografierte ein sehr korrekter und sehr aufgeregter Engländer einen solchen Moment auf der kleinen Insel Príncipe im Golf von Guinea vor der Westküste Äquatorialafrikas. Er blickte kaum in den Himmel, um das Ereignis direkt zu erleben, weil er so damit beschäftigt war, die großen Fotoplatten in den Astrografen zu schieben, den er Monate zuvor aus Großbritannien hierhergebracht hatte. Er ignorierte auch die Moskitos und die hohe Luftfeuchtigkeit nach einem Sturm. Er musste innerhalb kürzester Zeit möglichst viele Aufnahmen machen.

Während des Ersten Weltkriegs war Arthur Stanley Eddington Mitte dreißig. Als Direktor des Observatoriums in Cambridge war er auf dem besten Weg, einer der bedeutendsten Astronomen zu werden, die Großbritannien je hervorgebracht hat. Er war Quäker und erklärte, dass sein Glaube ihm die Teilnahme am Krieg in Europa verwehre. 1917 wurde seinen Kollegen in Cambridge bewusst, dass Eddington mit dieser Haltung in einem Gefangenenlager enden würde. Deshalb sorgten sie dafür, dass seine Arbeit als kriegsnotwendig anerkannt und er somit freigestellt wurde. Das Innenministerium schickte Eddington das entsprechende Formular zur Unterschrift, die er auch leistete. Aufgrund seines Glaubens fühlte er sich jedoch verpflichtet, ein Postskriptum anzufügen, in dem er erklärte, dass er auch dann den Kriegsdienst verweigern würde, wenn er nicht zurückgestellt würde. Das Innenministerium wusste nicht recht, wie es damit umgehen sollte, und zog die Freistellung zurück.

Da schritt der Königliche Astronom Sir Frank Dyson ein, und tatsächlich gelang es ihm, die Freistellung zu erreichen. Dieses Mal jedoch war daran eine Bedingung geknüpft: Eddington musste eine wissenschaftlich bedeutsame Aufgabe übernehmen. Dyson stellte ihn als Leiter einer Expedition zur Verfügung. Eddington war stets ein enthusiastischer Verfechter der allgemeinen Relativitätstheorie gewesen, was in Großbritannien, wo die Arbeit deutscher Wissenschaftler im Allgemeinen ignoriert, zensiert und belächelt wurde, höchst ungewöhnlich war. Eddington ließ sich vom Zeitgeist nicht beeinflussen. Er glaubte daran, dass Wissenschaft keine Grenzen kenne und dass der Weg zum Frieden im Internationalismus zu suchen sei. Dyson wies ihn darauf hin, dass eine einmalige Gelegenheit, diese seltsame deutsche Theorie zu beweisen, unmittelbar bevorstand.

Die allgemeine Relativitätstheorie besagte, dass massereiche Objekte das Licht zu krümmen scheinen, weil der kürzeste Weg für das Licht in der Nähe zum Beispiel eines Sterns durch einen gekrümmten Bereich der Raumzeit führt. Eine Sonnenfinsternis war die beste Gelegenheit, diese Krümmung des Lichts auf Erden nachzuweisen – und die nächste Sonnenfinsternis sollte 1919 stattfinden. Dabei würde sich der Sternhaufen der Hyaden hinter der Sonne befinden. Das Licht dieser Sterne würde sich Richtung Erde bewegen und sich auf diesem Weg um die Sonne herum krümmen. Es würde also so aussehen, als hätten die Sterne ihre Position am Himmel verändert. Dyson mochte die Relativitätstheorie nicht bis ins Letzte verstanden haben, aber wie Eddington war er sich bewusst, dass es ein Riesencoup für einen englischen Astronomen wäre, die Ideen eines Wissenschaftlers zu beweisen, der in der Hauptstadt Deutschlands tätig war.

Sonnenfinsternisse sind tatsächlich nicht so selten: eine oder zwei pro Jahr sind immer irgendwo von der Erde aus zu beobachten. Der Grund, warum wir sie für so ungewöhnlich, ja übernatürlich halten, ist, dass der Schatten des Mondes jedes Mal nur einen kleinen Teil der Erde trifft. Der Kernschatten der Sonnenfinsternis von 1919 würde sich über Brasilien und den Atlantischen Ozean bewegen und dann in den Himmel über Äquatorialafrika eintauchen. In Cambridge zu bleiben und darauf zu warten, war sinnlos.

Während der Krieg noch andauerte, Materialknappheit herrschte und deutsche U-Boote auf dem Meer patrouillierten, begann Eddington seine Expedition zu planen. Man beschloss, mit zwei Teams zu arbeiten, um möglichem schlechtem Wetter zu entgehen. Eddington würde mit dem begabten Techniker E. T. Cottingham auf die Insel Príncipe reisen, die Astronomen Andrew Crommelin und Charles Davidson nach Sobral, das ungefähr achtzig Kilometer von der Nordostküste Brasiliens entfernt im Landesinneren lag. Beide Teams sollten Messungen vornehmen und sie bei ihrer Rückkehr nach London miteinander vergleichen.

Die Physiker trennten sich in Madeira, der portugiesischen Atlantikinsel vor Marokko. Das brasilianische Team fuhr weiter, während Eddington und Cottingham – mit ihrer astrografischen Kamera – an Land gingen. Von dort aus mussten sie nun einen eigenen Weg nach Príncipe finden, doch das erwies sich als leichter gesagt als getan. Sie brauchten fast einen Monat, bis sie endlich ein Schiff fanden, das sie den Rest des Weges mitnahm. Eddington nutzte die verlorene Zeit, indem er die umliegenden Berge bestieg und das Casino von Madeira besuchte – selbstverständlich ohne zu spielen, wie er seiner Mutter brieflich versicherte. Der Grund dafür sei, dass sie dort einen besonders köstlichen Tee servierten.

In Príncipe angekommen, bauten sie sich Hütten, vertrieben die Affen und kämpften mit Moskitos. Eines Abends lud sie ein Plantagenbesitzer zum Essen ein und stellte volle Schüsseln mit Zucker auf den Tisch. Sie waren fassungslos – aufgrund der deutschen Blockaden im Krieg hatten beide seit fünf Jahren keinen Zucker mehr gesehen.

Drei Wochen nach ihrer Ankunft auf der Insel schleppten Eddington, Cottingham und einige einheimische Träger ihre

Ausrüstung auf eine Hochebene, weit entfernt von den zentralen Bergen und der Gefahr von Stürmen. Eddington wusste, dass die Sonnenfinsternis exakt fünf Sekunden nach 14 Uhr 13 stattfinden würde. Cottingham zählte herunter, dann legte er los. Der Himmel war nie ganz wolkenlos. Von den sechzehn Fotografien blieben am Ende nur zwei verwendbare übrig, die jeweils fünf unscharfe Sterne zeigten.

In Sobral lief es nicht viel besser. Dort hatten sich die dicken, düsteren Regenwaldwolken in der Nacht zuvor verzogen, und ihre Gerätschaft litt eher unter zu viel als unter zu wenig Sonne. Der Spiegel ihres Astrografen dehnte sich in der Hitze aus, sodass sich der Fokus veränderte und die Bilder unscharf wurden. Doch Crommelin und Davidson hatten widerstrebend zur Sicherheit auch ein Teleskop mitgenommen. Mit seiner Hilfe entstanden die besten Aufnahmen der gesamten Expedition.

Wonach die Teams Ausschau hielten, war eine noch so winzige Abweichung der Positionen der Sterne. Einstein hatte eine Krümmung des Sternenlichts von 1,7 Bogensekunden vorhergesagt – das ist kaum mehr als 1/2000 Grad. Es ging um kleine Größen. Für jemanden, der mit bloßem Auge von der Erde aus in den Nachthimmel blickt, hätten sich die Sterne um weniger als eine Haaresbreite von ihrer normalen Position entfernt.

Mit dieser winzigen Abweichung stand oder fiel Einsteins Theorie und ein neues Grundverständnis des Universums.

46

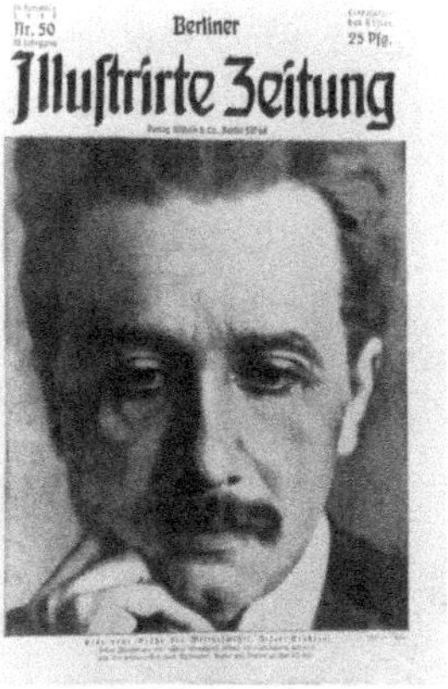

Titelseite der Berliner Illustrirten Zeitung vom 14. Dezember 1919. Die Unterzeile lautet »Eine neue Größe der Weltgeschichte: Albert Einstein, dessen Forschungen eine völlige Umwälzung unserer Naturbetrachtung bedeuten und den Erkenntnissen eines Kopernikus, Kepler und Newton gleichwertig sind.«

Weihnachten 1933 in Cambridge. Im Senior Combination Room des Trinity College sitzen fünf Männer um den alten Kamin und rauchen in guter weihnachtlicher Tradition lange Tonpfeifen. Es handelt sich um Ernest Rutherford, den Vater der Kernphysik, um den Astronomen und berühmten Wissenschaftsvermittler Arthur Stanley Eddington, des Weiteren um Maurice Amos, den pensionierten Chef-Justizberater der ägyptischen Regierung, den bekannten Mathematiker Patrick Du Val und Subrahmanyan Chandrasekhar, einen ehrfürchtigen dreiundzwanzigjährigen Physiker, der fünfzig Jahre später den Nobelpreis für seine Studien über die Entwicklung von Sternen erhalten würde.

Die Unterhaltung ging bis weit nach Mitternacht. Amos wendet sich an Rutherford.

»Ich verstehe nicht, warum Einstein mehr öffentliche Anerkennung erfährt als Sie«, sagt er. »Immerhin haben Sie das Atommodell entdeckt, und dieses Modell bildet seither die Grundlage jeglicher wissenschaftlichen Physik, und seine Anwendungsmöglichkeiten sind sogar universeller als Newtons Gravitationsgesetze. Selbst wenn Einsteins Theorie richtig ist – etwas anderes könnte ich hier in Eddingtons Anwesenheit auch nicht sagen –, Einsteins Vorhersagen beziehen sich auf so geringfügige Abweichungen von den Newtonschen Gesetzen, dass ich die ganze Aufregung darüber nicht nachvollziehen kann.«[155]

Rutherford wendet sich an Eddington. »*Sie* sind schuld an Einsteins Ruhm«, sagt er nur halb im Scherz zu ihm.

Der Tag, an dem Einstein berühmt wurde, ist leicht festzumachen. Am 7. November 1919 war die Schlagzeile der *Times:*

REVOLUTION IN SCIENCE
NEW THEORY OF THE UNIVERSE
NEWTONIAN IDEAS OVERTHROWN[156]

»Revolution in der Wissenschaft. Neue Theorie des Universums. Newtons Vorstellungen verworfen.« Der Artikel schilderte eine gemeinsame Tagung der Royal Society mit der Royal Astronomical Society, die am Tag zuvor in Burlington House in Mayfair stattgefunden hatte. Sie waren nur zusammengekommen, um die Ergebnisse von Eddingtons Expedition zu präsentieren und zu diskutieren – mit anderen Worten: über die Gültigkeit der Relativitätstheorie zu beraten.

Über den großen und herausragenden Köpfen der britischen Wissenschaft hing ein Porträt von Sir Isaac Newton, der streng auf die Kollegen herabblickte. Joseph John Thomson, Entdecker des Elektrons und Präsident der Royal Society, saß der Tagung vor. Der königliche Astronom, Frank Dyson, stellte die Ergebnisse vor undkam zu dem Schluss: »Nach sorgfältiger

Untersuchung der Platten, darf ich sagen, dass es keinen Zweifel gibt, dass sie Einsteins Vorhersage bestätigen.«[157]

Zurückhaltendes Raunen im Saal. Ludwik Silberstein, ein polnischer Physiker, der 1914 ein wichtiges Lehrbuch über die Relativitätstheorie verfasst hatte, riet zur Vorsicht. Auf Newtons Porträt zeigend warnte er: »Wir sind es diesem großen Mann schuldig, mit Bedacht vorzugehen.«[158] Aber niemand hörte ihm zu.

Thomson brachte die Stimmung im Saal auf den Punkt, als er die Debatte mit den Worten schloss: »Dies ist das bedeutendste Forschungsergebnis zur Gravitationstheorie seit Newton.«[159]

Der Artikel in der *Times* war umgeben von Berichten über Arbeiterunruhen, den Kohlepreis und die besiegten Deutschen sowie von offiziellen Presseerklärungen von König George V., der zu einer zweiminütigen Schweigeminute zum Armistice Day, dem ersten Jahrestag des Waffenstillstands vom 11. November 1918, aufrief, der in wenigen Tagen begangen werden sollte. Die Ankündigung einer neuen Theorie des Universums zwischen all den düsteren Nachrichten war daneben eine hervorstechende Fortschrittsmeldung. Während ihrer spätabendlichen Unterhaltung an der Trinity vermutete Rutherford, es sei die astronomische Vorhersage eines »feindlichen« Wissenschaftlers während des Krieges gewesen, die, von einem ihrer eigenen Wissenschaftler bestätigt, die Öffentlichkeit so in Erstaunen versetzt hätte.

Bei der ersten Erwähnung Einsteins in dem Artikel wurde er als »der berühmte Physiker Einstein«[160] tituliert. Wenn er auch in Physiker-Kreisen zumindest kein ganz Unbekannter mehr war, so kannte sonst fast niemand in Großbritannien seinen Namen. Für die große Öffentlichkeit war Einstein damit schon bei seiner ersten Erwähnung berühmt. Es war durchaus Stoff für eine Sensation. Doch war die Berichterstattung in Großbritannien verglichen mit der der *New York Times* geradezu verhalten.

Die amerikanische Zeitung hatte keinen Wissenschaftskorrespondenten in London, deshalb riefen die Herausgeber ihren Golf-Experten, den freundlichen Henry Crouch, zu Hilfe, der zufällig gerade vor Ort war. Zunächst beschloss Crouch, sich die Mühe zu sparen und die Tagung gar nicht zu besuchen. Als er sich im letzten Moment doch anders entschied, wurde er nicht mehr eingelassen. Kein Problem: Er würde einfach die *Times* lesen, abschreiben und ausschmücken, wo nötig, und so tun, als sei nichts passiert. Am Abend erfuhr er jedoch – zu seinem Entsetzen –, dass die *Times* nur kurz über die Tagung berichten wolle, weil sie das Thema schlicht für unverständlich hielt. Beherzt, wie es seine Art war, rief Crouch direkt bei Eddington an und bat ihn um eine Zusammenfassung. Es dürfte kaum verwunderlich sein, dass Crouch kein Wort verstand und um eine Erklärung bitten musste, die auch dem normalen Zeitungsleser zugänglich wäre. Er schickte am 8. November einen Bericht zurück, ohne wirklich zu wissen, ob überhaupt sinnvoll war, was er da geschrieben hatte:

SONNENFINSTERNIS ZEIGT ABWEICHUNG
DURCH GRAVITATION
Ablenkung der Lichtstrahlen als Verstoß gegen
Newtons Gesetze anerkannt.
ALS BAHNBRECHEND GEFEIERT.
Britischer Wissenschaftler nennt die Entdeckung
einen der größten Erfolge der Menschheit.[161]

Die Zeitung und ihre Leser waren begeistert von der Story. »Bahnbrechend« klingt nicht gerade zurückhaltend, aber irgendwie hatten die Herausgeber den Eindruck, Crouch habe das Ereignis heruntergespielt, und baten um mehr. Am nächsten Tag schickte er der *New York Times* ein Telegramm. Dieses Mal machten folgende Schlagzeilen die Runde:

LICHT AM HIMMEL SCHRÄG
Wissenschaftler begeistert über die Erkenntnisse
aus der Sonnenfinsternis.
EINSTEINS THEORIE TRIUMPHIERT
Sterne nicht dort, wo sie zu sein scheinen und berechnet wurden,
doch niemand muss besorgt sein.
EIN BUCH FÜR ZWÖLF WEISE MÄNNER
Mehr Menschen auf der Welt werden es nicht begreifen, sagte
Einstein, als sein mutiger Verleger es ins Programm nahm.[162]

Dieser Bericht ist grandios falsch. Die Sterne waren genau dort, wo man sie vermutete. In Wahrheit war genau das der Punkt: Einstein hatte ihre Position korrekt angegeben. Crouchs zwölf weise Männer waren reine Erfindung, genauso wie das Zitat von Einstein. Doch machte die Unverständlichkeit der Relativitätstheorie einen gewichtigen Teil ihrer Faszination aus, und sie hatte, wie der Golf-Experte richtig erkannt hatte, das Potenzial zum Mythos.

Auch wenn die Wissenschaftler vielleicht nicht »begeistert« waren, so waren doch viele verblüfft über die Theorie und trugen damit unwillkürlich dazu bei, dass Einstein als Visionär betrachtet wurde. Nach der Veröffentlichung der Ergebnisse in Burlington House, als die Teilnehmer auseinandergingen, kam Silberstein auf Eddington zu.

»Sie dürften einer von den weltweit drei Menschen sein, die die allgemeine Relativitätstheorie verstehen«, sagte er.

Eddington wiegelte ab, doch Silberstein ließ es nicht zu.

»Seien Sie nicht bescheiden, Eddington.«

»Im Gegenteil«, antwortete er. »Ich überlege, wer der dritte ist!«[163]

Die *New York Times* ließ es mit der Legendenbildung bei den zwölf weisen Männern nicht bewenden. Im Dezember schickten sie einen Reporter nach Berlin, um Einstein zu interviewen. Hier in seiner Wohnung, behauptete der danach verfasste

Artikel, habe Einstein »vor Jahren beobachtet, wie ein Mann von einem benachbarten Dach fiel – zum Glück in einen Haufen weichen Abfall – und fast ohne Verletzung davonkam«.[164] Nach seiner Landung hatte sich offenbar eine Gelegenheit ergeben, Albert mitzuteilen, dass er während des Sturzes die Schwerkraft nicht mehr gespürt habe; er habe sich gewichtslos gefühlt. Doch weder dieser Mann noch der Haufen Müll existierten – der Reporter hatte es erfunden.

In Deutschland berichtete die Presse eher wenig über das Ereignis. Es waren seit November ein paar versprengte, sehr sachliche Artikel dazu veröffentlicht worden, die sich größtenteils auf den Bericht in der *Times* stützten, aber nichts, was für Furore gesorgt hätte. Das ist wenig überraschend: Das Land lag nach der Niederlage im Ersten Weltkrieg völlig am Boden. Einstein schrieb an Heinrich Zangger: »Hier sind alle Verhältnisse variabel und nicht zum Besten, Grosse Korruption u. Verarmung. [...] Die Nachteile der Niederlage spürt man sofort, das Gute daran nur nach und nach.«[165] Der Winter hatte früh eingesetzt, und alles war knapp. Millionen Menschen hatten kaum Brennstoff und Lebensmittel. Flüchtlinge drängten in die Stadt, und die Zahl an Obdachlosen stieg. Weder auf Licht noch auf Gas und Wasser war Verlass. Die Einsteins wurden verpflichtet, von ihrer großen Wohnung in der obersten Etage ein Zimmer zu vermieten.

Nur zwölf Tage nach dem Interview mit der *New York Times*, am 14. Dezember, sorgte die *Berliner Illustrirte Zeitung* dafür, dass Einsteins Ansehen, das andernorts so rasch gewachsen war, auch hierzulande größer wurde. Sie druckte auf der Titelseite ein riesiges Porträtfoto von ihm. Sein Gesicht füllte fast die komplette Seite. Sein Schnurrbart ist gepflegt, sein Haar steht noch nicht wild ab. Seine Pose ist nachdenklich: ganz in Gedanken versunken, das Kinn in die Hand gestützt, der Blick nach unten gerichtet und eher sorgenvoll. Unter dem Foto ist zu lesen: »Eine neue Größe der Weltgeschichte: Albert Einstein, dessen Forschungen eine völlige Umwälzung unserer Naturbetrachtung bedeuten und den Erkenntnissen eines Kopernikus, Kepler und Newton gleichwertig sind.«[166]

Albert feierte seinen Erfolg mit dem Kauf einer neuen Geige.

47

Am 2. April 1921 kommt Einstein in Amerika an. Zu seinen Reisegefährten gehören neben Elsa die Delegation der zionistischen Weltorganisation sowie deren Präsident Chaim Weizmann, ein begabter und erfolgreicher Biochemiker, der später der erste Präsident Israels wird. Auf Weizmanns Einladung, man könnte auch sagen auf sein Drängen hin, hat Einstein diese Reise unternommen. Die Delegation will Finanzmittel für die Besiedelung Palästinas und die Schaffung einer jüdischen Universität in Jerusalem einwerben. Einstein ist sich völlig bewusst, dass er die Delegation nur begleitet, weil er ihnen auf ihrer Tour als Propaganda-Maschine dienlich ist. »Ich musste mich herumzeigen lassen wie ein prämierter Ochse«,[167] schreibt er Michele Besso.

Noch an Bord der *Rotterdam*, die im New Yorker Hafen angelegt hat, werden Einstein und Weizmann von einer ganzen Schar Reporter empfangen. Es ist kalt. Einstein trägt einen dicken grauen Mantel und eine Fellmütze, in der einen Hand seinen Geigenkasten, in der anderen die Pfeife. Eine halbe Stunde lang lassen sich Elsa und Albert fotografieren, dann muss er an einer Pressekonferenz teilnehmen, was er durchaus genießt.

»Können Sie uns in einem Satz die Relativitätstheorie zusammenfassen?«, fragt ein Reporter.

»Ich habe mich mein Leben lang bemüht, sie in ein Buch zu packen«, antwortet Einstein. »Er will, dass ich sie in einen Satz bringe!«[168]

Weizmann wird gefragt, ob es ihm gelungen sei, mithilfe des Professors die Relativitätstheorie zu verstehen. »Auf der Überfahrt hat mir Einstein täglich seine Theorie erklärt, und bei der Ankunft habe ich erkannt«, gibt Weizmann zur Antwort, »daß er sie wirklich versteht.«[169]

Mit einem Schleppschiff geht es zum Ufer, wo ein Fife-and-Drum-Corps spielt, und von dort aus weiter in einem stundenlangen Autokorso durch die jüdischen Viertel der Lower East Side, bevor sie kurz vor Mitternacht völlig erschöpft im Hotel Commodore ankommen.

Einstein spricht auf keiner der großen Veranstaltungen ihrer Tour besonders viel. Bei einem Großereignis mit 8000 Teilnehmern steuert er lediglich die Botschaft bei: »Euer Präsident Dr. Weizmann hat gesprochen, und er hat sehr gut für uns alle gesprochen. Folgt ihm, dann tut Ihr das Richtige. Das ist alles, was ich zu sagen habe.«[170] Bei der offiziellen Willkommensveranstaltung der Stadt in der City Hall sagt er gar nichts. Während Weizmann nur höflichen Applaus erhält, trägt man Einstein auf Schultern durch eine jubelnde Menge zum Auto.

Nach drei Wochen in New York besucht Einstein mit einigen Delegierten das Weiße Haus, wo ein Treffen mit Warren G. Harding anberaumt ist. Als er sich mit Einstein den Fotografen stellt, wird Harding gefragt, ob er dessen Theorie verstanden habe. Er lächelt und bekennt, gar nichts davon begriffen zu haben.

Die amerikanische Akademie der Wissenschaften gibt einen Empfang, bei dem die Geehrten lange Vorträge über ihre Spezialgebiete und Forschungen halten. Darunter ein Paläontologe und ein Experte für die nordamerikanische Vogelwelt. Prinz Albert von Monaco, ein begeisterter Meereskundler, spricht über seine Untersuchungen und seine speziell ausgestatteten Jachten. Eine ganze Reihe von Hakenwurm-Forschern hält immer langweiligere Reden.

Einstein neigt sich zu dem niederländischen Diplomaten,

der neben ihm sitzt, und erklärt ruhig: »Ich bin soeben zu einer neuen Theorie der Ewigkeit gelangt.«[171]

Einsteins Tour führt nach Chicago, Princeton und New Haven. In nur zwei Tagen in Boston absolviert er sechs Empfänge, ein Frühstück mit Geschäftsleuten, ein Mittagessen und ein koscheres Abendessen für 500 Personen. In Hartford wird er in einem Autokorso mit hundert Autos durch die Stadt gefahren, angeführt von Polizisten auf Motorrädern, einer Blaskapelle und einem Wagen mit den vier bekanntesten Rabbinern der Gegend. 15 000 Zuschauer säumen die Wege. Die Straßen, Läden, Häuser und Autos sind mit amerikanischen, jüdischen und – aus welchem Grund auch immer – britischen Flaggen geschmückt. Kinder überreichen ihm Blumen.

Die meisten Ladenbesitzer in Cleveland geben einen halben Tag frei für Einsteins Ankunft. Als sie aus dem Zug steigen, werden Weizmann und er von Tausenden Einwohnern begrüßt, die von einer Gruppe pensionierter jüdischer Veteranen in Uniform zurückgehalten werden müssen. Wieder ein Autokorso – dieses Mal mit zweihundert Fahrzeugen, angeführt von einer Militärkapelle –, der sich durch die Stadt schlängelt, und Einstein und Weizmann zu ihrem Hotel bringt, zuvor aber wird ein Zwischenstopp an einer jüdischen Schule für eine Begegnung mit den Lehrern und zweitausend Kindern einlegt, die nur zehn Minuten dauert. Die Leute berühren das Auto und ziehen sich auf die Trittbretter, von wo die Polizei sie wieder herunterzieht. Später besuchen sie ein Festbankett mit 600 Gästen.

Zurück in New York Ende Mai, machen sie sich für die Rückreise bereit, und Einstein schreibt seinem Freund Michele Besso, dass er zufrieden ist, nützlich gewesen zu sein, aber es seien zwei strapaziöse Monate gewesen: »Ein Wunder, dass ich's ausgehalten habe.«[172]

48

Niels Bohr, vierunddreißig Jahre alt, ein großer, zurückhaltender Mann, wirkte nach außen, als würde er sich nicht wohlfühlen in seiner Haut, wäre aber gleichzeitig froh darüber. Im April 1920 kam er für eine Vorlesungsreihe aus Kopenhagen nach Berlin. Er nahm dies zum Anlass, Einstein zu besuchen, um ihn kennenzulernen. Als er in der Haberlandstraße 5 eintraf, überreichte Bohr seinem Gastgeber einen Korb mit Butter, Käse und weiteren Köstlichkeiten. Albert und Elsa wussten dies sehr zu schätzen, denn noch immer litten sie unter der Lebensmittelknappheit im Nachkriegsdeutschland.

1913 hatte Bohr das Atommodell präzisiert und damit eine neue Ära in der Entwicklung der Quantenmechanik eingeleitet. Er hatte mit dem Physiker Ernest Rutherford in Manchester zusammengearbeitet. Rutherford, der ein hervorragender Experimentator und guter Gesprächspartner war, hatte 1911 ein neues Atommodell entwickelt, in dem Elektronen um einen Atomkern kreisen. Bohr hatte einen Fehler des Modells behoben. Rutherford hatte angenommen, dass sich die Elektronen im Atom frei und in nicht näher bestimmtem Abstand um den Kern bewegen. Daraus leitete er ab, dass die Elektronen auf ihrer Umlaufbahn Energie einbüßen, bis sie schließlich in den Kern kollabieren. Das Problem war, dass dies nicht geschah. Mit anderen Worten, Rutherfords Modell war instabil, in der Natur jedoch waren Atome so stabil wie nur möglich. Bohrs Atom enthielt dagegen Elektronen, die sich nur auf festgelegten Bahnen bewegen konnten – mit einem bestimmten »Energieniveau« – und nirgendwo sonst. Ein Elektron kann nur in festen Grenzen Energie gewinnen oder verlieren, und wenn dies geschieht, »springt« es von einem Energieniveau auf ein anderes. Elektronen konnten *ausschließlich* auf einem festgelegten Energieniveau existieren, Abweichungen waren nicht möglich. Damit beschrieb Bohrs Modell das stabile Verhalten von Atomen perfekt.

Einstein bewunderte Bohrs Arbeit: »Das ist höchste Musikalität auf dem Gebiet des Gedankens.«[173] Ja, er war sogar ein wenig neidisch darauf und behauptete mindestens einem Wissenschaftler gegenüber, er habe selbst einmal eine ähnliche Idee gehabt, sich damit aber nicht an die Öffentlichkeit gewagt. 1916 hatte er Bohrs Atommodell als Grundlage einer Reihe von Forschungsarbeiten über den subatomaren Bereich verwendet. In deren Verlauf gelangte er zu beunruhigenden Ergebnissen, die Auswirkungen auf den Wirklichkeitsbegriff als solchen hatten.

Wenn ein Atom von Photonen, also Lichtteilchen, beschossen wird, absorbiert es einige davon, bevor es seinerseits Photonen emittiert. Dabei gewinnt es Energie oder gibt Energie ab. Man glaubte, dass die von einem Atom ausgehenden Photonen in alle Richtungen gleichzeitig ausgesendet werden, wie eine Art Ring. Einstein zeigte, dass ein emittiertes Photon einen Impuls hat, also in eine bestimmte Richtung ausgesandt wird. Doch konnte er auch zeigen, dass weder die Richtung eines Photons noch der Zeitpunkt, an dem es ausgesandt wird, vorhergesagt werden konnten. Es ließ sich zwar die *Wahrscheinlichkeit* ausrechnen, welche Richtung ein Photon zu einem bestimmten Zeitpunkt einschlagen würde, doch das war alles, was möglich war. Alles blieb dem Zufall überlassen. Der Gedanke, dass dem Universum ein Zufallsprinzip innewohnen könnte, bedrohte die Theorie von Ursache und Wirkung, auf der fast die gesamte Physik und auch die allgemeine Relativitätstheorie fußte. Mehr noch, er bedrohte die Hoffnung, das Universum überhaupt verstehen zu können.

Als Bohr und Einstein im Berliner Frühling zusammensaßen, begannen sie einen Streit über die Bedeutung von Wahrscheinlichkeit und Kausalität. Während Einstein gegen das Wirken des Zufalls bei der Entstehung der Welt wetterte, bestand Bohr darauf, dass man der Physik folgen und die Kausalität verwerfen müsse. Keiner konnte den anderen von seiner Meinung überzeugen.

Ihre zweite Begegnung fand drei Jahre später in Kopenhagen statt. Einstein befand sich auf der Rückreise aus Schweden. Bohr holte ihn vom Bahnhof ab, und sie stiegen in die Straßenbahn, um zu Bohr nach Hause zu fahren. Auf der Fahrt sprachen sie so angeregt miteinander, dass sie die Haltestelle verpassten. Als sie ihren Fehler bemerkten, stiegen sie aus und nahmen eine Tram zurück, doch sie vertieften sich wieder so sehr in ihr Gespräch, dass sie erneut ihre Haltestelle verfehlten. So fuhren sie mehrmals hin und her, bis sie endlich ihr Ziel erreichten.

Bohr und Einstein entwickelten nie eine rege Korrespondenz, doch wann immer ein Brief eintraf oder sie sich persönlich trafen, vertieften sie sich in Gespräche über den Stand der Quantenmechanik oder die wahre Natur hinter den Dingen.

Ihre Meinungsverschiedenheit setzte sich über viele Jahre hinweg fort, und als Einstein 1955 Bohr einen Brief schrieb, der sich nicht mit Physik befasste, sondern die Bitte enthielt, eine öffentliche Erklärung für den Frieden im Atomzeitalter zu unterzeichnen, begann er ihn mit den Worten: »Runzeln Sie Ihre Stirne nicht.«[174]

Ihre unterschiedlichen Auffassungen minderten freilich nicht den gegenseitigen Respekt oder führten gar dazu, dass einer den anderen weniger schätzte. »Einstein war unglaublich lieb«, erinnerte sich Bohr im Alter. »Ich möchte auch sagen, wie sehr ich noch jetzt, mehrere Jahre nach Einsteins Tod, Einsteins Lächeln vor mir sehe, ein ganz besonderes Lächeln, das zugleich klug, menschlich und herzlich war.«[175]

49

Als Einstein den Nobelpreis erhielt, war er bereits zweiundsechzig Mal nominiert worden, und seine Nominierungen hatten zu acht Nobelpreisträgern geführt. Es herrschte Einigkeit darüber, dass der Preis überfällig war.

Ein Grund für die Verzögerung war, dass die Nobelpreis-Akademie gegenüber der theoretischen Physik voreingenommen war. Sie bevorzugte Forschungsleistungen, die experimentell bestätigt werden konnten. Die Relativitätstheorie, so wurde argumentiert, sei nicht bewiesen und etwas weltfremd. Dass Einstein Jude war, beschleunigte die Sache auch nicht gerade. Die Akademie erkannte die Relativitätstheorie auch nach Eddingtons erfolgreicher Sonnenfinsternis-Expedition noch nicht an. 1920 erhielt der Schweizer Physiker Charles-Édouard Guillaume den Nobelpreis für seine Entdeckung der Anomalien von Stahl-Nickelverbindungen, 1921 wurde der Preis nicht vergeben. Lieber keinen Preisträger als Einstein.

Doch Einsteins Reputation und sein Ruhm ließen sich nicht länger ignorieren. 1922 erhielt er den Nobelpreis rückwirkend für das Jahr 1921, und Niels Bohr wurde Preisträger für das Jahr 1922. Dennoch wurde Einstein der Nobelpreis nicht für die Relativitätstheorie verliehen, sondern für seine Entdeckung des Gesetzes des fotoelektrischen Effekts, das die moderne Vorstellung von Licht als Teilchen begründet hatte. Dies war durchaus eine Auszeichnung wert, aber dass die Akademie dies unter Ausschluss der Relativitätstheorie hervorhob, war doch höchst irritierend.

Einstein nahm nicht an der Verleihung in Schweden teil. Im Juni 1922 war Einsteins Freund, der deutsche Außenminister Walther Rathenau, von Mitgliedern einer ultranationalistischen, antisemitischen Vereinigung ermordet worden. Die Polizei riet Einstein, sich eine Weile versteckt zu halten oder Berlin sogar zu verlassen, da sein Name bekanntermaßen auf einer Liste mit Anschlagszielen von Nazi-Sympathisanten stand. Anfangs ließ er sich nicht aus der Ruhe bringen, und im August erklärte er sich trotzig bereit, in einem offenen Wagen an einer pazifistischen Kundgebung durch die Stadt teilzunehmen. Einen Monat später jedoch akzeptierte er das überraschende Angebot eines japanischen Verlegers, eine ausgedehnte Reise durch Asien und das heutige Israel zu unternehmen. Die Einladung der Akademie kam kurz vor Antritt der Reise, und angesichts der Atmosphäre in Berlin schien es nicht klug, sie abzusagen.

Bei der Festveranstaltung im Dezember betonte der Vorsitzende des Preiskomitees in seiner Rede, dass Einstein den Nobelpreis nicht für die Relativitätstheorie erhalten habe, für die er berühmt geworden sei. Die Relativitätstheorie betreffe, so behauptete er, die Epistemologie – die Philosophie des Wissens – nicht die Wissenschaft. Um das Preisgeld zu erhalten, musste Einstein wie alle Preisträger eine Nobelpreis-Rede halten. Als er dem endlich nachkommen konnte – im Juli 1923 in Göteborg vor zweitausend Gästen, darunter der König von Schweden –, sprach er ausschließlich über die »Grundgedanken und Probleme der Relativitätstheorie«.[176]

Das Preisgeld, das Einstein erhielt, war beträchtlich – 120 000 schwedische Kronen –, doch er selbst profitierte nicht davon. In seiner Scheidungsvereinbarung mit Mileva hatte er ihr und den gemeinsamen Söhnen das Geld zugesprochen, sollte er je den Nobelpreis erhalten, damit sie von den Zinsen leben konnten. Mileva verwendete das Geld zum Kauf von drei Mietobjekten in Zürich.

50

Einsteins Asienreise dauerte sechs Monate. Anfang Oktober 1922 stachen er und Elsa in See, im März 1923 kehrten sie nach Deutschland zurück. Er führte ein Reisetagebuch, in dem er die zahlreichen Treffen mit Abgesandten und Akademikern sowie die Ausflüge zu Tempeln in Restaurants und in die Berge festhielt. Auf der Hinreise las er das neueste Buch des Psychiaters Ernst Kretschmer »Körperbau und Charakter«, in dem dieser behauptete, dass bestimmte psychische Störungen bei Menschen mit bestimmten körperlichen Merkmalen häufiger aufträten. Einstein übernahm die Thesen des Buches völlig unkritisch, vielleicht schmeichelte sie ein wenig seiner Neigung, auf der Basis begrenzter persönlicher Erfahrung zu verallgemeinern und zu klassifizieren.

Zu Beginn der Reise unternahmen er und Elsa frühmorgens einen Ausflug durch das Hindu-Viertel von Colombo, der Hauptstadt des heutigen Sri Lanka. In sein Tagebuch schrieb er:

> Wir fuhren in einzelnen Wägelchen, die von herkulischen und doch so feinen Menschen im Laufschritt gezogen wurden. Ich habe mich sehr geschämt an einer so abscheulichen Menschenbehandlung mitschuldig zu sein, konnte aber nichts ändern. Denn diese Bettler in Königsgestalt stürzen sich scharenweise <und> auf jeden Fremden, bis er vor ihnen kapituliert hat. Sie verstehen zu flehen und zu betteln, dass einem das Herz wackelt. […] Sie machen bei aller Feinheit den Eindruck, als wenn das Klima sie verhinderte, mehr als eine Viertelstunde nach rückwärts und vorwärts zu denken. […] Wenn man diese Menschen recht ansieht, kann man an Europäern kaum mehr Freude haben, weil sie verweichlichter und brutaler sind und so viel roher und Begehrender aussehen — und darauf beruht leider

ihre praktische Überlegenheit, ihre Fähigkeit, grosse Dinge in Angriff zu nehmen und durchzuführen. Ob wir in diesem Klima nicht auch so würden wie die Inder?[177]

Nach ihrer Ankunft in Hongkong besuchte er mit Elsa das chinesische Viertel und hielt seine Gedanken über die Bewohner und den Ort im Tagebuch fest:

> Fleissiges, dreckiges, stumpfes Volk. Häuser sehr schablonenhaft, bienenzellenartige <gegliedert> Veranden, alles zusammengebaut und eintönig. [...] Es geht still und gesittet bei allem zu. Schon die Kinder sind temperamentlos und sehen stumpf aus. Es wäre doch schade, wenn diese Chinesen alle andern Rassen verdrängten. Für unsereinen ist schon der Gedanke daran unsäglich langweilig.[178]

Die Arbeiter, denen er in Hongkong begegnete, schilderte er als »ärmstes Volk der Erde, grausam missbraucht und abgeschunden, schlimmer als das Vieh behandelt, Lohn der Bescheidenheit, Sanftmut und Genügsamkeit«.[179]

Die Japaner, so fand er, seien »ähnlich den Italienern in ihrem Temperament, aber noch feiner, noch ganz durchdrungen von ihrer künstlerischen Tradition, nicht nervös, humorvoll. [...] Ernste Hochschätzung ohne eine Spur Zynik oder auch nur Skepsis für Japaner charakteristisch. Reine Seelen wie sonst nirgends unter Menschen. Man muss dies Land lieben und verehren.«[180] Gleichzeitig urteilte er: »Intellektuelle Bedürfnisse scheinen bei diesem Volk schwächer gewesen zu sein als künstlerische«,[181] und er fragt sich, ob das eine »Naturanlage«[182] sei.

In Jerusalem ging er am Sabbat zur Klagemauer, wo er sah, wie »stumpfsinnige Stammesbrüder laut beteten, mit dem Gesicht der Mauer zugewandt, den Körper in wiegender Bewegung vor und zurück beugend. Kläglicher Anblick von Menschen mit Vergangenheit ohne Gegenwart. Dann diagonal durch die (sehr dreckige) Stadt, <weit> die von verschiedensten Heiligen und Rassen wimmelt, geräuschvoll und orientalisch-fremdartig.«[183]

51

Während ihres Aufenthalts in Tokio wohnten Einstein und Elsa im Hotel Imperial, einem eindrucksvollen neuen Gebäude des amerikanischen Stararchitekten Frank Lloyd Wright. Das Hotel war so neu, dass Teile noch im Bau waren.

Als Einstein dort logierte, brachte ihm ein Hotelpage eine Sendung auf das Zimmer. Einstein wollte ihm danken, doch entweder hatte er kein Kleingeld bei sich, oder der Bote lehnte wie in Japan üblich Trinkgeld ab. Da er ihn nicht mit leeren Händen wegschicken wollte, schrieb er zwei knappe Notizen auf das Briefpapier des Hotels.

Auf einem Blatt stand: »Stilles bescheidenes Leben gibt mehr Glück als erfolgreiches Streben, verbunden mit beständiger Unruhe.« Auf das zweite – offensichtlich hatte er keine rechte Idee und stand unter Zeitdruck – schrieb er: »Wo ein Wille ist, da ist auch ein Weg.«[184]

Auf einer Auktion in Jerusalem 2017 wurden die beiden Notizen für 1,56 Millionen bzw. 240 000 US-Dollar versteigert.

52

Der Einsteinturm in Potsdam

Der Einsteinturm ist ein Observatorium auf dem Telegrafenberg in Potsdam. Er wurde mit Einsteins aktiver Unterstützung erbaut, ausdrücklich mit dem Ziel, die allgemeine Relativitätstheorie zu beweisen oder zu widerlegen.

Das Gebäude, erbaut von 1920 bis 1922 und 1924 eröffnet, entworfen von Erich Mendelsohn, ist ein Wunderwerk. Es gilt als bedeutendstes Beispiel expressionistischer Architektur. Ein wenig gleicht es einem stilisierten Raumschiff, das gerade abhebt und in wellenförmigen Wolken Feuer und Rauch in den Boden schießt. Das Teleskop ist in einem abgerundeten, geschwungenen, cremefarbenen Turm mit unverwechselbaren abgeschrägten Fenstern untergebracht. Das kosmische Licht wird aus dem Observatorium in ein teils unterirdisch gelegenes, lang gestrecktes Forschungslabor gelenkt.

Es gab eine große Zahl technischer Schwierigkeiten beim Bau des Turms, die zum Teil daher rührten, dass mit Stahlbeton gearbeitet wurde, der es deutlich von den roten und gelben Backsteingebäuden auf dem Campus des astrophysikalischen Observatoriums abhob. Der Turm war bewusst als etwas Neuartiges entworfen worden. Er sollte die Erhabenheit und das Geheimnis des Kosmos widerspiegeln, das Einstein enträtselt hatte. Es war daher unvermeidlich, dass es einigen Leuten nicht gefiel. Ein Kommentator nannte es »ein Mittelding zwischen einem New Yorker Wolkenkratzer und einer ägyptischen Pyramide«.[185] Das war nicht als Kompliment gemeint.

Mendelsohn gab Einstein eine Führung durch sein Werk. Die beiden liefen eine Weile durch das Gebäude, und Mendelsohn wartete nervös auf eine Geste der Zustimmung durch den großen Professor. Einstein blieb stumm. Erst Stunden später bei einer Sitzung des Bauausschusses flüsterte Einstein dem jungen Architekten sein Urteil zu. Es war nur ein einziges Wort: »Organisch.«[186]

53

Albert Einstein, 1925

Ein Spaziergang ins Büro, 1925[187]

Der Vormittag vergeht langsam. Nach einem gemütlichen Frühstück setzt sich Albert an seine Arbeit. Um elf Uhr kommt eine seiner Studentinnen, Esther Polianowski, zu Besuch. Einstein hat sich ein paar Jahre zuvor für ihre Immatrikulation an der Universität eingesetzt. Da sie in letzter Zeit Zweifel geäußert hat, ob sie in Deutschland bleiben solle, hat er sie eingeladen, um mit ihr darüber zu sprechen.

Sie sitzt im Arbeitszimmer, ihr Blick wandert über das riesige, verzierte Bücherregal aus dunklem Holz zu dem imposanten Teleskop und dem Globus in der Ecke. Sie tauschen gerade die ersten höflichen Floskeln aus, als Elsa sie mit der Nachricht unterbricht, im Erdgeschoss warteten zwei orthodoxe Juden, die ihren Mann aufsuchen wollen. Führe sie nur herauf, sagt er.

»*Shalom Aleichem*«, begrüßen sie ihn. Da weder Albert noch Elsa Hebräisch können, übersetzt Polianowski. Sie besuchen Berlin und wünschen sich, dem bedeutenden Juden die Hand schütteln zu dürfen. Den Blick auf große Männer zu richten, verlängere das Leben. Sie fügen hinzu: »Es ist ein Segen, einen König zu erblicken«, doch Polianowski hält es für klüger, das nicht zu übersetzen.

Nachdem sie die Hand, die sie schütteln wollten, geschüttelt haben, gehen sie wieder.

Es entsteht eine Pause, und Elsa sagt: »Das ist sehr nett, aber man lässt uns nie in Ruhe.«

Plötzlich fragt Einstein nach dem Datum. »Ich habe ganz vergessen, dass heute eine Sitzung der Akademie der Wissenschaften ist. Gehen Sie heute zur Universität?«, fragt er Polianowski. »Gut, dann gehen wir gemeinsam. Wir haben genug Zeit.«

Als er seinen schäbigen Mantel anzieht und seinen Hut aufsetzt, hört er, wie Elsa Polianowski bittet, ihn nicht zu Fuß gehen zu lassen. »Das ist schlecht für seine Gesundheit.«

Draußen vor der Haberlandstraße 5 freut er sich über den herrlichen Tag. »Was für ein schöner Vormittag! Lassen Sie uns nicht mit der U-Bahn fahren. Es wird mir schon nicht schaden, zu Fuß zu gehen. Wie geht es Ihnen?«

Polianowski hatte keine Wahl, als ihren Lehrer zu begleiten, der schon loslief. »Danke, leider nicht besonders gut. Ich bin mit dem Problem, das Sie mir aufgegeben haben, nicht weitergekommen. Aus mir wird nie eine theoretische Physikerin, ich werde nie kreativ sein.«

Albert weicht wegen der Löcher in seinen Schuhen den kleinen Pfützen auf dem grauen Pflaster aus.

»Sie haben eine Menge gelernt in der kurzen Zeit«, ermuntert er seine Studentin. »Wenige Frauen sind kreativ. Ich würde einer Tochter nicht zum Physikstudium raten. Ich bin froh, dass meine Frau keine Wissenschaftlerin ist; meine erste Frau war eine.«

»Madame Curie war kreativ.«

»Wir haben mit den Curies einige Ferien verbracht«, antwortet er. »Madame Curie hörte nie die Vögel singen!«

Die beiden liefen durch den Berliner Tiergarten, den großen, bewaldeten Park im Zentrum der Stadt mit den weißen, verwitterten Skulpturen und Ruinen und den klassischen Sehenswürdigkeiten. Einstein gesteht betrübt, dass er mit seiner Arbeit nicht vorankommt.

»Die Relativitätstheorie gehört der Vergangenheit an, und was ich jetzt versuche, gelingt nicht.«

Seine Stimme ist ruhig. Polianowski denkt, dass er immer mit ruhiger Stimme spricht, die klingt, als käme sie von weit her.

»Ich tausche mich nur wenig mit anderen Wissenschaftlern aus«, erklärt er, »und habe kaum Kontakt mit Menschen. Von außen erreicht mich kaum etwas, nur von innen.«

Sie lassen den Park hinter sich und gehen durch das Brandenburger Tor, durch die Menschenmengen am Pariser Platz und Unter den Linden entlang.

»Ich will nach Frankreich«, sagt Polianowski, »damit ich gut genug Französisch lerne, um französische Literatur lesen zu können. Ich möchte gern meine Umgebung wechseln.«

»Das Bedürfnis hatte ich nie«, erklärt er, als sie sich dem palastartigen Universitätsgebäude nähern. »Ich mag Paris, aber ich würde weder dorthin noch anderswohin gehen wollen. Ich würde auch nicht gern eine neue Sprache lernen; ich mag kein fremdes Essen oder andere Kleidung. Ich bin nicht gern in Gesellschaft, und ich bin auch kein Familienmensch. Ich will meinen Frieden. Ich will wissen, wie Gott diese Welt erschaffen hat. Ich interessiere mich nicht für dieses oder jenes Phänomen, für dieses oder jenes Element im Spektrum. Ich will Seine Gedanken begreifen, der Rest sind Details.«

54

Hans Albert Einstein, 1937

Hans Alberts Beziehung zu seinem Vater war nicht ohne Zuneigung oder Liebe. Es war keine Lüge, als Einstein ihm einmal schrieb: »So habt Ihr doch einen Vater, der Euch über alles lieb hat, und der immer an Euch denkt und für Euch sorgt.«[188] Doch es war meist eine komplizierte Art der Liebe. Beide, Vater und Sohn, waren aufeinander stolz, doch stritten und urteilten und schmollten sie mindestens genauso viel, wie sie sich austauschten und miteinander lachten.

Ihre Beziehung war nie so angespannt wie 1925, als Hans Albert kundtat, heiraten zu wollen. Während seines Studiums am Polytechnikum in Zürich hatte er sich in Frieda Knecht verliebt. Sie war neun Jahre älter als er, scharfzüngig, sehr intelligent, keine 1,50 Meter groß und unscheinbar. Kurz und gut, sie war seiner Mutter sehr ähnlich.

Zu dieser Zeit waren Marić und Einstein bereits seit sechs Jahren geschieden, und auch wenn die Animositäten zwischen ihnen weitgehend beigelegt waren, hatten sich in ihrer Beziehung Wurzeln der Feindseligkeit gebildet, die nicht auszureißen waren. In der Ablehnung von Hans Alberts Freundin jedoch waren sie ganz und gar einer Meinung und hatten ein gemeinsames Ziel. In ihren Augen war sie ein hinterhältiges Weib in vorgerücktem Alter.

Einstein sorgte sich besonders wegen ihrer Körpergröße, die er für einen Hinweis auf Kleinwüchsigkeit in der Familie hielt, und er hielt ihre Mutter für psychisch labil (tatsächlich hatte sie eine Überfunktion der Schilddrüse). Er fürchtete, dass die Erbfehler – dafür hielt er es – auf seine Enkel übertragen würden: »Es wäre ein Verbrechen von ihm, wenn er solche Kinder auf die Welt setzte. Man steht im Allgemeinen schon genug aus, wenn man gesund ist«,[189] klagte er gegenüber Mileva.

Einstein mutmaßte, dass Hans Alberts Verliebtheit daher rühre, dass er verklemmt sei und keine Erfahrung mit Frauen habe. »Alles kommt daher, dass *sie* zuerst Dich packte und Du nun in ihr die Verkörperung aller Weiblichkeit siehst.«[190] Er war der Meinung, dass sein Sohn eine andere Frau brauchte, um über die unwillkommene Frieda hinwegzukommen. Einmal brachte er gar eine »hübsche Frau in den 40« ins Spiel, die ihn »bald rum kriegen«[191] würde.

Daraus wurde nichts, doch Einstein und Marić gaben ihren Widerstand nicht auf. Sie sprachen offen aus, dass diese verrückte Ehe ihrer Meinung nach in einer Katastrophe enden würde. »[…] wenn Du einmal das Bedürfnis fühlst, Dich von ihr zu trennen, so *sei nicht stolz gegen mich*, sondern vertraue Dich mir an, dass ich Dir helfe«, schrieb Einstein. »Denn der Tag *wird* kommen.«[192] Er betonte, Albert vor dem Schicksal bewahren zu wollen, das ihn heimgesucht hatte und das die Kindheit seines Sohnes zerstört hatte.

Doch je stärker sich die Eltern dieser Verbindung widersetzten, desto tiefer ließ Hans Albert sich darauf ein. Am 7. Mai 1927 heiratete er Frieda. Vor der Trauung riet Einstein seinem Sohn, es wäre besser, sie abzusagen. So könnte er den Ärger und die Belastungen einer Scheidung vermeiden, die ja doch unvermeidlich auf ihn zukämen. Er riet ihm aus demselben Grund auch, auf Kinder zu verzichten – eine Trennung ohne Kinder sei deutlich leichter.

Als 1930 Einsteins erstes Enkelkind, Bernhard Cäsar Einstein, zur Welt kam, hatte er noch immer Vorbehalte. Er begreife es nicht, sagte er zu Hans Albert. Er glaube nicht, dass er sein Sohn sei.[193]

Schließlich akzeptierte er die Verbindung dann doch und gab zu, dass sie eine gute Ehe führten, die seinen Sohn glücklich machte. Frieda und Hans Albert blieben einunddreißig Jahre verheiratet, bis zu Friedas Tod. Bernhard war ein gesundes Kind. Bald wurde er zum Liebling seines Großvaters. Ihm wird Einstein seine Geige vererben.

55

Albert Einstein begrüßt ein Mädchen in Begleitung von Gustav Struve und Georgia Chobe, 6. Januar 1932.

Im Lauf der Jahre erhielt Einstein viele Briefe von Kindern. »Ich bin ein sechsjähriges kleines Mädchen«, stellt sich ein Kind vor, das mit riesigen Buchstaben schreibt, die wild über die gesamte Papierbreite verteilt sind. »Ich habe dein Bild in der Zeitung gesehen. Ich finde, du solltest dir die Haare schneiden lassen, dann siehst du besser aus.«[194] Nach dieser Empfehlung unterschrieb das Mädchen in vorbildlicher Höflichkeit »Mit freundlichen Grüßen, Ann.«

»Ich habe eine Frage, die ich gern beantwortet hätte«, schrieb Anna Louise aus Falls Church in Virginia: »Ich möchte wissen, wie die Farbe in die Federn der Vögel kommt.« Der liebe Herr Einstein wurde gefragt, wie alt die Erde sei oder ob es ohne die Sonne Leben gäbe (worauf er antwortete, dass dies ganz und gar unmöglich sei). Ein Kind wollte von ihm wissen, ob Genies zwangsläufig wahnsinnig werden. Frank aus Bristol in Pennsylvania fragte, was über dem Himmel sei – »Meine Mutter hat gesagt, du wüsstest das«.

Kenneth aus Asheboro in North Carolina hatte ein etwas philosophischeres Anliegen: »Wir würden gerne wissen, wenn niemand in der Nähe ist und ein Baum fällt um, gibt es dann ein Geräusch und warum?«[195] Ähnlich Peter aus Chelsea, Massachusetts, der direkt zum Kern menschlichen Wissensdursts vordrang: »Ich würde mich sehr freuen, wenn du mir sagen könntest, was Zeit ist, was die Seele und was der Himmel ist.«

Andere Fragen waren nicht ganz so kompliziert. Ein Junge namens John informierte Einstein: »Mein Vater und ich bauen eine Rakete und fliegen zum Mars und zur Venus. Wir hoffen, dass du mitkommst. Wir wollen, dass du mitkommst, weil wir einen guten Wissenschaftler brauchen und jemanden, der die Rakete gut steuern kann.«

Gelegentlich tauchten auch kritische Briefe auf, etwa der von June, einer zwölfjährigen Schülerin aus Kanada von der Trail Junior High School in British Columbia. »Lieber Herr Einstein«, schrieb sie, »ich schreibe dir, weil ich wissen will, ob es dich wirklich gibt. Das findest du vielleicht seltsam, aber in meiner Klasse glauben manche, dass du nur eine Comic-Figur bist.«

Ähnlich Myfanwy aus Südafrika, die Einstein für tot hielt:

> Ich hätte Ihnen wahrscheinlich schon längst geschrieben, wenn ich gewusst hätte, dass Sie noch leben. Ich interessiere mich nicht für Geschichte, und ich dachte, Sie haben im 18. Jahrhundert oder irgendwann um diese Zeit gelebt. Wahrscheinlich habe ich Sie mit Sir Isaac Newton oder so jemanden verwechselt. Egal, jedenfalls haben wir im Matheunterricht von der Lehrerin … etwas über die genialsten Wissenschaftler gehört. Sie hat erwähnt, dass Sie in Amerika leben, und als ich gefragt habe, ob Sie dort begraben sind und nicht in England, sagte sie, dass Sie noch gar nicht tot sind. Ich habe mich so gefreut, als ich das hörte, dass ich beinahe hätte in Mathe nachsitzen müssen!

Myfanwy erzählte Einstein weiter, wie sie und ihr Freund Pat Wilson nachts heimlich um die Schule schlichen, um astronomische Beobachtungen zu machen, und dass sie Naturwissenschaften mochte. »Wie kann der Weltraum ewig weitergehen?«, fragte sie sich. »Ich finde es schade, dass Sie Amerikaner geworden sind«, schloss sie. »Ich hätte es schöner gefunden, wenn Sie in England wären.« Myfanwys Überschwang beeindruckte Einstein offenbar, denn er schickte ihr eine Antwort, in der er sie für ihre nächtlichen Ausflüge lobte und sich entschuldigte, noch am Leben zu sein. (»Dafür jedoch gibt eine Lösung.«)

An seinem 76. Geburtstag schickte ihm eine Klasse aus der Farmingdale Elementary School ein Paar Manschettenknöpfe und eine Krawatte. »Euer Geschenk«, schrieb er, »ist ein sinnvoller Anreiz, mich in Zukunft etwas eleganter zu kleiden als bisher, denn an Krawatten und Manschetten kann ich mich kaum noch erinnern.«

Es war einer von Einsteins letzten Briefen. Er starb, drei Wochen nachdem er ihn geschrieben hatte.

56

Im Dezember 1925 zog sich der junge österreichische Physiker Erwin Schrödinger mit einer seiner Geliebten in das Schweizer Dorf Arosa zurück. Er war aus gesundheitlichen Gründen bereits 1922 dort gewesen: Da sie eine Tuberkulose vermuteten, hatten ihm seine Ärzte damals Ruhe in großer Höhe verordnet. In der Stille der tief verschneiten Berge und mit einer Perle in jedem Ohr, wenn er seine Ruhe wollte, entwickelte er nun eine Theorie, die als Wellenmechanik bekannt wurde.

Schrödingers Theorie war von den Ideen des Physikers Louis de Broglie inspiriert, der in seiner Doktorarbeit aus dem Jahr 1924 gezeigt hatte, wie man die Wellenlänge eines Teilchens anhand seines Impulses berechnet. Broglies These war, dass sich Teilchen wie Wellen verhalten können.

Die Wellenmechanik lieferte eine Reihe von Gleichungen,

die bestimmen konnten, wie sich wellenartige Teilchen verhielten. Bei der ersten Beschäftigung mit seinen Thesen waren Einstein und viele andere beeindruckt und begeistert von ihrem Nutzen, doch bald stellte man fest, dass Schrödingers Mechanik durchaus auch problematische Folgen hatte. Zum einen besagte die Theorie, dass sich die von ihr beschriebenen Wellen im Lauf der Zeit über ein sehr großes Gebiet ausbreiten würden, etwa so wie sich eine Welle auf einer Seeoberfläche weiter und weiter ausbreitet, bis sie das Ufer erreicht. Doch Schrödingers Wellen waren ja nun auch Teilchen – Elektronen und andere subatomare Objekte. Einstein erschien es geradezu unsinnig zu behaupten, ein Elektron würde sich über solche enormen Distanzen bewegen. Es widersprach schlicht der Wirklichkeit.

Schrödingers mathematische Wellenbeschreibung warf also Fragen auf. Wenn sie keine tatsächlichen Wellen, Wellen in der realen Welt, beschrieb, was beschrieb sie dann? Einsteins Freund, Max Born, Professor an der Universität Göttingen, lieferte eine Antwort: Sie beschrieb die *Wahrscheinlichkeit,* mit der sich das Teilchen an einem bestimmten Ort aufhält. Das heißt, mit der sogenannten Wellenfunktion eines jeden Teilchens kann man die Wahrscheinlichkeit vorhersagen, mit der es sich an einem bestimmten Ort befindet.

Angenommen, Sie stecken ein Elektron in einen Kasten, dann kann es sich, nach dieser Theorie, irgendwo in diesem Kasten an verschiedenen möglichen Orten befinden, an einer wilden Mischung all dieser potenziellen Positionen. Diese Mischung wird mathematisch als Wellenfunktion des Elektrons dargestellt, die uns die höchst unterschiedlichen Wahrscheinlichkeiten angibt, zu denen man das Elektron an den höchst unterschiedlichen Orten innerhalb des Kastens findet.

Einstein blieb sein gesamtes Leben hindurch konsequent bei seiner Abneigung gegen Wahrscheinlichkeiten in der Quantenmechanik. Er lehnte sie schlichtweg ab. Er glaubte steif und fest, sogar wenn Beweise dagegen vorlagen, dass das Universum auf einer tieferen Ebene nicht vom Zufall bestimmt war und dass die im beobachtbaren Universum sichtbare Ordnung auf einer subatomaren Ordnung beruhte.

Wenn er mit den verschiedenen Fürsprechern dieser Theorie debattierte, sagte er häufig: »Der liebe Gott würfelt nicht.«[196] Worauf Niels Bohr erwiderte: »Aber es kann doch nicht unsere Sache sein, Gott vorzuschreiben, wie er die Welt regieren soll«[197] – anders ausgedrückt: »Einstein, hören Sie auf, Gott zu sagen, was er tun soll.«

57

Im Sommer 1925, als Werner Heisenberg dreiundzwanzig Jahre alt war, reiste er auf die kleine Nordseeinsel Helgoland – in der Hoffnung, an ihren Stränden und steilen Klippen Linderung für seinen Heuschnupfen zu finden. Dort schloss er in einer intensiven Nacht seine Interpretation der Probleme im Bereich der Quantenmechanik ab. Heisenberg arbeitete unter der Prämisse, dass er alles, was nicht beobachtbar, messbar oder beweisbar war, komplett ignorieren konnte. Das klingt vernünftig, aber es bedeutete in diesem Fall, dass er für die Entwicklung seiner Theorie der Gesetze, die das Verhalten von Elektronen bestimmen, erst gar nicht versuchte oder auch nur darüber nachdachte, die Bewegungen oder Bahnen von Elektronen zu beschreiben. Stattdessen betrachtete er das Licht, das unter den verschiedenen Bedingungen von Elektronen ausgesendet wird. Wenn man ein Atom mit Licht beschießt oder es auf andere Weise stört, erzeugt ein Elektron Licht. Heisenberg beobachtete, was hineinging und was herauskam, und hielt sich nicht damit auf, was dazwischen geschah. Das Ergebnis war eine Studie, die mathematisch so komplex war, dass er sie selbst nicht zur Gänze verstand. Er übergab sie seinem Betreuer Max Born und ging zelten, in der Hoffnung, Born wäre in der Lage, das für ihn zu lösen. Genau das tat Born und veröffentlichte die Abhandlung.

Einstein mochte Heisenbergs Ansatz ebenso wenig wie Schrödingers Wellenmechanik. Er nannte es ein »großes Quantenei«[198] und erklärte einem seiner Freunde ganz offen, dass er nicht daran glaube. Das Problem, soweit es Einstein betraf, war, dass Heisenberg sich nicht einmal darum bemüht hatte zu *verstehen*, was in der Realität geschieht. Die Mathematik erforderte nicht wirklich ein Verständnis dessen, was Elektronen zwischen Eintritt und Austritt trieben – sie konnten alles Mögliche tun, auf Heisenbergs Theorie hätte es keinerlei Auswirkungen gehabt. In Einsteins Augen war das keine ausreichende Beschreibung der Realität.

1926 kam Heisenberg nach Berlin, um einen Vortrag zu halten. Einstein, der mit dem sehr kategorisch auftretenden jungen Mann bereits in regem brieflichem Austausch stand, lud ihn zu sich nach Hause ein, wo sie, wie nicht anders zu erwarten, rasch in Streit gerieten. Heisenberg glaubte, er könne seinen Gastgeber für seine Denkweise gewinnen, vor allem da Einstein selbst einst unter derselben Prämisse gedacht hatte. Mit der Relativitätstheorie hatte Einstein mit zwar logischen, aber – und das ist entscheidend – nicht beobachtbaren Modellen, wie dem Äther oder Newtons absolutem Raum und absoluter Zeit, aufgeräumt und eine weitreichende, innovative Theorie aufgestellt. Heisenberg war der Meinung, dass er Ähnliches tun würde.

Die Umlaufbahn von Elektronen in einem Atom könne man nicht beobachten, argumentierte Heisenberg, eine gute Theorie müsse sich auf direkt beobachtbare Größen stützen.

»Aber Sie glauben doch nicht im Ernst, dass man in eine physikalische Theorie nur beobachtbare Größen aufnehmen kann?«

»Ich dachte, dass gerade Sie diesen Gedanken zur Grundlage Ihrer Relativitätstheorie gemacht hätten?«

»Vielleicht habe ich diese Art von Philosophie benützt, aber sie ist trotzdem Unsinn.«[199]

Zumindest war Einstein konsequent in den Widersprüchen zu seinen früheren Überzeugungen. Seinem Freund Philipp Frank gegenüber beschwerte er sich in ähnlicher Weise.

»Es ist jetzt eine neue Mode in der Physik aufgekommen«, polterte er. »Man beweist durch geschickt ausgedachte Gedankenexperimente, daß man gewisse physikalische Größen nicht messen kann [...] Und dann folgert man daraus, daß es überhaupt sinnlos ist, diese Größen in die physikalische Sprache aufzunehmen.«

»Aber die Methode, von der Sie sprechen, ist doch von Ihnen schon 1905 erfunden worden?«, erinnerte Frank ihn mit amüsierter Verwunderung. Worauf Einstein konterte: »Aber man darf doch einen gelungenen Witz nicht zu oft wiederholen.«[200]

58

Harry Graf Kessler, ein angesehener Kunstmäzen, gab am 15. Februar 1926 eine Abendgesellschaft in seinem Haus in Berlin. Auch Albert und Elsa waren eingeladen.

»Einstein majestätisch«, schrieb Kessler in sein Tagebuch, »trotz seiner übergroßen Bescheidenheit und Schnürstiefeln zum Smoking. Er ist etwas fetter geworden, die Augen aber immer noch fast kindlich strahlend und schalkhaft.« [201]

Zu den weiteren Gästen gehörten ein französischer Diplomat, ein Zeitungsverleger, ein Bühnenautor und eine Gräfin. Neben Aline Mayrisch de Saint-Hubert, der späteren Präsidentin des Luxemburger Roten Kreuzes, und der Schriftstellerin Helene von Nostitz – die Auguste Rodin und Rainer Maria Rilke zu einigen ihrer Werke inspiriert hat – ist Gustav Hertz unter den Gästen, der Neffe des einflussreichen Physikers Heinrich Hertz, dessen Schriften Albert während seines Studiums gelesen hat.

»Ihr Onkel hat ein großes Buch geschrieben«, versichert ihm Einstein bei Tisch. »Es war darin alles falsch; aber es war trotzdem ein großes Buch.«[202]

Kessler berichtet von seiner Unterhaltung mit Elsa: »Seine Frau erzählte mir, ihr Mann habe neulich nach vielen Mahnungen endlich die beiden goldenen Medaillen, die ihm von der englischen Royal Society und Royal Astronomical Society verliehen worden sind, im Amt abgeholt.« Und als Elsa ihren Mann danach fragte, wie die Medaillen denn aussähen, habe er es nicht gewusst, er hatte sie nicht einmal ausgepackt. »Er hat kein Interesse für solche Kinkerlitzchen.«[203]

Sie unterhält den Grafen mit einem weiteren Beispiel dafür, wie wenig ihn solche Dinge kümmern. Die amerikanische Barnard-Medaille, die alle fünf Jahre an herausragende Wissenschaftler vergeben wird, war im Vorjahr an Niels Bohr verliehen worden. In einem Zeitungsbericht darüber wurde daran erinnert, dass Albert Einstein sie zuvor, im Jahr 1921, erhalten hatte. Als Einstein den Artikel las, zeigte er ihn Elsa und fragte: »Ist das denn wahr?« Er hatte es völlig vergessen.

Und, fuhr sie fort, Einstein wollte den prestigeträchtigen deutschen Orden Pour le Mérite nicht tragen. Sie erzählte von einer Sitzung in der Preußischen Akademie der Wissenschaften, bei der ihn der Chemiker Walther Nernst darauf aufmerksam machte, dass er ihn nicht trug.

»[D]ie Frau hat es wohl vergessen, ihn Ihnen umzuhängen; Toilettenfehler.«

»Nicht vergessen, nein, nicht vergessen. Ich habe ihn nicht anlegen wollen.«[204]

59

Niels Bohr und Albert Einstein, 1925

Die Lage habe sich verändert, sagte Niels Bohr in seinem Eröffnungsvortrag der Solvay-Konferenz 1927. Seit Tausenden von Jahren widmete sich die Physik der Suche nach der Wahrheit, nach der unbestreitbaren *Realität* des Universums. Jetzt nicht mehr. Die Natur ist prinzipiell unergründlich. Im subatomaren Bereich – der Welt der Quantenmechanik – verschwinden Kausalität und Gewissheit. Es gebe sie nicht, die absolute, vollkommene Wahrheit, die man anstreben kann.

Bohr hatte bei seiner großen Zusammenfassung des aktuellen Stands der Physik die jüngste Entwicklung im Blick. Im gleichen Jahr 1927 hatte Werner Heisenberg seine Unschärferelation vorgestellt, die behauptet, dass es unmöglich sei, über ein Teilchen alles auf einmal zu wissen. Manche Quanteneigenschaften – wie Impuls und Position, Zeit und Energie – seien in einer Weise miteinander verknüpft, dass man, je mehr man über die eine Eigenschaft weiß, desto weniger über die andere wisse. Je mehr man zum Beispiel über die Position weiß, desto weniger weiß man über den Impuls. Wenn man die genaue Position eines Teilchens kennt, so weiß man *nichts über dessen Impuls.*

Albert äußerte sich während der offiziellen Vorträge kaum. Doch außerhalb der Hauptdebatten, bei den Mahlzeiten und auf Spaziergängen, versuchte Einstein, die neue Physik zu unterwandern. »Man kann aus vielen ›Vielleichts‹ keine Theorie machen«, soll Einstein laut Wolfgang Pauli dazu gesagt haben. »Tief im Inneren ist es falsch, auch wenn es empirisch und logisch richtig sein mag.«[205]

Einstein achtete darauf, konstruktive Kritik zu üben, auch wenn er hoffte, dass sie sich als destruktiv erweisen würde. Er konfrontierte Bohr und sein Team jüngerer Kollegen gern mit Gedankenexperimenten. Zum Beispiel stellte er sich eine komplizierte Vorrichtung vor, die nur theoretisch, nicht praktisch, möglich war, aber die alles, was man über ein bewegtes Teilchen wissen kann, messen könnte. Wie, so fragte er, ließ sich das mit der Quantentheorie vereinbaren?

Bohr nahm Einsteins Kritik sehr ernst. Er murmelte vor sich hin und besprach die Probleme mit Kollegen. Zur Essenszeit am Abend hatten sie dann für gewöhnlich eine Lösung parat, um Einsteins Bedenken zu entkräften. Manchmal fand er kaum Schlaf, wenn er sich mit Einsteins Einwänden herumschlug. Den Physiker Paul Ehrenfest, der mit beiden befreundet war, betraf es am ärgsten. »Jeden Abend«, erzählte Ehrenfest seinen Studenten, »kam Bohr gegen ein Uhr nachts in mein Zimmer und sagte ›nur kurz auf ein Wort‹ und blieb dann bis drei Uhr.«[206] Beim Frühstück am nächsten Tag gestand Albert seine Niederlage ein und präsentierte ein neues, noch komplizierteres Problem, das er sich ausgedacht hatte. Und Bohr schlich, erneut vor sich hin murmelnd, davon.

Bei der nächsten Solvay-Konferenz 1930 hatte sich Einstein ein besonders teuflisch raffiniertes Gedankenexperiment zurechtgelegt. Man stelle sich einen Kasten vor, in dem sich eine

Photonenwolke befindet und der auf einer sehr empfindlichen Waage steht. Der Kasten ist zugleich an eine außerordentlich genaue Uhr angeschlossen und hat an einer Seite eine winzige Klappe, die von der Uhr gesteuert wird. Zu einer bestimmten Zeit öffnet und schließt sich die Klappe, sodass genau ein Photon entweichen kann. Aufgrund der extremen Genauigkeit der Uhr können wir den *exakten* Moment bestimmen, an dem das Photon den Kasten verlässt. Zusätzlich kennen wir das Gewicht des Kastens vor und nach dem Entweichen des Photons, da er ja auf einer Waage steht. Damit lässt sich die genaue Masse des Photons errechnen. $E = mc^2$ besagt, dass wir die Energie bestimmen können, wenn wir die Masse von etwas kennen. Und damit, so Einstein, hätten wir einen Fall, in dem wir sowohl die exakte Energie eines Photons wie die exakte Zeit, in der es sie besitzt, kennen können – das aber steht in striktem Widerspruch zur Unschärferelation.

Bohr war sprachlos. Er lief im Universitätsklub herum und versuchte die Leute, um der Physik willen, zu überzeugen, dass sich Einstein irren *müsse*. Doch er fand keine Lösung für das Problem. Einstein und Bohr verließen den Klub gemeinsam, erinnert sich ein Teilnehmer, »Einstein, eine majestätische Erscheinung, schritt ruhig und mit einem ironischen Lächeln im Gesicht davon, und Bohr trottete völlig verstört neben ihm her«.[207]

Tatsächlich tat Bohr in dieser Nacht kein Auge zu. Aber am Morgen hatte er eine Antwort. Einstein, bemerkte er, hatte die allgemeine Relativitätstheorie nicht berücksichtigt. Nachdem das Photon durch die Klappe entschlüpft ist, werde der Kasten um ein Proton leichter. Die Waage, die das Gewicht des Kastens misst, würde im Gravitationsfeld der Erde um einen winzigen Bruchteil nach oben gehen. Und gemäß der Relativitätstheorie vergeht die Zeit an verschiedenen Punkten in einem Gravitationsfeld unterschiedlich schnell. Mit anderen Worten, der minimale Anstieg der Waage bedeutet, dass man in Wirklichkeit *nicht* sicher sein kann, wann das Photon entschlüpft ist.

Einstein war redlich genug, Bohr beim Frühstück bei seinen Berechnungen zu unterstützen, und sie kamen zu dem Schluss, dass die Unschärfe beim Wiegen der Kiste genau dem entsprach, was das Heisenbergsche Prinzip vorhersagte. Bohr war sehr höflich, aber beiden war klar, dass der Däne auch bei diesem Argument gewonnen hatte.

60

Albert Einstein und Helen Dukas, Princeton 1942

Eine hochgewachsene Frau mit großen, dunklen Augen und kurzem dunklen Haar betrat den Raum. Sie war zurückhaltend und bescheiden, doch lag etwas Strenges und Energisches in Haltung und Auftreten. Albert Einstein streckte ihr vom Bett aus die Hand entgegen und stellte sich ihr lächelnd vor mit den Worten: »Hier liegt ein alter Leichnam.«[208] Das waren die ersten Worte, die er im April 1927 an Helen Dukas richtete.

Während eines Aufenthalts in dem kleinen Ferienort Zuoz in der Schweiz hatte Einstein sich selbst außer Gefecht gesetzt, indem er einen schweren Koffer angehoben hatte. Er hatte seinem Körper über so viele Jahre hinweg so wenig Aufmerksamkeit geschenkt, dass diese kleine Anstrengung zu einem raschen, heftigen körperlichen Zusammenbruch führte. Es wurde ein vergrößertes Herz diagnostiziert, und er musste nach seiner Rückkehr nach Berlin vier Monate lang im Bett bleiben. Er konnte nicht arbeiten und auch seine Korrespondenz nicht weiterführen, und Elsa beschloss, dass er eine Assistentin brauchte.

Dukas übernahm die Stelle erst, nachdem ihr versichert wurde, dass sie nichts von Physik verstehen müsse. In dem gar nicht so seltenen Fall, dass man sie bat, die Relativitätstheorie zu erklären, gab sie manchmal die Antwort, die sich Einstein eigens für sie ausgedacht hatte. »Eine Stunde bei einem hübschen Mädchen sitzen«, erklärte sie, »vergeht, als wäre es eine Minute. Aber eine Minute auf einem heißen Ofen zu sitzen, kommt einem vor wie eine Stunde – das ist die Relativitätstheorie.«[209]

Obwohl sie behauptete, dass sie ihre Nervosität gegenüber Einstein nie ganz ablegen konnte, wurde Dukas schon bald wie ein Mitglied der Familie behandelt. Sie zog 1933 mit ihrem Arbeitgeber nach Amerika, und nach Elsas Tod wurde sie seine Haushälterin. Mindestens ein Besucher hielt sie fälschlicherweise für Einsteins Frau. Hans Albert mutmaßte, dass Dukas eine Affäre mit ihrem Vater hatte, aber es gibt keinerlei Beweise, die das belegen könnten. Meist schien Einstein seiner Assistentin so viel Aufmerksamkeit zu schenken, wie er einem Tisch geschenkt hätte – einem Tisch, der ihm besonders am Herzen lag.

Dukas arbeitete hart und war ihrem Arbeitgeber gegenüber unverbrüchlich und leidenschaftlich loyal, genauso wie sie ihn schützte, vor allem vor lästigen Biografen oder anderen Menschen, die sich in sein Privatleben einmischen wollten. Sie eilte oft nach draußen und verscheuchte die Presse, oder sie rief Einstein zu, nicht mit ihnen zu sprechen. Sie war eine so strenge Wächterin, dass sie selbst bei den Einwohnern von Princeton gelegentlich als Einsteins persönlicher Zerberus bezeichnet wurde – der dreiköpfige Hund des Hades, der den Eingang zur Unterwelt in der griechischen Mythologie bewacht.

»Das ist Fräulein Dukas, meine treue Helferin«, erklärte Einstein einmal einem Freund. »Ohne sie wüsste keiner, dass ich noch lebe, denn sie schreibt alle Briefe für mich.«[210]

Als sich die Familie in Princeton niedergelassen hatte, war es Dukas, die entschied, welche Briefe Einstein las und wer ihrer Meinung nach verdiente, ihn in Beschlag zu nehmen. In Einsteins späten Jahren bestimmte sie sogar, ob Nachrichten seiner Familie zu ihm durchdrangen oder nicht. Einsteins Enkelin Evelyn erinnerte sich, dass sie ihrem Großvater öfter Briefe schrieb, doch keiner hat ihn je erreicht. Wenn sie der Meinung war, dass Professor Einstein zu beschäftigt war, las und beantwortete Dukas solche Briefe selbst.

In seinem Testament hinterließ Einstein seiner ergebenen Assistentin 20 000 US-Dollar, die gleiche Summe wie seiner Stieftochter Margot. Eduard erhielt 15 000 Dollar und Hans Albert nur die Hälfte dessen, was er Dukas zugesprochen hatte. Außerdem übertrug er Dukas die Mitverantwortung für seinen gesamten Nachlass, das bedeutete, dass sie gemeinsam mit Einsteins ebenfalls engem Freund Otto Nathan über jedes Wort verfügte, das er je geschrieben hatte, sogar die Briefe an seine Söhne. Sie nutzte diese Rolle, um zu kontrollieren, welches Bild von Einstein der Welt präsentiert wurde. Alles, was Einstein als weniger darstellte als ein Wunder oder einen weltlichen Heiligen, wurde unterdrückt. Nach Einsteins Tod versuchte Dukas nahezu dreißig Jahre lang zu verhindern, dass etwas Negatives über ihn an die Öffentlichkeit gelangte. Sie ging sogar so weit, die Arbeit der Biografen zu überwachen und ihnen Zugang zu Informationen zu verweigern.

Schon die bloße Erwähnung von Einsteins erster Familie war ein Schandfleck auf seinem Charakter. Dukas konnte Mileva Marić nicht ausstehen, und ihre Feindseligkeit überdauerte sogar Marićs Tod. Als Hans Alberts Frau Frieda ihre eigene Einstein-Biografie veröffentlichen wollte, für die sie Briefe an Mileva und seine beiden Söhne heranziehen wollte, um eine menschliche Seite ihres Schwiegervaters zu zeigen, ging Dukas vor Gericht. Sie stellte sicher, dass das Buch nie erschien.

61

Zu Einsteins fünfzigstem Geburtstag im März 1929 überreichte ihm die Stadt Berlin ein Geschenk: ein Haus auf dem Land. Nachdem die Stadt kurz zuvor das Gutshaus Neukladow erworben hatte – einst das Heim der Mutter Otto von Bismarcks –, überließen sie Einstein ein lebenslanges Wohnrecht in dem klassizistischen Haus mit Blick auf die Havel, wo er, umgeben von Ruhe und Schönheit, segeln, rechnen und nachdenken konnte.

Als Elsa das neue Ferienhaus besichtigen wollte, traf sie dort zu ihrer Überraschung die früheren Besitzer an, ein aristokratisches Ehepaar, das nicht nur in dem Haus wohnte, sondern ihr auch mitteilte, dass sie auf dem Anwesen nichts zu suchen habe. Wie sich herausstellte, hatten sie recht. Aus unerklärlichen Gründen hatte die Stadtverwaltung mit dem Ehepaar einen Vertrag geschlossen, der ihnen das Recht einräumte, weiter dort zu wohnen. Der Stadt gehörte zwar das Grundstück und das Haus, aber sie konnte die früheren Eigentümer nicht vertreiben.

Das brachte die Stadt in Verlegenheit, und so bot man Einstein einen größeren Teil des Grundstücks an, auf dem er sich ein eigenes Haus bauen könnte. Doch auch das widersprach dem Vertrag. Ein weiteres Grundstück, das ihm angeboten wurde, war voller Mücken und Fliegen, ohne Wasseranschluss und lag hinter einigen Ställen. Eine ganze Reihe von Grundstücken wurde in Betracht gezogen, aber alle waren gleich unbrauchbar. Die Zeitungen berichteten genüsslich über die Unfähigkeit der städtischen Behörden.

Man kam schließlich überein, Einstein möge sich selbst nach einem Grundstück umsehen, für das die Stadt dann aufkäme. Albert wurde bald fündig: ein kleines Grundstück, das Freunden gehörte, am Rand des hübschen Dorfes Caputh, zwischen mehreren Seen gelegen und von einem großen Wald umgeben. Der Bürgermeister von Berlin bat die Stadtverordnetenversammlung um Genehmigung von 20 000 Mark für den Kauf des Grundstücks, damit sie endlich ein Geschenk für den Professor hätten und das Gesicht wahren konnten. Einstein beauftragte einen Architekten, Pläne zu zeichnen, und er und Elsa verliebten sich bald in den Gedanken, ein Sommerhaus zu haben.

Doch inzwischen tat sich ein neues Problem auf. Die rechten Nationalisten im Stadtparlament erhoben Einwände gegen die Verwendung des Geldes, sie verzögerten die Abstimmung und bestanden darauf, dass das Thema im Plenum verhandelt wurde. Es war eindeutig, dass es in der Debatte vor allem um Einstein selbst ging, um nichts sonst. Als Einstein davon erfuhr, schrieb er dem Bürgermeister einen Brief.

»In seinem Brief an den OB hat der Gelehrte mit feinem Sarkasmus auch darauf hingewiesen, das Leben sei zu kurz und die Angelegenheit seines Ehrengeschenkes habe ihm schon zu lange gedauert, als dass er es jetzt noch annehmen könne.«[211]

62

Im Jahr 1929 erhielt Einstein ein Telegramm von Rabbi Herbert Goldstein aus New York, das nur die folgenden Worte enthielt: »Glauben Sie an Gott? Antwort bezahlt. 50 Wörter.«

»Auf die Idee«, lachte er, »jemandem ein Telegramm mit der Frage ›Glauben Sie an Gott?‹ zu schicken, kann nur ein Amerikaner kommen.« Doch trotz seiner Belustigung nutzte er neunundzwanzig von den fünfzig Wörtern und schickte ihm eine ehrliche Antwort. »Ich glaube an Spinozas Gott, der sich in der gesetzlichen Harmonie des Seienden offenbart, nicht an einen Gott, der sich mit dem Schicksal und den Handlungen der Menschen abgibt.«[212]

Einstein hatte das Werk des niederländischen Philosophen aus dem 17. Jahrhundert Baruch Spinoza mit seinen Freunden der Akademie Olympia während seiner Zeit in Bern gelesen und fühlte sich von dessen Ideen angezogen. Spinoza wurde sein Lieblingsphilosoph und Leitstern für seine eigene Weltanschauung.

Spinoza glaubte nicht an die Lehren der herkömmlichen Religionen: Es gibt kein Leben nach dem Tod, sagte er, und der Mensch ist nicht die Krone der Schöpfung. Er vertrat die Meinung, dass die Bibel nicht göttlich inspiriert sei. Und er glaubte nicht an einen herkömmlichen Gott. Seiner Meinung nach fällte Gott kein Urteil über unser Handeln, er erhörte nicht unsere Gebete oder strafte Regelverstöße oder belohnte die Tugend. Er werde zeigen, »dass zur Natur Gottes weder Verstand noch Wille gehört«,[213] schrieb er. Er hielt solche Zuschreibungen für menschliche Projektionen.

Einsteins Ansicht dazu war: »Ich kann mir keinen Gott vorstellen, der seine Geschöpfe belohnt und bestraft, oder einen Willen hat, der dem entspricht, was wir in uns selbst erfahren. Auch kann ich oder wollte ich mir kein Individuum vorstellen, dass den physischen Tod überlebt; mögen schwache Seelen aus Furcht oder absurdem Egoismus solche Gedanken hegen.«[214]

Spinoza war der Meinung, dass Gott nicht außerhalb der Natur stehe. Stattdessen *ist* er die Natur – die man sich als das Sein selbst, das Universum und seine Gesetze vorstellen kann: »Alles, was ist, ist in Gott«[215] Und weiter: »Folglich kann ohne Gott nichts sein noch begriffen werden.«[216] Oder wie Einstein es zusammenfasst: »Wir Spinoza-Anhänger sehen unseren Gott in der wunderbaren Ordnung und Gesetzlichkeit des Seienden und in der Beseeltheit des Seienden, wie sie sich für uns bei Menschen und Tieren offenbart.«[217]

Spinoza glaubte, dass das Leben von Gott gelenkt wird, was dasselbe bedeutet wie, dass es von den Naturgesetzen gelenkt wird. Das Leben ist folglich deterministisch. Die Menschen haben keine Alternativen für ihr Handeln; sie handeln schlicht im Einklang mit den unerbittlichen Gesetzen des Universums. »Ich glaube nicht an den freien Willen«,[218] sagte Einstein 1932.

Bei anderer Gelegenheit überlegte Einstein, dass der Mond, wäre er mit einem Selbstbewusstsein ausgestattet, denken würde, dass er die Erde aus eigenem Antrieb umkreist. So wie wir lächeln würden, wenn wir das hörten, würde ein intelligenteres Wesen, als wir es sind, lächeln, wenn wir behaupten, aus freiem Willen zu handeln. Die richtige Hingabe an Gott, das glaubten sowohl Spinoza wie Einstein, entstehe beim Versuch, die Funktionsweise der Welt zu begreifen und zu akzeptieren, um in Harmonie mit dem Universum, in Harmonie mit Gott zu leben.

In einem Interview 1930 wurde Einstein aufgefordert, seinen Glauben zu erklären. Er antwortete passenderweise mit einem Gleichnis.

> Wir sind wie ein kleines Kind, das eine Bibliothek betritt. Die Wände sind bis zur Decke mit Büchern in vielen Sprachen bedeckt. Das Kind weiß, daß irgend jemand die Bücher geschrie-

ben haben muß. Aber es weiß nicht, wer es getan hat oder wie es geschah. Es versteht die Sprachen nicht, in denen sie geschrieben sind. Das Kind erkennt aber einen bestimmten Plan in der Anordnung der Bücher – eine geheimnisvolle Ordnung, die es nicht versteht, sondern nur dunkel ahnt. Das ist – so scheint mir – die Haltung des menschlichen Geistes Gott gegenüber.[219]

Und weiter erläutert er:

> Wir erkennen, dass das Universum auf wunderbare Weise geordnet ist und bestimmten Gesetzen gehorcht, doch wir verstehen diese Gesetze nur im Ansatz. Unser begrenzter Verstand erkennt eine geheimnisvolle Kraft, die die Konstellationen bewegt.[220]

63

Kurz nachdem er 1915 die Gleichungen für die allgemeine Relativitätstheorie veröffentlicht hatte, begann Einstein an etwas zu arbeiten, dem er den Rest seines Lebens widmen würde. Er wollte die Theorie der Schwerkraft mit der Theorie elektromagnetischer Felder zusammenbringen, um eine »einheitliche Feldtheorie« aufzustellen – eine Theorie von allem.

Aufgrund seines wachsenden Ruhms fanden seine Arbeiten in der Presse ungeahnte Beachtung. Ende 1928 reichte er bei der Preußischen Akademie der Wissenschaften eine mathematische Abhandlung ein. Dies führte zu Zeitungsberichten über Einsteins erstaunliche neue Theorie, obwohl noch niemand die Abhandlung überhaupt gesehen hatte. Da Journalisten aus aller Welt sein Haus in Berlin belagerten, musste er sich in der Villa seines Arztes versteckt halten. Und dieses fieberhafte, lautstarke Interesse steigerte sich weiter, als die Akademie die Arbeit Ende Januar 1929 veröffentlichte.

Tausend Exemplare wurden gedruckt, die sofort verkauft waren, und dreitausend weitere wurden in Auftrag gegeben. Eine amerikanische Zeitung druckte die gesamte Abhandlung ab, begleitet von einer deutlich unterhaltsameren Schilderung der Schwierigkeiten, die griechischen Buchstaben in den Gleichungen per Telegraf zu übermitteln. In London wurden die fünf Seiten der Abhandlung nebeneinander ins Schaufenster der Kaufhauskette Selfridges geklebt, damit sie die Passanten lesen konnten. Die Leute drängelten sich davor, um nahe genug heranzukommen und die vielen komplizierten Gleichungen entziffern zu können.

In seinem Zufluchtsort schrieb Einstein einen Artikel über seine Arbeit, der als Sonderbeitrag in der *New York Times* erschien, und er gab internationalen Zeitschriften Interviews. Gegenüber der *Daily Chronicle* erklärte er: »Jetzt, aber erst jetzt, wissen wir, dass die Kraft, die die Elektronen auf ihren Ellipsen um die Atomkerne bewegt, dieselbe Kraft ist, die unsere Erde ihre jährliche Bahn um die Sonne ziehen lässt.«[221] Das war, wie sich herausstellen sollte, Unsinn.

Wissenschaftlich gesehen war Einsteins Abhandlung in Wirklichkeit nicht besonders eindrucksvoll. Sie war nur sein neuester Versuch, die Kräfte zu vereinen. 1919 hatte er bereits eine lange Liste gescheiterter Versuche vorliegen. Während der jüngsten Aufregung prophezeite Wolfgang Pauli, ein junger, radikaler Quantenphysiker, recht bissig, Einstein werde diese Denkweise innerhalb eines Jahres aufgegeben haben. Er hatte recht. Gut eineinhalb Jahre später hatte Einstein erneut die Richtung geändert. »Sie haben also recht gehabt, Sie Spitzbube«,[222] schrieb er Pauli.

Dieses Karussell drehte sich mehr als zwanzig Jahre lang auf diese Weise weiter. Einstein arbeitete an einer Theorie und erklärte sie zur »endgültigen Lösung«, gab sie dann aber innerhalb kürzester Zeit wieder auf und wandte sich der nächsten zu. Da er sich bereits in jungen Jahren einen Namen gemacht hatte, konnte er es sich leisten, seine Energie auf etwas zu verschwenden, was jüngeren Kollegen, die an ihre Karriere denken mussten, aus Angst zu scheitern und ihre Zeit zu vergeuden, nicht möglich war. Da Einstein aber alle Freiheiten besaß, empfand er es als Verpflichtung, dort zu forschen, wo es sonst niemand tun würde.

Doch seine Bemühungen um eine einheitliche Feldtheorie begannen, ihn von den Kollegen zu entfremden. Seine Arbeit wurde immer abstrakter und mathematischer, ganz und gar losgelöst von den Ideen, die in der beobachtbaren Wirklichkeit verankert waren. Er war über die neuesten physikalischen Entwicklungen nicht mehr auf dem Laufenden, und seine Forschung litt darunter.

Er war sich seines Scheiterns wohl bewusst. Maurice Solovine schrieb er 1948: »Ich werde es nicht mehr fertigbringen.«[223]

64

Von 1930 bis 1932 kam Einstein jedes Jahr auf Einladung von Christ Church, einer Hochschule, die ihn für eine dauerhafte Stelle gewinnen wollte, für einen Monat nach Oxford.

Oxfords Pracht und Förmlichkeit passte so gar nicht zu Einstein. Wenn er mit den ehrwürdigen Mitgliedern der Hochschule am Hohen Tisch speisen musste, kritzelte er seine Notizen heimlich auf einen Block, den er auf seinem Schoß versteckt hatte, aus Angst, erwischt zu werden. Grundsätzlich aber mochte er die Zeit dort. Sein Ruf wurde ebenso akzeptiert und ignoriert wie die Tatsache, dass er Jude war und aus Deutschland kam. Und an einem Ort, an dem Exzentriker zu Hause sind, wurde seine eigene Exzentrik nicht wichtig genommen. In der Regel nahm man ihn, wie er war.

Einmal lief Gilbert Murray, ein bekannter Gelehrter und Altphilologe, durch den Tom Quad, die große offizielle Parkanlage der Hochschule mit gemähten Grasflächen und Kieswegen, und sah Einstein allein dasitzen, lächelnd und mit entrücktem Blick. Murray fragte ihn, woran er denke.

»Ich denke, dass dies doch ein recht kleiner Stern ist.«[224]

Während eines seiner Aufenthalte in Oxford besuchte ihn seine Geliebte, Ethel Michanowski, eine Berliner Salonlöwin und Freundin seiner Stieftochter Margot. Sie wohnte in einem nahe gelegenen Hotel. Als Elsa davon erfuhr, reagierte Einstein gelassen:

> Deine Entrüstung gegen Frau M. ist gänzlich unbegründet, denn sie hat ganz nach bester jüdisch christlicher Moral gehandelt. Beweis:
> 1) Was einem Spaß macht und keinem schadet,
> das soll man thun
> 2) Was einem keinen Spass macht und einen andern ärgert,
> das soll man unterlassen.
> Wegen 1) ist sie mit mir gefahren und wegen 2) hat sie Dir nichts davon gesagt. Ist dies nicht einwandfrei?[225]

Am Ende war es Einstein, der sich über Michanowskis Anwesenheit ärgerte. »Es ist wahr, dass die M. mir nachgereist ist und mir ein bisschen arg nachläuft«, schrieb er Margot. »Mir ist es ja ziemlich gleich, was die Leute über mich sagen, aber für [Elsa] und für Frau M. ist es besser, wenn nicht Greti [sic] und Pleti auf die Beinchen gebracht werden.«[226] Während ihres Aufenthaltes schickte Michanowski Einstein ein teures Geschenk zur Christ Church, eine Geste, die er ganz und gar nicht schätzte. »Das Paketchen hat mich wirklich geärgert«, schrieb er ihr. »Sie müssen sich das ewige Schenken abgewöhnen.« Er unterzeichnete den Brief mit »seien Sie mit einem absolut ernüchternden Blick gegrüsst von Ihrem A. E.«.[227]

Einstein gestand Margot, dass ihm die Frauen, mit denen er zusammen war, wenig bedeuteten. Von allen hänge er nur an »Frau L.«. Das war Margarete Lebach, eine verheiratete Österreicherin mit blonden, widerspenstigen Locken. Lebachs und Einsteins Beziehung war keineswegs heimlich. Wann immer sie im Sommerhaus in Caputh zu Besuch kam, um mit ihm zu segeln, etwa einmal pro Woche, brachte sie für Elsa Gebäck mit. Elsa tat ihrerseits, was in ihrer Macht stand, um zu verschwinden, wenn sie wusste, dass »die Österreicherin« kommt, und fuhr oft unter Tränen nach Berlin.

Einmal fand sich in Einsteins Segelboot ein Kleidungsstück von Lebach (um welches Kleidungsstück es sich handelte, wird nicht gesagt), und diese Entdeckung führte zu einem heftigen Familienstreit, in dessen Verlauf Margot ihre Mutter drängte, Einstein dazu zu bringen, diese Beziehung zu beenden. Doch Elsa wusste, dass Albert sich schlicht weigern würde. Er hatte Elsa dargelegt, dass er nicht daran glaube, dass der Mensch von Natur aus monogam sei, und emotionale und körperliche Treue seien nichts weiter als soziale Konstrukte, Trugbilder, die aus Schicklichkeit und Wohlanständigkeit entstanden seien.

Elsa fand, es lohne sich, ihre Ehe zu bewahren. »Man muss ihn als Ganzes betrachten, darf ihn nicht einreihen in diese oder jene Rubrik«, sagte sie einmal. »Aber der Herrgott hat schon viel Schönes in ihn hineingelegt, und ich find ihn wundervoll, trotzdem das Leben an seiner Seite aufreibend und kompliziert ist, nicht nur in dieser, in jeder Hinsicht.«[228]

65

Der Frühling ging langsam in den Sommer über, als Einstein in Oxford war. Die Quittenbäume blühten, aber die Kirschblüte war bereits vorbei. Für die Osterglocken war es schon zu spät, aber für Mädesüß noch zu früh. Das Gras stand hoch, und die Luft war mild.

Einstein ging im Deer Park spazieren, einer großen Wiese, durch die Pfade führten und die bis ans Ufer des Cherwell reichte, der an manchen Stellen nicht breiter ist als ein Bach.

Auf einer der Brücken stand ein kräftig gebauter Student, neunzehn Jahre alt, der müßig ins Wasser blickte. Einstein blieb neben ihm stehen. Der junge Mann war William Golding, der spätere Literaturnobelpreisträger und Autor von *Herr der Fliegen*. Damals belegte er Naturwissenschaften.

Golding wollte Einstein sagen, welche Ehre es für ihn sei, ihm zu begegnen. Leider sprach er so gut Deutsch, wie Einstein damals Englisch sprach, nämlich gar nicht. Also lächelte er in der Hoffnung, es käme richtig an. Fünf Minuten lang herrschte Schweigen, Golding strahlte die ganze Zeit, bis Einstein glaubte, doch etwas sagen zu müssen.

»Fisch«, wagte er sich vor und zeigte auf eine Forelle im Fluss unter ihnen.

Golding überlegte, wie er zeigen konnte, dass auch er Vernunft und Wissenschaft schätze.

»Fisch«, bestätigte er. »Ja, ja.«

Sie standen weitere fünf Minuten lang wohlwollend nebeneinander. Dann setzte Einstein, die Freundlichkeit in Person, seinen Spaziergang fort.[229]

66

Einstein hatte für Psychoanalyse nicht viel übrig. Er betrachtete sie als eine mindestens fragwürdige, wenn nicht geradezu falsche Wissenschaft. Er kannte Sigmund Freud ein wenig und mochte ihn, nachdem er ihn bei einem Abendessen in Berlin 1927 kennengelernt hatte, und so war er höflich zu dem Psychoanalytiker, aber nicht wirklich von ihm überzeugt. Als Freud ihm einen Brief zum fünfzigsten Geburtstag schrieb und ihm zu seinem Glück und seinem Erfolg gratulierte, schickte ihm Einstein eine merkwürdig kampfeslustige Antwort: »Warum betonen Sie bei mir das Glück. Sie, da Sie in die Haut so vieler Menschen, ja der Mensch*heit* geschlupft sind, hatten doch keine Gelegenheit, in die meine zu schlupfen!«[230]

1932 fragte das Internationale Institut für geistige Zusammenarbeit (der Vorläufer der UNESCO) bei Einstein an, ob er nicht mit einem Briefpartner seiner Wahl einen Briefwechsel über ein Thema aus dem Bereich Politik und Krieg führen wolle. Einsteins Wahl fiel auf Freud. Seine Frage war weit gefasst: »Gibt es einen Weg, die Menschen von dem Verhängnis des Krieges zu befreien?« Und er fährt fort, seine Gedanken zu einer möglichen Antwort darzulegen, die darin bestünde, dass im internationalen Einvernehmen »eine legislative und gerichtliche Behörde zur Schlichtung aller zwischen Nationen entstehenden Konflikte« geschaffen werden müsse. Alle Länder müssten deren Entscheidungen akzeptieren und befolgen. Er war sich natürlich auch der Nachteile eines solchen Systems bewusst. »Hier schon stoße ich auf die erste Schwierigkeit: [...] Recht und Macht sind unzertrennlich verbunden [...]«[231]

Dass eine solche Behörde nach dem Ersten Weltkrieg nicht eingerichtet worden war, schreibt Einstein dem Umstand zu, »dass mächtige psychologische Kräfte am Werke sind, die diese Bemühungen paralysieren«. Vor allem macht er dafür das

»Machtbedürfnis der jeweils herrschenden Schicht eines Staates« verantwortlich, das sich »einer Einschränkung der Hoheitsrechte« widersetze. »Wie ist es möglich«, fragt er Freud, »dass die soeben genannte Minderheit die Masse des Volkes ihren Gelüsten dienstbar machen kann, die durch einen Krieg nur zu leiden und zu verlieren hat?«

Freilich hätten sie die Schulen, die Presse und meist auch die Kirche unter ihrer Kontrolle, doch Einstein fragt sich, wie es möglich sei, dass deren Einfluss die Menschen dazu bringt, den Krieg so leidenschaftlich zu unterstützen, dass sie sogar ihr eigenes Leben zu opfern bereit sind. »Die Antwort kann nur sein: Im Menschen lebt ein Bedürfnis zu hassen und zu vernichten. Diese Anlage ist in gewöhnlichen Zeiten latent vorhanden und tritt dann nur beim Abnormalen zutage; sie kann aber leicht geweckt und zur Massenpsychose gesteigert werden.«

Freuds Antwort war lang und kompliziert. Er begann mit einer umfassenden Geschichte der Entwicklung der menschlichen Gesellschaft. Im Wesentlichen stimmte er mit Einstein überein und schlug den gleichen pessimistischen Ton an. Um dem Krieg ein Ende zu setzen, sagte er, sei eine zentrale Kontrollinstanz nötig, »welcher der Richtspruch in allen Interessenkonflikten übertragen wird«. Diese Instanz bliebe ohne Exekutive jedoch machtlos, doch Freud betrachtete die Einrichtung einer solchen Instanz als vergebliche Hoffnung. Und er fuhr mit seiner Erwiderung auf Einsteins psychoanalytischen Ansatz fort.

> Sie verwundern sich darüber, dass es so leicht ist, die Menschen für den Krieg zu begeistern, und vermuten, dass etwas in ihnen wirksam ist, ein Trieb zum Hassen und Vernichten, der solcher Verhetzung entgegenkommt. Wiederum kann ich Ihnen nur uneingeschränkt beistimmen. […] Wir nehmen an, dass die Triebe des Menschen nur von zweierlei Art sind, entweder solche, die erhalten und vereinigen wollen – wir heißen sie erotische, ganz im Sinne des Eros im Symposium *Platos,* oder sexu-

> elle mit bewusster Überdehnung des populären Begriffs von Sexualität – und andere, die zerstören und töten wollen; wir fassen diese als Aggressionstrieb oder Destruktionstrieb zusammen. Sie sehen, das ist eigentlich nur die theoretische Verklärung des weltbekannten Gegensatzes von Lieben und Hassen [...] Wenn also die Menschen zum Krieg aufgefordert werden, so mögen eine ganze Anzahl von Motiven in ihnen zustimmend antworten, edle und gemeine, solche, von denen man laut spricht, und andere, die man beschweigt. [...] Die Lust an der Aggression und Destruktion ist gewiss darunter; ungezählte Grausamkeiten der Geschichte und des Alltags bekräftigen ihre Existenz und ihre Stärke. Die Verquickung dieser destruktiven Strebungen mit anderen erotischen und ideellen erleichtert natürlich deren Befriedigung.[232]

Das hieß also, »dass es keine Aussicht hat, die aggressiven Neigungen der Menschen abschaffen zu wollen«.[233] Freud schöpfte ein wenig Hoffnung aus seiner Analyse. Von dieser »Mythologie«, schrieb er, ließe sich ein indirekter Weg, Kriege zu vermeiden, ableiten. »Wenn die Bereitwilligkeit zum Krieg ein Ausfluss des Destruktionstriebes ist, so liegt es nahe, gegen sie den Gegenspieler dieses Triebes, den Eros, anzurufen.«[234] Mit anderen Worten: »Alles, was Gefühlsbindungen unter den Menschen herstellt, muss dem Krieg entgegenwirken.«[235]

Die kulturelle Entwicklung der Menschheit, schlussfolgerte er, arbeite unserer Disposition für den Krieg entgegen. Mit dem Ausbau der Zivilisation würden die Menschen zu Pazifisten. Insgesamt jedoch lautete seine Antwort auf Einsteins Frage, Nein, es gebe keinen Weg, die Menschheit von der Bedrohung durch Kriege zu befreien. Freud scherzte, dass ihre Briefe sicher keinem von ihnen den Friedensnobelpreis einbringen würden.

Schon bald jedenfalls ließ die Geschichte ihre Überlegungen irrelevant werden. Als der Briefwechsel 1933 veröffentlicht wurde, hatte Hitler in Deutschland die Macht übernommen.

67

Ein offizielles Interesse des FBI an Einstein begann 1932 aufgrund des Briefes einer Dame mit dem passenden Namen Randolph Frothingham (»frothing« bedeutet so viel wie »schäumen«). Sie war die Präsidentin eines patriotischen Frauenvereins, der Woman Patriot Corporation, der zum Ziel hatte, Amerika vor »unerwünschten Fremden« zu beschützen, das gelte insbesondere für Pazifisten, Sozialisten und Feministen. Der Verein hatte sich bereits über Einsteins kürzlich erfolgte Berufung an das neue Institute for Advanced Study in Princeton, wo er im folgenden Jahr beginnen würde, erzürnt. Nun legte Frothingham in einer sechzehnseitigen Mitteilung dar, warum die Regierung Einstein das Visum für eine berufliche Reise nach Pasadena verweigern sollte:

> Albert Einstein glaubt, empfiehlt, befürwortet und lehrt eine Doktrin, die konsequenterweise, wie von Gerichten in anderen Fällen festgestellt, »der Anarchie freien Lauf lassen« und in einer »Regierung nur auf dem Papier« münden würde [...]
> Albert Einstein ist Anhänger kommunistischer Organisationen oder mit ihnen verbunden, die für einen gewalttätigen Umsturz der Regierung der Vereinigten Staaten eintreten; er befürwortet »Akte der Rebellion« gegen das Grundprinzip jeglicher organisierten Regierungen [...] er befürwortet den »Konflikt mit der Staatsgewalt«; er gibt zu, dass er »eine revolutionäre Haltung« hat; dass sein Vorhaben »illegal« ist und dass er beabsichtige, eine »militante Opposition« zu organisieren, anzuführen, Geld für sie zu sammeln und ihr auszuhändigen und das Grundprinzip unserer Verfassung zu »bekämpfen« [...] er lehrt, führt und organisiert eine Bewegung für den ungesetzlichen »individuellen Widerstand« und »Akte der Rebellion« gegen Offiziere der Vereinigten Staaten zu Kriegszeiten [...]

> Und wer ist der weltweit anerkannte Führer, der durch direkte Verbindungen zu kommunistischen und anarcho-kommunistischen Organisationen und Gruppen und seine äußerst persönlichen Anstrengungen »die »Militärmaschinerie« zur Verteidigung von Regierungen »zerschlagen« will […]?
> ALBERT EINSTEIN ist dieser Führer. Nicht einmal Stalin selbst ist mit so vielen internationalen anarcho-kommunistischen Gruppen vernetzt, um diese »Voraussetzung« für die Weltrevolution und eine endgültige Anarchie zu fördern, wie ALBERT EINSTEIN […]
> ALBERT EINSTEIN unterstützt eine »gesetzlose Unordnung«, um nicht nur den Staat, sondern auch die Kirche zu »zerschlagen« – und um, falls möglich, auch die Naturgesetze und wissenschaftliche Grundsätze in »Chaos und Unordnung« zu stürzen.[236]

Statt den Brief von Mrs Frothingham zu ignorieren, was sicherlich möglich gewesen wäre, betrachtete das FBI ihn als Aufforderung, tätig zu werden. Das Amerikanische Konsulat in Berlin wurde kontaktiert, und Albert und Elsa wurden gebeten, persönlich zu erscheinen und einige Fragen zu ihrem Visumsantrag zu beantworten.

»Was ist Ihr politisches Credo?«, fragte der Interviewer.

Reichlich verblüfft starrte Einstein den Mann an und brach dann in Lachen aus. »Nun, ich weiß nicht. Diese Frage kann ich nicht beantworten.«

»Sind Sie Mitglied einer Organisation?«

Albert strich sich durchs Haar und blickte Hilfe suchend zu Elsa. »Ja! Ich bin bei den Kriegsgegnern.«

»Wer ist das?«

»Nun, das sind meine Freunde.«

Das Verfahren zog sich über zähe fünfundvierzig Minuten hin, ohne dass das Gespräch flüssiger oder freundlicher wurde. Schließlich verlor Einstein die Beherrschung. »Was soll das hier, ist das eine Inquisition?«, fragte er. Er erinnerte den Fragesteller, dass er aus freien Stücken nach Amerika komme. »Ihre Landsleute haben mich eingeladen. Ja, geradezu gebettelt. Ich werde auf keinen Fall als Verdächtiger in Ihr Land einreisen.«[237]

Nachdem er seinen Standpunkt kundgetan hatte, nahm er Hut und Mantel und ging. Elsa informierte sofort die Presse von der Befragung und ließ sie wissen, dass Einstein die Reise nach Amerika absagen würde, wenn er nicht am nächsten Tag sein Visum erhielt. Das Konsulat teilte mit, das Visum würde sofort ausgestellt.

68

Albert und Elsa Einstein mit Charlie Chaplin bei der Premiere von »City Lights«, 1931

Neben dem fast fünf Hektar großen Grundstück neben Charlie Chaplins Anwesen in Beverly Hills bauten Mary Pickford und Douglas Fairbanks, damals die beiden berühmtesten Schauspieler der Welt, ein vierstöckiges Haus mit fünfundzwanzig Zimmern, das sie Pickfair nannten. Es war von herrschaftlich angelegten Gärten umgeben und in europäisch-aristokratischer Dekadenz eingerichtet.

In der amerikanischen Gesellschaft galt eine Einladung nach Pickfair ähnlich viel wie eine Einladung ins Weiße Haus. In den holzgetäfelten Räumen mit Möbeln aus dem 18. Jahrhundert wurden üppige, wenn auch alkoholfreie Feste gefeiert (Fairbanks war Antialkoholiker). Die Gäste bewunderten chinesische Kunstobjekte, französische Gemälde, vergoldete Fensternischen und den Western-Saloon. Schriftsteller und Politiker, Schauspieler, Musiker und Staatsoberhäupter kamen, um Klatsch und Komplimente auszutauschen und über die neueste Modeerscheinung, die in Hollywood Aufmerksamkeit erregte, den Spiritismus, zu diskutieren.

Albert und Elsa wurden zu einer Dinnerparty in das riesige Anwesen eingeladen, das den Tudor-Baustil nachahmte. Dunkle, dekorative Vorhänge hielten die kalifornische Sonne draußen. Auch Charlie Chaplin, der mit Einstein befreundet war, war da. Unter den weiteren Gästen war ein berühmter Neurologe, der das Gespräch auf »Gedankenübertragung« brachte, eine Form der Telepathie, von der er sehr überzeugt war.

Einstein fragte, was das sei.

»Ich denke und konzentriere meine Gedanken auf Sie«, erklärte der Hirnspezialist, »und Sie übernehmen meine Gedanken.«

»Nein, das ist unmöglich.«

»Aber war Ihre Theorie zunächst nicht auch unvorstellbar – und ist es für die meisten Menschen noch immer?«

Keineswegs, beharrte Albert. Die Relativitätstheorie sei leichte Kost. Um seine These zu belegen, demonstrierte er seine Theorie mit Requisiten. Er klopfte an die Tischkante und nannte sie die Grenze des Raums. Sein Teller war die Erde oder auch die Sonne – oder sogar das gesamte Universum, niemand konnte sich hinterher so ganz erinnern –, und Messer und Gabel hatten etwas mit der vierten Dimension zu tun.

Sosehr Pickford sich auch bemühte, sie verstand kein Wort von Einsteins Ausführungen, was auch daran lag, dass sie sich nicht traute nachzufragen, weil sie vor ihrem Gast viel zu viel Ehrfurcht hatte. Nach geraumer Zeit gab sie auf und konzentrierte sich zu ihrem Vergnügen darauf, Douglas und Charlie zu beobachten, die beide mit offenem Mund hoch aufmerksam und völlig verwirrt danebensaßen. Auch sie konnten ihm nicht folgen.[238]

Das Unverständnis führte freilich nicht dazu, dass die Hollywood-Royals weniger Spaß an Einsteins Gesellschaft gehabt und ihn nicht mehr zu ihren Partys eingeladen hätten, auch wenn die Abende nicht immer große Erfolge waren. Bei einer Soiree von Chaplin lernte Einstein William Randolph Hearst und Marion Davies kennen. Hearst, der Orson Welles zu *Citizen Kane* inspirierte, besaß in nahezu jeder größeren amerikanischen Stadt Zeitschriften und Zeitungen. Davies war Schauspielerin mit Talent im komischen Fach und Hearsts Partnerin.

Der Abend begann gut, doch irgendwann versiegte das Gespräch. Einstein schaute in die Ferne, und Hearst starrte auf seinen Dessertteller. Nach langem Schweigen wandte sich Davies, die es den Abend über möglichst vermieden hatte, das Wort an Albert zu richten, plötzlich mit einer Spur Bosheit an ihn. »Hallo!«, sagte sie und wedelte mit der Hand über seinem Kopf. »Warum lassen Sie sich eigentlich nicht die Haare schneiden?« Daraufhin erklärte Chaplin, es sei an der Zeit, den Kaffee zu nehmen.[239]

69

Als Hitler am 30. Januar 1933 die Macht in Deutschland übernahm, war das Semester als Gastprofessor am California Institute of Technology in Pasadena zur Hälfte verstrichen. Einstein hatte die Nazis anfangs unterschätzt. Auf die Frage eines Journalisten nach Hitler hatte er noch 1930 geantwortet: »Er lebt vom leeren Magen Deutschlands.« Wenn sich die Wirtschaft belebe, so spekulierte er, würde er keinerlei Bedeutung mehr haben. Doch Ende Februar 1933 war klar, dass Einstein nicht nach Deutschland zurückkehren konnte, nicht zuletzt, weil seine Wohnung in Berlin zweimal von den Nazis durchsucht worden war, einmal, als seine Stieftochter Margot dort war.

In der Nacht vom 27. auf den 28. Februar war der Reichstag in Brand gesetzt worden, und die Nazis hatten den Vorfall genutzt, um zahlreiche von der Verfassung geschützte Rechte außer Kraft zu setzen – darunter das Versammlungsrecht, das Recht zur freien Meinungsäußerung und die Pressefreiheit. Es wurden politische Inhaftierungen ohne Anklage erlaubt sowie das Konfiszieren privaten Eigentums.

Einstein erwähnte Freunden gegenüber, dass er wohl in die Schweiz zurückkehren müsse. Sein Entschluss, seinem Zuhause den Rücken zu kehren, wurde endgültig durch Berichte besiegelt, dass unter dem Vorwand, man suche nach einem Versteck kommunistischer Waffen, sein geliebtes Sommerhaus in Caputh durchwühlt und sein Boot konfisziert worden war.

Als er, Elsa, Helen Dukas und sein Assistent Walther Mayer Ende März nach der Überfahrt aus New York in Belgien ankamen, suchte Einstein umgehend die deutsche Botschaft in Brüssel auf, gab seinen Pass zurück und erklärte seinen Verzicht auf die deutsche Staatsbürgerschaft. Den Schweizer Pass behielt er. Als er aus der Botschaft trat, verließ er damit das letzte Mal in seinem Leben deutsches Territorium.

Rein rechtlich war es damals jedoch gar nicht möglich, die Staatsbürgerschaft abzugeben. Ohne Zustimmung des Staates konnte man noch so viele Pässe zurückgeben und blieb doch Deutscher. Einsteins Verzichtserklärung stürzte die Nazis in Ratlosigkeit. In einer Sitzung im August 1933 gab der Innenminister zu bedenken, Einstein öffentlich die Staatsbürgerschaft zu entziehen, würde wegen dessen Berühmtheit zu einer Voreingenommenheit gegen Deutschland führen. Es sei besser, Einsteins Akt stillschweigend zu akzeptieren, was zum gewünschten Ergebnis führe. Doch ein Gestapo-Offizier wandte ein, dass die Nazis Einstein gerade aufgrund seines Ruhms ausweisen sollten. Er nutze seinen Ruhm, so die Argumentation, um Lügen und antideutsche Propaganda zu verbreiten.

Einstein hatte den Nazis mehr als genug Gründe gegeben, ihn zu verachten – neben dem offensichtlichen, dass er Jude war, gab er sich als Internationalist und Pazifist und war berühmt. Er hatte auch klar kundgetan, dass er die NSDAP in keiner Weise unterstützte. Im Vorfeld der Reichstagswahlen 1932 hatte Einstein ein Manifest mitverfasst, in dem er das Land warnte, eine faschistische Gesellschaft zu werden. Elsa flehte ihn an, keine weiteren politischen Appelle zu unterzeichnen. »Er antwortete mir … wär ich so, wie Du mich haben willst, dann wär ich eben nicht der Albert Einstein.«[240] Und so rief er zu einer antifaschistischen Allianz von Sozialdemokraten und Kommunisten auf. Sein Name stand als erster auf den Plakaten mit diesem Aufruf.

1934 wurde offiziell erklärt, Einstein habe seine Staatsbürgerschaft verwirkt. Die Nazis hatten sich gefreut, Einstein das Recht zu entziehen, ein Deutscher zu sein, aber er war ihnen zuvorgekommen, was ihnen gar nicht gefiel. Tatsächlich hatte Einstein ihnen diesen Triumph zweimal geraubt. Am selben Tag, an dem er zur Botschaft in Brüssel gegangen war, hatte er auch einen Brief aufgegeben, in dem er seine Mitgliedschaft in der Preußischen Akademie der Wissenschaften kündigte –

auch diese hatten sie ihm entziehen wollen. »Die durch meine Stellung bedingte Abhängigkeit von der Preussischen Regierung empfinde ich aber unter den gegenwärtigen Umständen als untragbar.«[241]

Max Planck war erleichtert über Einsteins Entscheidung und schrieb ihm, dies sei der einzige Weg gewesen, der es ermögliche, eine freundschaftliche Beziehung Einsteins zur Akademie aufrechtzuerhalten. Planck hatte gefürchtet, die Akademie würde ein offizielles Ausschlussverfahren gegen Einstein einleiten, was einige Reichsminister bereits gefordert hatten. »Denn wenn mich auch in politischer Beziehung eine abgrundtiefe Kluft von ihm trennt, so bin ich auf der anderen Seite vollkommen sicher, dass in der Geschichte der kommenden Jahrhunderte der Name Einstein als einer [sic] der glänzendsten Gestirne gefeiert werden wird, die je in unserer Akademie geleuchtet haben.«[242]

Die Akademie fuhr dennoch in ihrem Bemühen fort, ihr berühmtestes Mitglied zu diskreditieren. Die Nazis waren wütend, dass Einstein ihnen zuvorgekommen war, und erwarteten von der Akademie, ihre Rachegelüste zu befriedigen. Daher wurde im Namen der Akademie eine Erklärung abgegeben, in der Einstein der »Greuelhetze«[243] beschuldigt und als Agitator im Ausland bezeichnet wurde. Es bestünde daher kein Anlass, den Verlust eines solchen Mitglieds zu bedauern.

Nur ein einziges Akademiemitglied wagte es, gegen diese Behandlung Einspruch zu erheben: Max von Laue, Plancks früherer Assistent und Freund Einsteins seit seinem Besuch in Bern im Jahr 1907. In einer Sitzung am 6. April ging ein anderer Freund Einsteins, Fritz Haber, jedoch so weit, dem für die Erklärung verantwortlichen Sekretär auch noch zu danken und sie als angemessen zu bezeichnen.

Zum Zeitpunkt der Sitzung war bereits das Gesetz verabschiedet worden, das es Juden verbot, staatliche Ämter zu bekleiden, das galt auch für Universitäten, wo jüdische Dozenten und Studenten die akademischen Ausweise entzogen wurden. Einen Monat später beobachteten nahezu 40 000 Menschen, wie vor der Berliner Oper in Sichtweite von der Akademie in einem riesigen Feuer die Bücher jüdischer Autoren verbrannt wurden. Angesichts solcher Taten beschloss Einstein, seine Mitgliedschaften in sämtlichen deutschen Organisationen zu kündigen, und er bat Laue, dies in seinem Namen zu tun.

Die Nazis versuchten weiter um jeden Preis, Einstein zu demütigen, und so konfiszierten die Behörden sein Sommerhaus in Caputh und verkauften es an die lokale Gemeinde. Ursprünglich war geplant, es als Lager für die Hitlerjugend zu nutzen, was jedoch nicht zustande kam, weil die nötigen Mittel dafür fehlten. Am Ende wurde Einsteins geliebter Rückzugsort von der Regierung zur Schulung von Lehrern verwendet.

Wenn Einstein die Verbindungen zu seinem Land auch völlig abbrach, so zog er sich von seinen Freunden nicht gänzlich zurück, auch nicht von denen, die sich nicht so edel verhalten hatten, wie sie sollten. Planck versuchte, die staatlichen antisemitischen Maßnahmen abzuschwächen. Einmal schrieb er sogar an Hitler persönlich, ohne Erfolg, doch im Großen und Ganzen fügte er sich dem Willen der Regierung und forderte andere Wissenschaftler dazu auf, es ihm gleichzutun, ein Verhalten, das Einsteins Überzeugungen komplett zuwiderlief.

»Bei alledem«, schrieb er an Planck über seine Auseinandersetzungen mit der Akademie, »freue ich mich darüber, dass Sie mir in alter Freundschaft entgegengekommen sind, und dass auch die stärksten äußeren Belastungen es nicht vermocht haben, unsere gegenseitigen Beziehungen zu trüben. Diese stehen«, fuhr er fort, »in ihrer alten Schönheit und Reinheit da, ungeachtet dessen, was sozusagen weiter unten sich zuträgt.«[244]

70

In Belgien mietete Einstein ein Ferienhaus in der Küstenstadt Le Coq sur Mer. Es ging ihm vieles durch den Kopf. Ende Mai 1933 sollte er Oxford besuchen und einen Vortrag über Wissenschaftsphilosophie halten, doch er schrieb seinem dortigen Freund, Frederick Lindemann, und bat ihn, die Reise um eine Woche zu verschieben. Er sehe sich in der Pflicht, schrieb er, seinen jüngeren Sohn Eduard in der Schweiz zu besuchen, und er erklärte, dass er den Gedanken, ihn weitere sechs Wochen nicht zu sehen, nicht ertragen könne. Er hoffe auf Lindemanns Verständnis.

Eduard wurde »Tete« oder »Teddy« genannt. Er war hochintelligent und schlagfertig, doch sein Leben war nicht einfach. Als Kind war er kränklich gewesen und bewegte sich ständig zwischen Arztbesuchen und Sanatoriumsaufenthalten hin und her. Er entwickelte ein Interesse für die Psychoanalyse, insbesondere für Sigmund Freuds Werke, und so wählte er an der Universität die Medizin als sein Fach mit dem Ziel, Psychiater zu werden.

Die Zeichen einer psychischen Erkrankung entwickelten sich langsam, doch schien eine gescheiterte Romanze an der Universität die Symptome zu verschlimmern. Im Alter von zwanzig Jahren wurde Tete immer unruhiger, verzweifelter und aggressiver. Einmal versuchte er, sich aus dem Fenster zu stürzen, doch seine Mutter konnte ihn noch zurückhalten. Im Herbst 1932, mit zweiundzwanzig Jahren, verbrachte er einige Zeit in einer psychiatrischen Anstalt nahe Zürich, wo man ihn wegen Schizophrenie behandelte.

Einstein war in Belgien, als Eduard wieder eingeliefert wurde, nachdem es in den wenigen Monaten, die er zu Hause verbracht hatte, keine Anzeichen für eine Besserung gab. »An Albert nagt es, er wird schwer damit fertig. Viel schwerer, als er zugibt«, schrieb Elsa einem Freund. »Er strebt danach, gänzlich unverwundbar in allen menschlichen Angelegenheiten sein zu können. Er ist es auch weit mehr als alle Menschen, die ich kenne, aber diese Begebenheit war und ist entsetzlich für ihn.«[245]

Als Einstein Eduard in der Psychiatrie besuchte, brachte er seine Geige mit, und ein Fotograf machte ein Foto von Vater und Sohn. Tete liebte Musik. Tatsächlich fand Eduard beim Klavierspielen, das er mit extremer, geradezu verstörender Leidenschaft betrieb, so etwas wie Klarheit und Ruhe. Einstein und sein Sohn spielten oft zusammen, über die Musik zu kommunizieren, fiel ihnen leichter als mit Worten. Es gibt keine Aufzeichnungen von ihrer Begegnung, doch der Besuch änderte nichts an Einsteins Überzeugung, dass Tetes Schizophrenie von mütterlicher Seite vererbt worden war und etwas sei, woran man nichts ändern könne. Auch wenn sie es damals nicht wissen konnten, es war die letzte Begegnung Einsteins mit seinem jüngeren Sohn.

Nach Milevas Tod 1948 sorgte Einstein für die Pflege von Eduard und übernahm die Kosten dafür. Sein ganzes Leben lang fühlte Einstein sich verantwortlich, für Eduards Wohlergehen zu sorgen. Gleichzeitig aber zog er nicht einmal in Erwägung, ihn noch einmal in der Schweiz zu besuchen, und als er älter wurde, war er froh, nicht mehr viel von ihm zu hören.

Einem Freund schrieb er, dieser wundere sich sicherlich, dass er mit Tete keinen Briefverkehr unterhalte. »Es liegt da eine Hemmung zugrunde, die völlig zu analysieren ich nicht fähig bin. Es spielt aber mit, dass ich glaube, schmerzliche Gefühle verschiedener Art bei ihm zu erwecken, dadurch, dass ich irgendwie in Erscheinung trete.«[246]

71

Commander Oliver Locker-Lampson war ein steifer Mensch: scharfsinnig, elegant gekleidet, mit markanten Gesichtszügen und einer Adlernase. Er konnte äußerst charmant sein, wenn er wollte, war jedoch launisch und bekannt als »einer von den Leuten, die Dinge *finanzieren* können«.[247] Als er Einstein 1933 in Oxford das erste Mal begegnete, war er dreiundfünfzig Jahre alt und befand sich in den mittleren Jahren seiner langen Karriere als konservativer Abgeordneter, der 1910 zum ersten Mal gewählt worden war.

Er war sowohl Barrister, also Rechtsanwalt bei den höheren Gerichten, als auch Journalist, der über seinen Einsatz im Ersten Weltkrieg einige sensationelle Berichte zusammengetragen hatte. Er diente zunächst als Commander der Panzerwagenabteilung des Royal Naval Air Service. 1915 wurden er und seine Geschwader nach Russland entsandt, wo sie im Dienste des Zaren kämpfen sollten. Während seiner Zeit an der Ostfront freundete er sich mit russischen Adeligen an, rettete einer Prinzessin nach einem Schuss in den Hals das Leben und war 1917 an einem gescheiterten Militärputsch gegen die provisorische Regierung beteiligt. Er behauptete später, man habe ihn gebeten, Rasputin zu töten und Nikolaus II. nach seiner Abdankung zur Flucht zu verhelfen.

Man kann sich denken, dass er kein Freund des Sozialismus war – eine Zeit lang vertrat er extrem rechte Positionen. Nach dem Krieg veranstaltete er Kundgebungen mit der Parole »Weg mit den Roten« und bekundete seine Bewunderung für Faschisten im Ausland.

Im September 1930 rühmte Locker-Lampson in einem Artikel im *Daily Mirror* Hitler als »legendären Helden«.[248] 1932 schickte er Mussolini emaillierte Manschettenknöpfe und eine Schallplatte als Geschenk.

1933 jedoch hatte sich seine Haltung dramatisch gewandelt. Da er in Deutschland ausgebildet worden war, kannte er die Sprache und die Menschen dort gut, und nachdem Hitler die Macht übernommen hatte, wurde er zu einem frühen Befürworter von Kriegsvorbereitungen gegen die Nazis. Er verlagerte sein Engagement darauf, jüdischen Flüchtlingen Zuflucht zu verschaffen, und übernahm für viele Menschen persönliche Bürgschaften. Zudem setzte er sich für prominente Exilanten ein, wie Sigmund Freud und den Kaiser von Äthiopien, Haile Selassie.

Locker-Lampson liebte es, interessante und berühmte Persönlichkeiten um sich zu versammeln. Obwohl sie sich kaum kannten, schrieb Locker-Lampson Einstein einen Brief, nachdem dieser nach Belgien zurückgekehrt war, und fragte ihn, ob er sein Gast sein wolle. Einstein war von bewundernswerter Lockerheit, wenn es um Einladungen ging, er nahm sie ebenso gern an, wie er sie aussprach. In diesem Fall hatte er seine Reise nach Großbritannien (er war von Oxford aus noch nach Glasgow gereist) so genossen, dass er beschloss, Locker-Lampsons Angebot anzunehmen. Und so kehrte er im Juli 1933 nach England zurück, von wo er einen Monat zuvor erst aufgebrochen war.

Locker-Lampson wollte seinem berühmten Gast unbedingt etwas bieten, und so arrangierte er Treffen mit einigen bedeutenden, wenn auch nicht im Amt befindlichen, Politikern: mit dem ehemaligen Außenminister Austen Chamberlain, dem ehemaligen Premierminister David Lloyd George und dem ehemaligen Schatzkanzler Winston Churchill. Locker-Lampson war vor allem mit Churchill befreundet und nahm Einstein an einem Samstag mit zum Mittagessen auf dessen Familiensitz Chartwell. Einstein trug einen weißen Leinenanzug und sah aus wie ein Professor, der einen Sommerausflug unternimmt, während Churchill in seinem Overall und einem überdimensionierten Sonnenhut eher wie ein Platzwart wirkte. Es gibt ein Foto der beiden Männer, wie sie lächelnd auf einem Kiesweg im Garten stehen.

Albert sprach bei diesem Besuch das Thema an, dass jüdischen Wissenschaftlern an britischen Universitäten Zuflucht gewährt werden sollte, und er warnte Churchill, dass Hitler auf Krieg aus war und bereits geheime Vorbereitungen dafür treffe. Churchill antwortete mit dem ihm eigenen Selbstbewusstsein, dass Großbritannien und Amerika sicherlich in der Lage sein werden, die Wiederbewaffnung Deutschlands aufzuhalten. Das überzeugte Einstein vollkommen – wobei er wohl eher hinters Licht geführt wurde. Elsa schrieb er noch am selben Tag mit einer für ihn typischen Bemerkung, die von falschem politischem Optimismus zeugt: Churchill »ist ein eminent kluger Mann, und es wurde mir völlig klar, dass diese Leute gut vorgebaut haben und entschlossen und bald handeln werden«.[249]

Einstein nahm auch an einer Parlamentssitzung teil und beobachtete von der Publikumstribüne aus, wie Locker-Lampson einen Gesetzesentwurf zur Ausweitung der Staatsbürgerschaft zugunsten von Juden, die vor Verfolgung fliehen, einbrachte. In seiner Rede erzählte Locker-Lampson davon, dass Einstein bei seinem Eintrag in das Gästebuch von Lloyd George keine eigene Adresse angeben konnte. »Deutschland«, so fuhr er fort, »hat seinen ruhmreichsten Bürger ausgewiesen – Einstein. Es steht mir nicht zu, einen so herausragenden Mann zu rühmen. Die bedeutendsten Männer der Welt räumen ein, dass er der bedeutendste ist. Doch im Fall von Professor Einstein gibt es etwas, das über seine bloße Bedeutung hinausreicht. Er steht über den Errungenschaften auf dem Gebiet der Wissenschaft. Er ist das vollkommene Beispiel eines selbstlosen Intellektuellen. Und heute hat Einstein kein Heim mehr.«[250]

Das Gesetz wurde nie verabschiedet, aber Locker-Lampson hatte seinen Gast sicher für sich gewonnen.

72

Im Juli 1933, Einstein hielt sich noch in Le Coq sur Mer auf, erreichte ihn ein kryptischer Brief: »Der Gatte der Zweiten Geige möchte über eine dringende Angelegenheit mit Ihnen sprechen.«[251] Es war eine verschlüsselte Botschaft von König Albert I. von Belgien.

Einstein hatte Königin Elisabeth von Belgien vier Jahre zuvor während seines Besuchs in Antwerpen kennengelernt. Sie hatten miteinander Mozart gespielt und beim Tee über die Relativitätstheorie gesprochen. Im Jahr darauf folgte eine weitere Einladung, bei der er auch dem König vorgestellt wurde. Wieder spielte er mit der Königin Mozart, anschließend blieb er beim privaten Mittagessen mit Spinat, Eiern und Kartoffeln mit dem Königspaar allein und ohne Bedienstete. Sie schätzten einander sehr.

Als Einstein den Brief erhielt, begab er sich sofort zum Palast. Der König hatte eine Bitte an den großen Wissenschaftler. In Brüssel waren gerade zwei Kriegsdienstverweigerer aus Gewissensgründen verhaftet worden, und eine pazifistische Organisation rief Einstein lautstark dazu auf, sich für sie einzusetzen. Einstein war als entschiedener Pazifist bekannt. Nach der Fertigstellung seiner Arbeit über die allgemeine Relativitätstheorie spielte sein Engagement für den Frieden eine ebenso wichtige Rolle in seinem Leben wie die Wissenschaft. Nahezu zwanzig Jahre lang hatte Einstein dafür plädiert, dass der einzige Weg, den Krieg zu beenden, darin bestünde, dass die Menschen unter allen Umständen den Militärdienst verweigerten. Der König hatte Albert kommen lassen, um ihn zu bitten, sich zu den Kriegsdienstverweigerern nicht zu äußern.

Einstein willigte ein, sich nicht einzumischen. Er wollte den König nicht verärgern – weder als Freund noch als Oberhaupt eines Landes, das ihm Exil gewährte. Doch wichtiger noch war, dass er angesichts der neuen politischen Realität in Deutschland nicht mehr daran glaubte, dass der Widerstand gegen den Krieg sinnvoll war.

»Was ich zu sagen habe, wird Sie sehr überraschen«, schrieb er in einem offenen Brief an den Führer der pazifistischen Gruppe. »Bis vor Kurzem konnten wir in Europa davon ausgehen, dass der persönliche Widerstand gegen den Krieg einen wirksamen Angriff auf den Militarismus darstellte. Heute sind wir mit einer völlig anderen Situation konfrontiert.«[252] Er erklärte, dass es sich Belgien als kleines Land nicht leisten konnte, seine Streitkräfte instrumentalisieren zu lassen, denn »es braucht sie dringend, um seine bloße Existenz verteidigen zu können. Stellen Sie sich vor, Belgien würde vom Deutschland dieser Tage besetzt!«.

Einstein legte ein ungewöhnliches Geständnis ab. »Wäre ich Belgier«, schrieb er, »würde ich unter den gegenwärtigen Umständen den Militärdienst nicht verweigern; ich würde den Dienst vielmehr in der Überzeugung, damit einen Beitrag zur Rettung der Zivilisation Europas zu leisten, bereitwillig antreten.«

Allerdings beeilte er sich hinzuzufügen, er habe den Pazifismus damit nicht abgelegt: »Das bedeutet nicht, dass ich den Grundsatz aufgebe […] Ich habe keine größere Hoffnung, als dass die Zeit, in der die Verweigerung des Militärdienstes wieder eine wirksame Methode ist, dem Fortschritt der Menschheit zu dienen, in nicht allzu weiter Ferne liegt.«

73

Albert Einstein und Commander Oliver Locker-Lampson im September 1933 auf Locker-Lampsons Landsitz in Roughton Heath/ Norfolk. In dieser abgeschiedenen einfachen Hütte lebte und arbeitete Einstein drei Wochen lang und wurde von bewaffneten Wächtern beschützt. Einer von ihnen ist im Hintergrund zu sehen; mit auf dem Bild ist auch Marjory Howard, eine von Einsteins beiden Assistentinnen während dieser Zeit.

Einstein hatte die Angewohnheit, Komitees und Organisationen zu unterstützen, ohne sich deren Hintergründe genauer anzusehen. Im Laufe seines Lebens wurde er Mitglied, offizieller Unterstützer und manchmal sogar Vorsitzender aller möglichen Gruppen, an deren Sitzungen er nie teilnahm. Eines dieser Komitees hatte gerade ein Buch herausgebracht – das er nicht gelesen hatte –, in dem Hitlers Regime angegriffen wurde. Daraufhin fielen die deutschen Zeitungen begierig über den berühmten jüdischen Wissenschaftler her und prangerten seine Ehrlosigkeit an. Weit verstörender jedoch war, dass sein Name auf einer Liste von Attentatszielen der Nazis auftauchte, und sein Foto erschien in einer Reihe mit anderen »Feinden der deutschen Nation« mit der Bemerkung darunter »Noch nicht gehängt«.

Am 30. August 1933 erschossen nationalsozialistische Extremisten Theodor Lessing, den deutsch-jüdischen Philosophen und Mitstreiter Einsteins, der sich in der Tschechoslowakei aufhielt. Die Mörder wurden in Deutschland gefeiert – auch unter Lessings Foto stand »Noch nicht gehängt«. Bald berichtete die Presse, Einstein sei der Nächste auf der Liste. Die belgische Königsfamilie stellte zwei Polizisten zur Bewachung seines gemieteten Häuschens in den Dünen ab. Einstein war die Rundumbewachung lästig, und er versuchte immer wieder, den Personenschützern zu entkommen, konnte sich aber meist auch darüber amüsieren. Als ihm das Gerücht zu Ohren kam, auf seinen Kopf wären 5000 Dollar ausgesetzt, tippte er sich an seine Schläfe und lächelte: »Ich wusste gar nicht, dass er so viel wert ist!« Er habe »keinen Zweifel«, sagte er einem Pariser Korrespondenten, dass die Bedrohung real sei, »aber ich sehe der Sache auf jeden Fall mit Gelassenheit entgegen«.[253]

Elsa dagegen war alles andere als gelassen, und Albert tat wenig, um ihre Ängste zu zerstreuen, etwa wenn er spekulierte: »Wenn ein Verbrecher ein Verbrechen begehen will, tut er das im Geheimen.« In etwa einem Monat würden sie nach Princeton zum Institute for Advanced Study aufbrechen, und bis dahin, war er der Meinung, würde schon alles gut gehen. Elsa musste ihren Mann nicht lange überzeugen, sich »auf die Flucht« zu begeben. Sie würde zurückbleiben und für Amerika packen.

Erneut nahm Einstein den Kontakt zu Commander Oliver Locker-Lampson auf. Nur einen Monat nach seinem letzten Besuch bestieg er in Begleitung eines Journalisten vom *Sunday Express*, der so freundlich war, die Reise zu organisieren, wieder ein Schiff zurück nach Großbritannien. Einstein verbrachte den Großteil der Überfahrt offenbar mit seinen Gleichungen. Am 9. September erreichte er London und wurde von dort eilends nach Roughton Heath in der Nähe von Cromer an der Küste von Norfolk gebracht, wo er in einer Sommerhütte von Locker-Lampson wohnte.

»Hütte« ist das richtige Wort. Sie war winzig. Die Wände bestanden aus langen schmalen Holzbrettern, und das Dach war mit Stroh gedeckt. Locker-Lampson hatte bewaffnete Wachen mitgebracht sowie zwei junge Frauen – die ihm als seine »Assistentinnen« vorgestellt wurden und zumindest den gestellten Fotos nach ebenfalls bewaffnet waren. »Wer sich unbefugt nähert, bekommt eine Ladung Schrot verpasst«, erklärte sein Gastgeber. Einstein bewertete es anders: »Die Schönheit meiner Wächterinnen wird die Verschwörer schneller entwaffnen als ihre Gewehre.«[254]

Aus naheliegenden Gründen hielt man den Aufenthaltsort des großen Professors geheim. Dass Einstein isoliert gewesen wäre, lässt sich jedoch kaum behaupten. Im Lauf seines dreiwöchigen Aufenthalts kamen ihn nicht wenige Gäste besuchen, und er wurde von der *Daily Mail* interviewt. Er reiste sogar nach London und hielt in der Royal Albert Hall eine Rede zugunsten vertriebener deutscher Intellektueller. Alle 9000 Plätze waren ausverkauft, und die Menschen standen in den Gängen.

74

Aus irgendeinem Grund veranlasste Locker-Lampson, dass ein Pionier der modernen Bildhauerei, Jacob Epstein, eine Büste seines Gastes gestaltete.

Die Sitzungen fanden in Locker-Lampsons Hütte statt. Das war sicherlich nicht das ideale Studio, zumal ein Flügel fast den gesamten Raum einnahm und kaum Bewegungsfreiheit ließ. Zudem war es dunkel. Als Epstein die Wachleute fragte, ob sie für mehr Tageslicht die Tür aushängen könnten, fragten sie ihn sarkastisch, ob sie vielleicht auch noch das Dach abdecken sollen. »Dem hätte ich wohl zustimmen sollen«, erinnert sich Epstein später, »doch ich verzichtete, denn die anwesenden ›Schutzengel‹ schienen mir mein Eindringen in das Refugium des Professors ohnehin schon übel zu nehmen.«[255] Ein Hindernis freilich blieb bestehen. »Ich arbeitete jeden Morgen zwei Stunden. Bei der ersten Sitzung war der Professor in so dichten Tabakrauch gehüllt, dass ich gar nichts mehr sah. Bei der zweiten Sitzung bat ich ihn, in der Pause zu rauchen.«

Ohne Rauchwolken kamen die beiden Männer gut voran. Einstein sprühte vor guter Laune. Er erzählte Witze und spielte zwischen den Sitzungen für Epstein auf seiner Geige oder auf dem im Wege stehenden Klavier. Er erzählte Epstein davon, wie die Nazis versuchten, seine Arbeit zu diskreditieren. Einhundert Professoren hatten offenbar eine Ächtung der Relativitätstheorie veröffentlicht, was Einstein zu der Bemerkung veranlasste, dass auch ein einziger Professor ausreichen würde, wenn er sich denn geirrt hätte. Er spekulierte auch darüber, inwiefern Hitlers Vorgehen ihn in seinem Jüdischsein bestärkt hatte.

Epstein war ein charismatischer, aber kein gut aussehender Mann. Er hatte eine klangvolle, kräftige Stimme mit leicht polnischem Akzent, den er von den Eltern übernommen hatte, und er kleidete sich in Künstlermanier mit Baskenmütze und einem übergroßen, unförmigen dunklen Anzug. Er konnte die Wachen schon bald für sich einnehmen, und an seinem letzten Tag tranken sie alle zusammen ein abendliches Bier.

Einstein war als Modell sehr entgegenkommend. Er hatte die fünfzig überschritten, mit seiner Berühmtheit konnte er gut umgehen, und da er immer gutmütig war, saß er für jeden Modell, der ihn bat, ihn porträtieren zu dürfen, sodass ihm die Abläufe vertraut waren. Epstein war sehr angetan von seinem Auftreten.

Einstein erschien in einem bequemen Pullover, und sein wirres Haar flatterte im Wind. In seinem Blick mischten sich Menschlichkeit, Humor und Tiefsinnigkeit. Das war eine Kombination, die mich begeisterte. Er ähnelte dem älteren Rembrandt […] Einstein beobachtete meine Arbeit mit einer Art naivem Staunen und schien zu spüren, dass ich ihm etwas Gutes tat.[256]

Und so war es auch. Epsteins Bronzebüste gilt als eines seiner besten Porträts. Sie ist grob gearbeitet mit starken Furchen und tiefen Einkerbungen, die Haut besteht geradezu aus nebeneinanderliegenden Graten. Sie ähnelt den Selbstporträts von Rembrandt, nur dass Rembrandt oft so aussieht, als hätte das Leben ihn müde gemacht und geschlagen, Einstein dagegen lächelt über das ganze Gesicht. Epstein gelang es, die Klugheit seines Modells einzufangen, aber er begriff auch, dass die Lebensfreude ein wesentliches Charaktermerkmal Einsteins war.

75

Als Einstein im Oktober 1933 in Southampton an Bord des Ozeandampfers *Westernland* ging, bereit zur Überfahrt nach Amerika, ging er davon aus, im Jahr darauf nach Großbritannien zurückzukommen und ein weiteres Semester an der Christ Church zu verbringen. Er sollte Europa nie wiedersehen.

Die Einsteins, zusammen mit Helen Dukas, lebten sich rasch in ihrer neuen amerikanischen Umgebung ein. Princeton mochte »ein drolliges zeremonielles Kräwinkel [sic] winziger stelzbeiniger Halbgötter«[257] sein, wie Albert es einige Monate nach ihrer Ankunft ausdrückte, trotzdem gefiel es ihnen dort: die Grünanlagen, seine Architektur und der leicht europäisch anmutende Charakter.

»Man kann sich aber durch Verstöße gegen den guten Ton«, meinte er, »eine schöne Ungestörtheit verschaffen; dies thue ich.«[258]

Die Princeton University hatte sich seit der Jahrhundertwende einen exzellenten akademischen Ruf erworben und war weltweit führend in der Mathematik.

Einstein schätzte die Freiheit, die ihm am Institut für eigene Forschungen gewährt wurde. Er betrachtete sie als Beispiel für das Recht in Amerika, tun zu dürfen, was man wollte, ohne Rücksicht auf Traditionen wie in Europa üblich. Im April 1934, nach nur sechs Monaten Aufenthalt, kündigte er an, unbefristet in Princeton zu bleiben. Er wurde vom Institut zum ordentlichen Professor ernannt, und sein Gehalt wurde auf 16 000 Dollar im Jahr erhöht.

Die meisten Einwohner in Princeton verhielten sich ihrem neuen berühmten Mitbürger gegenüber respektvoll und ließen ihn im Rahmen dessen, was man für angemessen hielt, in Ruhe. Doch auch wenn dies nicht bewusst geschah, schien er sein Leben nun eher als die Karikatur seiner selbst zu führen. Es verbreiteten sich Anekdoten über ihn, die meist mehr Fiktion als Wahrheit enthielten, jedoch zugleich auch einige Wesensmerkmale einfingen.

Er war bekannt dafür, dass er Schülern bei ihren Hausaufgaben half, und einmal lieh er sich am Weihnachtsabend eine Geige von einer Gruppe Sternsinger und begleitete sie auf ihrem Rundgang. Er soll auch die Angewohnheit gehabt haben, ein beliebiges Buch aus dem Regal in der Institutsbibliothek zu nehmen, es irgendwo aufzuschlagen, den erstbesten Absatz zu lesen und dann drei Monate lang darüber nachzudenken, bevor er dasselbe mit einem anderen Buch wiederholte.

Eine der Anekdoten erzählt, dass er gestolpert und in einen Abflusskanal gefallen sei, so tief, dass nur noch Kopf und Arme wie ein Pilz aus dem Boden ragten. Ein ortsansässiger Fotograf habe ihm herausgeholfen. Eine andere Geschichte berichtet, jemand habe im Institut angerufen und den Dekan sprechen wollen. Der Dekan sei nicht erreichbar, wurde dem Anrufer mitgeteilt. Wenn das so ist, lautete die zaghafte Antwort, wäre es denn möglich, mir die Privatadresse von Dr. Einstein mitzuteilen? Diese Information dürfe man leider nicht weitergeben.

»Bitte, sagen Sie es nicht weiter«, flüsterte die Stimme am Telefon, »aber ich *bin* Dr. Einstein. Ich habe auf dem Nachhauseweg vergessen, wo ich wohne.«

76

Im Jahr 1935 stieß Einstein auf ein Problem, das seiner Meinung nach mithilfe der Quantenmechanik nicht gelöst werden konnte. Wenn zwei Teilchen kurz zusammenstoßen und dann auseinanderfliegen, lässt sich durch die Messung des Impulses des einen Teilchens der Impuls des anderen bestimmen, auch wenn sie weit voneinander weggeflogen sind. Das aber würde bedeuten, dass man ohne eine Messung etwas über ein Teilchen wissen kann. Nach den Gesetzen der Quantenmechanik war das ausgeschlossen. Quantenmechaniker mussten die Situation daher so interpretieren, dass die Messung des ersten Teilchens eine Wirkung auf das zweite Teilchen hatte, auch wenn sich dieses nicht mehr in der Nähe befand. Dies zu behaupten, sei aber absurd, so Einsteins Einwand. In einem Brief an seinen Freund Max Born erklärte Einstein seine Position mit einem berühmt gewordenen Satz: »[…] dass die Physik eine Wirklichkeit in Zeit und Raum darstellen soll, ohne spukhafte Fernwirkungen.«[259]

Einsteins Zeitgenossen umgingen dieses Problem, indem sie die beiden Teilchen als miteinander »verschränkt«, also verbunden, bezeichneten. In gewisser Weise reagieren verwobene Teilchen, als wären sie ein System. Die von Einstein als Co-Autor publizierte Abhandlung wurde als EPR bekannt, nach den Initialen von Einstein und seinen Kollegen Boris Podolsky und

Nathan Rosen. In dieser Abhandlung ging es um den Ort und den Impuls eines Teilchens. Die einfachste Art, die Auswirkungen dieser Verschränkung der Teilchen zu erklären, ist, vom »Spin«, dem Eigendrehimpuls, eines Teilchens zu sprechen.

Der Spin eines Teilchens kann nur in zwei Zuständen existieren, nach »oben« oder nach »unten«. Was das genau bedeutet, spielt keine Rolle, wichtig ist nur, dass ein Teilchen in einem von zwei Zuständen existieren kann. Bei einem verschränkten Teilchenpaar hat das eine einen »Spin nach oben«, das andere einen »Spin nach unten«. Diese Eigenschaften sind nicht Teil der Verbindung zwischen den Teilchen. Es ist nicht so, als hätte auf ihren Wegen durch das Universum das eine Elektron die Eigenschaften einer Orange und das andere die eines Apfels, sondern ihre Eigenschaften gehen fließend ineinander über, in einer sogenannten Überlagerung. Dies ändert sich erst, wenn eines der Elektronen gemessen wird, sobald es mit etwas in Wechselwirkung tritt. An diesem Punkt der Messung wäre das Elektron ganz und gar Apfel. Das andere, nicht gemessene Elektron wäre ganz und gar Orange.

Wichtig ist dies aufgrund der Unmittelbarkeit: die Information, dass ein verschränktes Teilchen plötzlich den Spin festlegt, wird dem Schwester-Teilchen scheinbar schneller als in Lichtgeschwindigkeit übermittelt, unabhängig davon, wie weit sie voneinander entfernt sind – selbst wenn sie sich an den entgegengesetzten Enden des beobachtbaren Universums aufhalten würden. Für Einstein war diese »Nicht-Lokalisierung« nicht hinnehmbar. Er glaubte, dass nichts schneller sein kann als Lichtgeschwindigkeit, nicht einmal Information, sonst ließe sich die Relativitätstheorie nicht aufrechterhalten. Wie gut für Einstein, dass die Argumentation bald dahin ging, dass gar keine Information ausgetauscht würde, denn die beiden Teilchen müssten als eine physikalische Einheit betrachtet werden – es gibt also kein Signal zwischen ihnen, das schneller wäre als Licht. Da es sich um dieselbe Einheit handelt, ist gar kein

Signal nötig. Die Relativitätstheorie hat also überlebt, wenn auch knapp.

Die Verschränkung blieb der Physik jedoch weiter ein Dorn im Auge, von dem sie noch niemand befreien konnte. Es gibt unterschiedliche Erklärungsversuche dieses Phänomens, doch keine ist bislang endgültig. Auch wurden viele Versuche unternommen, um zu beweisen, dass die Spins der Elektronen, wie es logisch erscheint, von Anfang an festgelegt sind, dass also ein Elektron immer eine Orange und ein anderes Elektron immer ein Apfel ist und es keinen Fruchtmix gibt. Doch diese Versuche blieben ohne Erfolg. Ganz im Gegenteil: Die Verschränkung wurde als Naturerscheinung nachgewiesen. Quantencomputer funktionieren auf dieser Grundlage, und die Verschränkung wurde in Aktion fotografiert.

Einsteins Kritik sollte die bizarren Konsequenzen demonstrieren, die sich ergeben, wenn man der Logik der Quantenmechanik folgt, und als Beweis für ihre Fehlerhaftigkeit gelten. Er glaubte nicht daran, dass die Verschränkung wirklich und wahrhaftig existieren konnte, dass man durch das Anstoßen eines Teilchens ein anderes unmittelbar beeinflussen kann. Doch wie sich herausstellte, ist die Welt deutlich absurder, als Einstein dachte.

77

Im Mai 1934, als sie gerade den Entschluss gefasst hatten, in Amerika zu bleiben, erreichte Einstein und Elsa die Nachricht, dass sich Ilses Gesundheitszustand verschlechterte. Elsas Tochter litt vermeintlich unter Tuberkulose, in Wirklichkeit aber hatte sie Leukämie. Sie war zu ihrer jüngeren Schwester Margot nach Paris gezogen.

Elsa fuhr allein nach Europa, und als sie in Paris ankam, war ihre abgemagerte Tochter bereits dem Tode nah. Ilse hatte sich lange gegen eine angemessene ärztliche Behandlung gesträubt, denn sie war überzeugt, dass ihre Beschwerden psychosomatisch waren. Stattdessen hatte sie sich einer langwierigen Psychotherapie unterzogen. Elsa und Margot konnten kaum mehr für sie tun, als im Sterben bei ihr zu sein. Elsa wurde danach nie wieder die Alte. Der Tod ihrer Tochter erschütterte sie so sehr, dass sie um viele Jahre zu altern schien.

Margot verließ ihren Ehemann und zog nach Amerika zu ihrer Mutter und ihrem Stiefvater. Im August 1935 kauften Elsa und Albert in Princeton ein Haus mit Grundstück in derselben Straße gegenüber, in der sie zur Miete wohnten. Das einfache weiße, holzverkleidete Haus in der Mercer Street 112 war 120 Jahre alt. Mit seinen vier schmalen, quadratischen Säulen, auf denen das Dach einer kleinen Veranda ruhte, war es von schlichter Schönheit, kaum verborgen hinter einer niedrigen Gartenhecke. Sie bezahlten es in bar und hatten noch genug Geld übrig, um es zu renovieren, worum sich Elsa kümmerte, obwohl es ihr selbst gesundheitlich immer schlechter ging.

Schon bald nach dem Umzug ins neue Haus wurde deutlich, dass Elsa es nicht lang würde genießen können. Eine Schwellung an einem Auge wurde bei Untersuchungen in Manhattan als Symptom einer Herz-Nieren-Erkrankung erkannt. Man verordnete ihr Bettruhe, was ihr ein wenig Linderung verschaffte, aber sie ahnte, dass sie nicht wieder gesund werden würde. Im Sommer 1936 mieteten sie ein Haus am Saranac Lake in den Adirondack Mountains, knapp fünfhundert Kilometer nördlich von New York. Sie war überzeugt, sich in einer solchen Umgebung erholen zu können. »Käme jetzt mein Ilschen herein, ich wäre sofort gesund.«[260] Die Ferien brachten zwar ein wenig Besserung, aber keine Heilung.

Auch wenn Einstein Elsa gelegentlich vorlas, arbeitete er in den Tagen ihrer Krankheit geradezu manisch, manchmal schlief er kaum. Elsa informierte ihre Freundin Antonina Vallentin, dass Einstein mit der Situation schlechter zurechtkam, als sie erwartet hatte. »Albert hatte sich so sehr um mich gebangt, daß er elend und gedrückt herumging«, schrieb sie. »Ich hatte nie gedacht, daß er derart an mir hänge. Das tut auch gut.«[261] Im Winter war Elsa wieder bettlägerig. Sie starb am 20. Dezember 1936. Ihr Mann weinte bei ihrem Tod.

Wenige Tage später war er, blass und fahl im Gesicht, wieder zurück im Büro. Trotzdem konnte es einer seiner Mitarbeiter nicht über sich bringen, ihn mit nichtssagenden Beileidsbekundungen zu quälen. Stattdessen diskutierten sie über ein spezifisches Problem ihrer Forschungsarbeit, als wäre nichts geschehen. Einstein schrieb zwei kleine, aber unbedeutende Abhandlungen in den Monaten nach dem Tod seiner Frau, doch es gelang ihm nicht, einen klaren Gedanken zu fassen.

In einem Brief an Hans Albert schrieb er, dass er sich nicht konzentrieren könne. Elsas Tod habe ihm das Leben schwer gemacht. »Aber solange ich arbeiten kann, darf und will ich mich nicht beklagen; denn dies ist das einzige, was dem Leben einen wirklichen Inhalt gibt.«[262]

78

An einem flirrend heißen Sommertag 1937 fuhren Leopold Infeld und C. P. Snow Albert Einstein in seinem gemieteten Ferienhaus auf Long Island besuchen. Infeld war ein polnischer Physiker, der mit Einstein in Princeton an einer Gleichung zur Beschreibung der Sternenbewegungen zusammenarbeitete. Snow war Molekularphysiker in Cambridge und Romanautor.

Snow schrieb über die Begegnung: »Aus der Nähe betrachtet, war Einsteins Kopf, wie ich ihn mir vorgestellt hatte: überwältigend, mit einem Anflug von Humor, der ihn menschlicher wirken ließ. Eine hohe, gefurchte Stirn; eine Aureole weißen Haars; riesige braune Kulleraugen.«[263] Er erinnerte sich daran, einmal gehört zu haben, er »strahle die Heiterkeit eines guten Handwerkers aus und sehe aus wie ein altmodischer Uhrmacher in einer Kleinstadt, der vielleicht sonntags Schmetterlinge sammle«.

»Was mich überraschte«, schreibt er weiter, »war sein Körperbau. Er kam gerade vom Segeln und trug nur ein Paar kurze Hosen. Er hatte einen kräftigen, sehr muskulösen Körper: In der Taille und an den Oberarmen war er etwas zu dick, eher wie ein Fußballer mittleren Alters, doch er war noch immer ein ungewöhnlich starker Mann. Er war herzlich, unkompliziert und kein bisschen reserviert.«

Man kam ins Gespräch. Einstein fragte Snow, ob er Pazifist sei. »Davon bin ich weit entfernt, erklärte ich. Ich war mir damals sicher, dass ein Krieg unvermeidlich war. Ich hatte weniger Angst vor dem Krieg als davor, dass wir ihn verlieren könnten. Einstein nickte.«

Der Tag war schwül und drückend heiß – das Atmen fiel schwer. Es gab nicht viel zu essen, und Einstein rauchte unablässig seine Pfeife. »Platten mit belegten Broten – verschiedene Wurstsorten, Käse, Gurke – wurden immer wieder hereingebracht. Alles war zwanglos mitteleuropäisch. Wir tranken nur Mineralwasser. Bei der Hitze und mit den Broten wurde ich so durstig, als wäre ich dehydriert, und trank in acht Stunden mehr Wasser als normalerweise in acht Monaten.

Wir sprachen hauptsächlich über Politik, über die moralischen und praktischen Entscheidungen, die uns bevorstanden, und was uns vor dem Sturm schützen konnte, der über uns hereinbrach, nicht nur in Europa, sondern über die ganze Menschheit. Er sprach mit dem ganzen Gewicht seiner moralischen Erfahrung, die sich nicht nur quantitativ, sondern auch in ihrer Art und Weise von allem unterschied, was ich bisher erlebt hatte […] Es war, als spräche man mit einer Art zweitem Jesaja.«

Einstein sprach über die verschiedenen Länder, in denen er gelebt hatte. Meist waren sie ihm im umgekehrten Verhältnis zu ihrer Größe am liebsten. Hieß das, dass er England mochte?, fragte Snow. Ja, England – er mochte England. Es war ein bisschen wie Holland, das er sehr mochte.

Warum hatte er sich nach seiner Vertreibung aus Deutschland nicht für England entschieden?

»Nein, nein!«

»Warum nicht?«

»Das liegt an eurem Lebensstil.« Er lachte laut. »Ein wundervoller Lebensstil. Aber das ist nichts für mich.«

Snow fragte, was er damit meinte, und Einstein antwortete, dass er an seinem ersten Tag in England zu einem Anwesen auf dem Land gebracht worden war. Dort gab es einen Butler. Und man trug dort Abendgarderobe. Danach hatte er die meiste Zeit in Christ Church verbracht, wo es nur so wimmelte von Butlern und Abendgarderobe. Einstein schien zu glauben, Engländer verbrächten ihre Tage damit, sich ständig umzuziehen. Snow widersprach, doch Einstein glaubte ihm nicht. Ob Snow das deutsche Wort »Zwang« kenne? Es bedeute »Einschränkung« im weitesten Sinne des Wortes, Einschränkung in jeder Form, intellektuell, emotional, gesellschaftlich. Er wollte keinen *Zwang*.

Sie unterhielten sich mehrere Stunden lang, bis Snow bemerkte, dass die Nacht hereinbrach. »Einstein sprach über die Bedingungen für Kreativität. Er sagte, dass man seiner Erfahrung nach keine gute, kreative Arbeit leisten könne, wenn man unglücklich sei. Er konnte sich kaum einen Physiker vorstellen, der in einem solchen Zustand gute Arbeit vollbracht hätte. Auch keinen Komponisten oder Schriftsteller.

»Das war eine unerwartete, seltsame Bemerkung.«

79

Einstein hatte etliche Haustiere in der Mercer Street 112, die alle ihre eigenen Probleme mit der Welt zu haben schienen.

Bibo, der Papagei, hatte viele Gebrechen. Einstein glaubte, dass der arme Bibo niedergeschlagen war, und so erzählte er ihm Witze, um ihn ein wenig aufzumuntern.

Dann gab es den etwas molligen und ziemlich strubbeligen Foxterrier Chico, der nach einem der Marx Brothers benannt war. »Der Hund ist intelligent. Er hat Mitgefühl mit mir, weil ich immer so viel Post bekomme, deswegen versucht er den Postboten zu beißen.«[264]

Einsteins Katze Tiger war eine sensible Zeitgenossin. Wenn es regnete, war sie unglücklich, und Einstein pflegte ihr dann zu erklären: »Ich weiß schon, wo es fehlt, meine Gute, aber wie man es abstellt, weiß ich wirklich nicht.«[265]

Tatsächlich zog Einstein die Gesellschaft von Tieren der von Menschen gelegentlich vor.

Als die Katze von Ernst Straus, einem Freund von Einstein, Junge bekam, wollte er sie so unbedingt sehen, dass er ihn nach Hause begleitete. Unterwegs wurde er ein wenig besorgt – alle Nachbarn von Straus, so stellte sich heraus, arbeiteten mit Einstein am Institute for Advanced Study. »Gehen wir lieber etwas schneller«, sagte er, »ich habe die Einladungen von so vielen Leuten hier abgelehnt, hoffentlich merken die nicht, dass ich Ihre Katzen besuche.«[266]

80

Einstein pflegte Ehrendoktorwürden nicht persönlich entgegenzunehmen. Er erhielt allzu viele. Im Mai 1946 machte er jedoch für die Lincoln University in Pennsylvania eine Ausnahme. Sie war die erste Hochschule in den USA, die Afroamerikanern einen akademischen Grad verlieh. Er tauschte einen grünen, bewaldeten Campus gegen einen anderen aus und machte sich auf den kurzen Weg von Princeton aus, um eine Vorlesung über die Gleichungen der allgemeinen Relativitätstheorie und eine Rede zu halten.

»Mein Besuch dieser Universität dient einem guten Zweck«, verkündete er den Studenten und der Fakultät. »Es gibt eine Trennung zwischen Farbigen und Weißen in den Vereinigten Staaten. Diese Trennung ist keine Krankheit der Farbigen. Sie ist eine Krankheit der Weißen. Ich habe nicht vor, dazu zu schweigen.«[267]

Und er schwieg tatsächlich nicht. Einstein prangerte in seinen Essays und Reden den Rassismus, den er in Amerika vorfand, offen an. Er unterstützte prominente Schwarze Intellektuelle wie W. E. B. Du Bois und Paul Robeson, trat Vereinen bei und wurde Co-Vorsitzender des Verbandes »Crusade to End Lynching«, der zum »Kreuzzug zur Beendigung von Lynchmorden« aufrief. Doch er engagierte sich nicht nur öffentlich gegen rassistisch motivierte Intoleranz, sondern auch durch Nachbarschaftshilfe und kleine private Wohltaten.

Am 16. April 1937 kam die berühmte Opernsängerin Marian Anderson für ein Konzert am selben Abend nach Princeton. Als sie zum Nassau Inn ging, um eine Unterkunft für die Nacht zu buchen, wurde ihr ein Zimmer verweigert, weil sie schwarz war. Als Einstein davon erfuhr, lud er Anderson ein, bei ihm zu übernachten. Die beiden waren sich einige Jahre zuvor bereits begegnet und hatten sich hinter der Bühne in der Carnegie

Hall nach einem ihrer Konzerte kurz unterhalten. Einstein war begeistert gewesen von ihrer Interpretation von Schuberts »Der Tod und das Mädchen«. Anderson dagegen hatte sein sensibles Gesicht und seinen weißen Haarschopf bewundert und fühlte sich zutiefst geehrt.

Als Anderson in der Mercer Street eintraf, kam ihr Einstein zur Begrüßung entgegen. Margot hatte ihr ein Zimmer bereitet, in dem sie sich ausruhen und umziehen konnte, und brachte ihr ein Tablett mit Essen. Auch wenn Einstein nicht mehr so viel ausging wie in früheren Tagen, besuchte er das Konzert. Sie trat in Princeton im bis auf den letzten Platz ausverkauften McCarter Theatre auf und sang, laut *Daily Princetonian*, in »vollendeter künstlerischer Beherrschung einer wundervollen Stimme«. »Das Publikum lag Miss Anderson von der ersten Händel-Arie bis zum letzten Negro-Spiritual zu Füßen. Man kann diese Vorstellung kaum besprechen, ohne sich in Superlativen zu ergehen. Selten ging eine solche Stimme mit einem so perfekten intellektuellen und emotionalen Verständnis der Musik einher.«[268]

Nach dem Konzert gab es einen Empfang. Selbstverständlich war auch Einstein als lokale Berühmtheit dazu geladen, auch wenn, wie Anderson sagte, niemand beleidigt gewesen wäre, hätte er abgesagt.[269] Doch er kam eine Weile mit und wartete dann zu Hause auf Anderson. Von da an wohnte sie immer, wenn sie nach Princeton kam, bei Einsteins in der Mercer Street.

Einmal ließ Margot Marian zum Üben in ihr eigenes Zimmer. Anderson wusste nicht, dass Bibo, der Familienpapagei (der »Schön, wie schön« und »Gib mir ein Busserl« sagen konnte), im Zimmer war. Sein Käfig war für die Nacht bereits abgedeckt, doch als sie mit ihren Stimmübungen begann, kam wie aus dem Nichts seine Stimme, und er begleitete sie mit seinem »Truu, truu, truu …« – und Anderson brach in lautes Lachen aus.

81

Die FBI-Akte über Albert Einstein umfasst 1400 Seiten. Mehr als zwanzig Jahre lang wurde der Professor überwacht. Das FBI öffnete gelegentlich seine Post, hörte das Telefon ab und drang sogar in seine Wohnung ein.

Da die Agenten auch Anekdoten mithörten, liest sich die Akte überraschend oft eher wie eine boshafte Verleumdung. Das zeigt der folgende Eintrag:

> EINSTEIN war mutmaßlich persönlicher Kurier der kommunistischen Partei, der wichtige Informationen, die von der kommunistischen Partei weitergeleitet wurden, mündlich an ausgesuchte Informanten weitergab. Da die Nachrichten zu bedeutend waren, um sie per Post, Telefon, Telegrafen oder andere Kommunikationsmittel sicher übermitteln zu können, aus diesem Grund wurde EINSTEIN, ein vertrauenswürdiger Kommunist, als persönlicher Kurier für die Partei beauftragt. [270]

In einem anderen Eintrag wird vermutet, dass Hans Albert von den Sowjets als Geisel gehalten wurde, als Druckmittel, um Einstein ungewollt zum Helfer für kommunistische Aktivitäten zu machen. Diese Spur wurde jedoch fallen gelassen, als man herausfand, dass Hans Albert nicht in Russland war, wie das FBI angenommen hatte, sondern in Berkeley an der University of California als Professor lehrte.

Die Agenten spürten eine Reihe von Quellen auf, die die Zielperson ihrer Ermittlungen betraf. Einsteins Akte umfasst jedoch erstaunlich wenige seiner politischen Schriften, aber sie enthält beispielsweise einen Bericht, der auf einem Zeitungsartikel basiert, den der Agent gelesen hatte:

> Einstein war einer von vielen bedeutenden Deutschen, die ihren Einfluss und ihr Ansehen vor der Machtübernahme Hitlers

> zur Unterstützung der kommunistischen Partei einsetzten. […] Einstein erklärte 1947 öffentlich, die kommunistische Partei sei in Frankreich die einzige echte Partei mit einer soliden Organisation und einem konkreten Programm. Im Mai 1948 hielt er mit »10 ehemaligen Nazi-Wissenschaftlern« ein geheimes Treffen ab, um eine neue Geheimwaffe aus Lichtstrahlen zu testen, die von Flugzeugen aus eingesetzt werden und Städte zerstören konnten.

Maßnahmen im Zusammenhang mit der tödlichen Strahlenwaffe wurden nicht ergriffen, denn, wie in der Akte vermerkt, »der Militärgeheimdienst informierte das FBI, dass diese Information keine reale Grundlage haben konnte«.

Manchmal schrieben Bürger Briefe an das FBI und übermittelten Informationen und Tipps oder einfach nur Verdächtigungen. Wurde das Schreiben für relevant erachtet, wurde es der Akte beigefügt.

So auch diese Postkarte in Einsteins Akte, die mit »Ein Amerikaner« unterzeichnet war:

> Ist die Atomenergie sicher, solange wir Männer wie Einstein auf unserer Liste haben? Passen Sie auf ihn auf. [P.S. Fliegende Untertassen sind KLEINE Experimente der Russen für 1000-mal größere – dazu später.]

82

Albert Einstein, 1939

Als junger Mann wurde der Dramatiker Jerome Weidman zu einem Kammermusik-Abend bei einem bekannten New Yorker Wohltäter eingeladen. Er freute sich nicht besonders auf den Abend, da er keinerlei musikalisches Gehör besaß und er Musik daher nichts abgewinnen konnte. Er setzte sich in den großen Salon, das Orchester spielte, und er versuchte so gedankenvoll wie möglich zu wirken, zog sich aber ganz in sich selbst zurück. Als das Orchester zu Ende gespielt hatte, klatschte er mit den anderen Beifall.

Rechts von ihm fragte jemand mit freundlicher Stimme: »Sie mögen Bach?«[271]

Sein Nachbar war Albert Einstein.

Weidman mochte Bach nicht. Er wusste nichts über Bach. Er versuchte eine höfliche Antwort, geriet aber ins Straucheln. Es war nichts weiter gewesen als eine höfliche Frage, er hätte also problemlos eine entsprechend unverfängliche Antwort geben können. Als er Einstein jedoch in die Augen schaute, wusste

Weidman, dass er seine Antwort ernst nehmen würde. Er hatte das Gefühl, dass er nicht lügen durfte.

»Ich weiß nichts über Bach«, antwortete er verlegen. »Ich habe noch nie Musik von ihm gehört.«

Einstein war erstaunt.

»Es ist nicht so, dass ich Bach nicht mögen wollte«, versicherte Weidman schnell. »Es liegt daran, dass ich völlig unmusikalisch bin, oder so gut wie, deshalb habe ich nie wirklich Musik gehört, von niemandem.«

Jetzt war Einstein ernsthaft besorgt. »Kommen Sie bitte mal mit?«, fragte er.

Er nahm Weidmans Arm und führte ihn aus dem überfüllten Raum, was verwirrte Blicke auf sie zog und eine Welle geflüsterter Spekulationen auslöste. Sie gingen die Treppe hinauf zum Arbeitszimmer, wo Einstein seine neue Bekanntschaft losließ und die Tür schloss. »So! Verraten Sie mir bitte, wie lange Sie schon so über Musik denken?«

»Mein ganzes Leben lang. Bitte gehen Sie doch wieder hinunter, Herr Dr. Einstein, und hören Sie zu. Dass ich keine Freude daran habe, spielt doch keine Rolle.«

»Bitte – erzählen Sie! Gibt es denn irgendeine Art von Musik, die Sie mögen?«

»Nun, ich mag Lieder mit Text, und Musik, bei der ich der Melodie folgen kann.«

Er lächelte. »Können Sie mir vielleicht ein Beispiel nennen?«

»Fast alles von Bing Crosby.«

»Gut!«

Einstein ging zum Plattenspieler und durchsuchte die Platten seines Gastgebers. »Ah!«

Er legte die Platte auf: Bing Crosbys »Where the Blue of the Night Meets the Gold of the Day«. Sichtlich zufrieden strahlte Einstein Weidman aufmunternd an und zeigte mit seiner Pfeife in der Luft den Takt an. Nach einer Weile stoppte er die Aufnahme.

»Verraten Sie mir bitte, was Sie soeben gehört haben?«

Weidman versuchte den Text, so gut es ging, nachzusingen. Einstein war darüber überglücklich.

»Sehen Sie! Sie haben ein musikalisches Gehör!«

Und so machten die beiden einen neuen Versuch mit einer anderen Aufnahme: »The Trumpeter« von John McCormack und eine weitere, ein oder zwei Refrains aus einem Operneinakter.

»Hervorragend, hervorragend«, sagte Einstein, als Weidman es schaffte, die Tonfolge, die er gehört hatte, nachzusingen. »Und jetzt das!« Und er legte etwas anderes auf und noch etwas und noch etwas. Als Weidmann eine Melodie ohne Worte nachgesummt hatte, waren sie offenbar fertig. Er konnte es nicht fassen, dass ihm Einstein so viel ehrliche Aufmerksamkeit gewidmet hatte.

»Und jetzt, junger Mann«, sagte Einstein, »sind wir bereit für Bach!«

Kurz bevor die Musiker neu einsetzten, kehrten sie in den Salon zurück.

»Entspannen Sie sich und hören Sie zu«, flüsterte er ihm aufmunternd zu. »Das ist alles.«

Also hörte Jerome Weidman zu, als Bachs Jagdkantate gegeben wurde.

Diesmal war sein Beifall echt.

Nachdem die Musiker sich verbeugt hatten, kam die Gastgeberin auf Weidman und Einstein zu.

»Es tut mir sehr leid, Herr Dr. Einstein«, sagte sie spitz, »dass sie so viel vom Konzert verpasst haben.«

»Das tut mir auch sehr leid«, erwiderte Einstein. »Mein junger Freund hier und ich waren allerdings mit dem Größten beschäftigt, wozu der Mensch fähig ist.«

»Tatsächlich? Und was wäre das?«

»Die Grenze zur Schönheit ein klein wenig zu öffnen.«

83

Ein Tag im Büro, 1939

Maja, Margot, Helen und Albert sitzen am Esstisch und trinken den letzten Kaffee. Er trägt eine Anzughose und ein lockeres weißes Hemd, der Kragen lugt aus einem dicken Strickpullover hervor. Die Pfeife hat er im Mund. Sein Arzt hat ihm erneut geraten, das Rauchen aufzugeben, also kaut er rastlos auf dem Mundstück herum, um sich wenigstens noch eine Spur des Vergnügens zu erhalten.

Das Frühstück ist vorbei, sie wünschen ihm viel Erfolg bei der Arbeit, und Einstein geht ohne besondere Eile über die kleine Veranda, steigt die drei Stufen Richtung Gartentor hinunter und tritt auf die Mercer Street hinaus. Die Bäume, die die Straße säumen, haben noch nicht lange ihre Blätter. Die Gärten seiner Nachbarn blühen auf. Fünf Minuten später bleibt er bei einer Frau stehen, die Richtung Stadt unterwegs ist. Sie tadelt ihn, weil er den Kindern aus der Nachbarschaft ein schlechtes Beispiel gebe. Sie kann ihre Tochter einfach nicht überzeugen, Socken zu tragen, weil sie weiß, dass er auch keine trägt. Einstein zeigt Verständnis, verteidigt aber seine Haltung – und die Intelligenz ihrer Tochter. Socken seien völlig unnötig, versichert er ihr.

Vorbei am McCarter Theatre und weitere zehn Minuten durch die Stadt gelangt er zur Fine Hall, einem neugotischen Gebäude aus rotem Backstein, das zur mathematischen Fakultät von Princeton gehört. Es wurde erst 1931 erbaut, verfügt aber dennoch über eichengetäfelte Wände, Bleiglasfenster und einen Gemeinschaftsraum, der mit Schachtischen und Ledersesseln ausgestattet ist. Das Gebäude wird auch vom Institute for Advanced Study genutzt, bis im Herbst ein eigener Campus fertiggestellt ist.

Seine beiden Assistenten sind bereits im Büro.

»Guten Morgen, meine Herren«, grüßt er.

Bergmann und Bargmann – so lauten ihre Namen – erwidern den Gruß. »Guten Morgen, Herr Professor.«

Einstein setzt sich an seinen Schreibtisch und durchsucht Papiere, die wild verstreut herumliegen. Erst vor Kurzem musste er einen Versuch der einheitlichen Feldtheorie aufgeben, an dem er sechs Monate lang gearbeitet hatte, und Bergmann und Bargmann wirken noch immer deprimiert. Ihn dagegen scheint dies ganz und gar nicht zu entmutigen. Sie arbeiten bereits an einem neuen Ansatz, und er ist zuversichtlich, dass er auf dem richtigen Weg ist. Über seine neue Idee sagte er zu Bergmann und Bargmann: »Das ist so einfach – Gott hätte sich das niemals entgehen lassen.«[272] Sein Lachen, seine gute Laune und seine Beharrlichkeit färben unmittelbar auf seine Assistenten ab.

Im Gemeinschaftsraum gibt es in der Pause am Vormittag Tee. Heute sind fast alle da. Mit ihren Tassen und Untertassen in der Hand unterhalten sich die Kollegen Hermann Weyl, Oskar Morgenstern, John von Neumann, Eugene Wigner und er über ihre Arbeit und nichts anderes.

Niels Bohr kann Einstein nicht entdecken, aber darüber ist er froh. Bohr hält sich für einen guten Monat in Princeton auf, doch Einstein geht ihm aus dem Weg. Sie haben natürlich kurz geplaudert, aber ihr gewohntes Hin und Her über die Quantenwelt haben sie nicht wieder aufgenommen. Auch über die Neuigkeiten aus Europa haben sie nicht gesprochen: Die Physiker Otto Hahn und Fritz Strassmann haben in Deutschland, kurz bevor Bohr nach Amerika aufbrach, ein Uranatom mit Neutronen beschossen, und es war ihnen gelungen, das Atom zu spalten. Seitdem wurden in der Fakultät wie wild Studien über diese sogenannte Kernspaltung verfasst. Nein, Einstein hatte erst kürzlich einen Vortrag über seine jüngsten Versuche einer einheitlichen Feldtheorie gehalten, den Bohr besucht hatte. Einstein hatte ihn direkt im Blick, als er berichtete, dass er schon lange versuche, mit der eben erläuterten Methode Quanteneffekte zu erklären. Schluss damit. Genug des alten Streits!

Zurück in seinem Büro, ist er bald fertig für diesen Tag, und er hinterlässt seinen Schreibtisch noch unordentlicher, als er ihn am Morgen vorgefunden hatte. Sicherlich wird ihn früher oder später jemand darauf ansprechen. Er lächelt bei dem Gedanken und geht im lebhaften Gespräch mit drei, vier Kollegen zum Mittagessen nach Hause. Sie bleiben vor dem Haus in der Mittagssonne stehen und setzen ihr tiefgehendes Gespräch noch eine Weile fort, bis sie sich zerstreuen und Einstein allein zurückbleibt. Noch ganz in Gedanken bei dem Gespräch vergisst er alles um sich herum und geht Richtung Institut davon, bis Fräulein Dukas aus dem Haus eilt und ihn zurückruft.

Zum Mittagessen gibt es Makkaroni, was ihn sehr zufrieden stimmt, erinnert es ihn doch an längst vergangene Zeiten mit seiner Familie in Mailand. Dukas erzählt ihm von ihrem Tag und überreicht ihm einen Teil der eingegangenen Post, die Briefe, die er ihrer Meinung nach persönlich lesen sollte. Auch ein Brief von Eduard ist darunter, berichtet sie, und fasst den Inhalt für ihn zusammen. Den könne er ein andermal beantworten, wenn er dazu in der Lage sei.

Er spricht mit seiner Schwester, die gerade etwas gereizt ist, weil sie herausgefunden hat, dass ihr Hotdogs schmecken, obwohl sie Vegetarierin ist. Albert, der es nicht erträgt, wenn sie Kummer hat, erklärt die Wurst fortan zum Gemüse. Sehr zu Majas Freude.

Natürlich sprechen sie auch über Deutschland, über Hitler und den bevorstehenden Krieg. Sie machen sich um Majas Mann, Paul Winteler, Sorgen und um Michele Besso und seine Frau Anna, die nach Italien gegangen sind, wo Mussolini herrscht. Einstein ist dankbar, dass es Maja aus Florenz herausgeschafft hat und zu ihm kommen konnte. Und er freut sich, dass Hans Albert nach Amerika gezogen ist. Er wird bald fünfunddreißig, bemerkt Maja. Wirklich, fragt Albert, wann hat er Geburtstag?

Einstein klagt, dass er für die Einwanderer aus Europa nicht mehr so viel tun kann wie bisher. Das Programm, das er ins Leben gerufen hatte, um die Amerikaner zu ermutigen, verfolgten europäischen Juden zu helfen, war gescheitert. Und da er selbst jahrelang Einwanderer in die USA mit Darlehen für die Reisekosten und Geldgeschenken oder mit eidesstattlichen Erklärungen, mit denen er für ihren Charakter bürgte, unterstützt hat, versiegen nun seine Geldmittel.

Seine Gedanken schweifen ab, und er entzieht sich der Unterhaltung. Nach einem kurzen Mittagsschlaf bleibt er bis spätabends in seinem Arbeitszimmer, nur von einem leichten Abendessen mit belegten Broten unterbrochen. Wenn er noch ein paar Fragen zu seiner neuen Feldtheorie abarbeiten könnte, würde ihm der Beweis gelingen, dass er recht hatte.

84

Albert Einstein und David Rothman, Horseshoe Cove, Nassau Point, 1939

Die Sommerferien 1939 verbrachte Einstein in North Fork auf Long Island. Eines Tages besuchte er dort das Städtchen Southold, ging in das Haushaltswarengeschäft am Ort und fragte nach »sundials«, »Sonnenuhren«. David Rothman, der

Ladenbesitzer, bedauerte – die führe er leider nicht. Doch in seinem Garten habe er eine, fuhr er fort. Er führte den Professor hin und fragte, ob sie ihm recht sei. Da fing Einstein laut und herzlich an zu lachen, bis er endlich seinen Fuß in die Luft streckte: »Sundials«. Das jedenfalls hatte Rothman dem starken deutschen Akzent des Professors entnommen, bis er begriff, dass Einstein Sandalen brauchte – »sandals«.[273]

Die beiden wurden Freunde. Rothman traf sich mit ortsansässigen Musikern zu Streichquartett-Abenden bei sich zu Hause, und Einstein wurde ein regelmäßiger Gast und Mitspieler. Einmal war auch der junge Benjamin Britten mit von der Partie. Er begleitete den Tenor Peter Pears am Klavier und Einstein an der Violine. Beide Musiker erinnerten sich an Alberts wenig zuverlässige Intonation.

Einstein wohnte ganz in der Nähe, am Nassau Point, einer Landzunge, die in die Little Peconic Bay hineinragt und aus kleinen Stränden, lichten Wäldern und weitläufigen, sanft geschwungenen hübschen Buchten besteht, alle von Schilf und Bäumen gesäumt und mit hölzernen Anlegestellen. Das Haus, das er von einem ortsansässigen Arzt gemietet hatte, war bescheiden – zwei Etagen, ein niedriges Dach, eine Veranda und, von einer Anhöhe, mit Blick auf das Meer.

Er ging gern in den umliegenden Wäldern spazieren, dachte über die Einheit der Kräfte nach und war in Sorge angesichts der auf die Menschheit zurollenden Flut des Nationalsozialismus. Gelegentlich zog er die Aufmerksamkeit der Einheimischen auf sich, aber ohne sie zu stören. Er war freilich nicht allein dort – seine Familie begleitete ihn. Und die zweifache Oscar-Preisträgerin Luise Rainer und ihr Mann, der Dramatiker Clifford Odets, waren zu Gast. Einstein flirtete so offensichtlich mit Luise, dass Clifford ihn aus einigen Urlaubsfotos herausschnitt.

Vor allem aber war Einstein zum Segeln nach Nassau Point gekommen. Neben der Musik war ihm das Segeln das größte

Vergnügen, obwohl er nicht schwimmen konnte und auch keinerlei Anstrengung unternahm, es zu lernen. Die Kinder von Long Island mussten ihn oft retten, wenn er mit seinem kleinen Segelboot *Tieff* – was grob übersetzt im Jiddischen »Schrott« bedeutet – gekentert war. Einmal wollte er mit seiner Schwester Maja nach Southold segeln, damit Rothman sein Boot für ihn unterstellen konnte, doch er segelte vorbei und verpasste die Stadt. Am Ende waren die Geschwister neun Stunden lang ohne Essen auf See, bis man sie endlich fand.

Meist ließ er sein Boot, wenn er in Gedanken bei seinen Ideen und mathematischen Überlegungen war, in den idyllischen Gewässern der Peconic Bay treiben. Doch wenn er zu Späßen aufgelegt war, hielt er auf andere Boote zu, drehte erst in der allerletzten Minute ab und amüsierte sich köstlich über die erschrockenen Gesichter der einheimischen Segler.

85

Am Nachmittag des 11. Oktober 1939, einem Mittwoch, wurde Alexander Sachs zu einer Unterredung mit Präsident Franklin D. Roosevelt ins Oval Office geführt.

»Was ist los, Alex«, begrüßte ihn der Präsident.[274]

Sachs begann, nicht zum ersten Mal in ihrer Bekanntschaft, mit einer Parabel. Einmal besuchte ein Erfinder Napoleon, erzählte er, und behauptete, er könne Schiffe bauen, die keine Segel bräuchten und nicht auf Wind angewiesen seien. Mit solchen Schiffen könne er Großbritannien angreifen, ohne auf das Wetter auf hoher See achten zu müssen. »Pff!«, war Napoleons ganze Reaktion, bevor er den Erfinder verärgert wegschickte. Schiffe ohne Segel, na klar. Die Pointe, so Sachs: Der Mann, der sich an Napoleon gewandt hatte, war Robert Fulton, der Erfinder des Dampfschiffs. Was Sachs Roosevelt jetzt zu sagen habe, fuhr er fort, sei von ebenso großer Bedeutung wie Fultons Botschaft.

Sachs nahm seine Unterlagen zur Hand. Er hatte einen dringenden Brief von Albert Einstein dabei.

Wenige Monate zuvor hatten sich zwei geflüchtete ungarische Physiker, Leo Szilard und Eugene Wigner nach Long Island begeben, um Einstein in seinem Feriendomizil aufzusuchen. Sie brauchten seine Hilfe. Es wurde immer wahrscheinlicher, dass man mithilfe von Uran außergewöhnlich schlagkräftige Bomben entwickeln konnte, und die Sorge wuchs, dass Deutschland erhebliche Mengen davon kaufte. Szilards und Wigners einzige Idee, sie dabei aufzuhalten, war, Einstein darum zu bitten, seiner Freundin Königin Elisabeth von Belgien einen Brief zu schreiben, denn die größten Uranvorkommen befanden sich im Kongo, einer belgischen Kolonie. Mit einem Schreiben an seine »liebe Königin«, so hofften sie, könnte Einstein die belgische Regierung davon abbringen, Deutschland Uran zu verkaufen.

Nachdem Szilard und Wigner die Gegend abgefahren und die Einheimischen gefragt hatten, ob sie wüssten, wo sich Dr. Einstein aufhielt, spürten sie ihn tatsächlich auf. In der Juli-Hitze auf der kleinen Veranda seines Ferienhauses eröffneten sie ihm ihre Sorge und sprachen mit ihm über den Prozess, eine explosive Kettenreaktion mit Uran auszulösen.

Einstein begriff innerhalb von fünfzehn Minuten die Auswirkungen einer solchen Technologie und erklärte sich einverstanden, einen Brief zu schreiben, allerdings an einen belgischen Minister, den er kannte, nicht an die Königin. Wigner wies klugerweise darauf hin, dass drei ausländische Flüchtlinge, die sich in verteidigungspolitischen Fragen an die Regierung eines weiteren Landes wenden wollten, dies wohl besser über das Außenministerium in die Wege leiten sollten. Einstein schrieb den Entwurf seines Briefes auf Deutsch, Wigner übersetzte ihn und schickte ihn Szilard. Über einen gemeinsamen

Freund kam Sachs ins Spiel und bot an, den Brief im Weißen Haus direkt zu übergeben.

Da der Brief jetzt einem anderen Adressaten galt, überarbeiteten ihn Einstein und Szilard. Der Brief befasste sich nicht mehr mit den Uranvorkommen im Kongo und belgischen Exporten, sondern rief den Präsidenten der Vereinigten Staaten auf, über die Einsatzmöglichkeiten nuklearer Waffen nachzudenken:

> Ich halte es […] für meine Pflicht, Ihnen die folgenden Tatsachen und Empfehlungen zur Kenntnis zu bringen:
> Im Lauf der letzten vier Monate ist es aufgrund der Arbeit von Joliot in Frankreich sowie Fermi und Szilard in Amerika wahrscheinlich geworden, in einer großen Masse Uran eine nukleare Kettenreaktion auslösen zu können, die enorme Mengen an Energie und eine große Masse neuer radiumähnlicher Elemente erzeugen würde. Nun scheint es so gut wie sicher, dass dies in unmittelbarer Zukunft erreicht sein wird.
> Das neue Phänomen würde zum Bau von Bomben führen und es ist denkbar – wenngleich weniger sicher – dass auf diese Weise extrem schlagkräftige neuartige Bomben gebaut werden können. Eine einzige Bombe diesen Typs, die auf einem Schiff in einen Hafen transportiert und dort explodieren würde, könnte den gesamten Hafen und einen Teil des umliegenden Gebiets zerstören. Für den Transport über den Luftweg könnten sich diese Bomben allerdings als zu schwer erweisen. [275]

Einstein wies zudem auf die besten Uranquellen hin und warnte, dass die Nazis offenbar dabei waren, so viel Uran aufzutreiben wie möglich. »Ich verstehe«, schrieb er, »dass Deutschland den Verkauf von Uran aus den von ihm übernommenen tschechoslowakischen Minen tatsächlich eingestellt hat«. Einstein riet der amerikanischen Regierung, Uranvorräte anzulegen, sich mit Wissenschaftlern in Verbindung zu setzen, die an nuklearen Kettenreaktionen arbeiteten, und Forschungsarbeiten auf diesem Gebiet zu beschleunigen.

»Sie wollen also sicherstellen, Alex«, sagte der Präsident bei einem Brandy, als Sachs seine Zusammenfassung von Einsteins Schreiben vorgelesen hatte, »dass uns die Nazis nicht in die Luft jagen.«

»Ganz genau.«[276]

Roosevelt rief seinen persönlichen Berater, General Edwin Watson. »Pa«, so wurde der General genannt, »dies erfordert Maßnahmen.«

86

Kurz bevor Einstein im April 1934 die deutsche Staatsbürgerschaft von den Nazis offiziell entzogen wurde, brachte der Kongress der Vereinigten Staaten eine gemeinsame Resolution zu seiner Einbürgerung ein. Die Gründe dafür waren, wie in der Resolution genannt, dass Einstein anerkanntermaßen ein »Gelehrter und Genie«[277] und ein geschätzter Menschenfreund war, dass er öffentlich seine Liebe zu den Vereinigten Staaten und deren Verfassung bekundet habe, zuallererst jedoch, dass Amerika auf der ganzen Welt als »ein Hafen der Freiheit und wahrhafter Zivilisation« betrachtet werde.

Einstein lehnte das Angebot ab. Tatsächlich machte es ihn eher traurig, und er fühlte sich beschämt. Er wollte behandelt werden wie jeder andere Einwanderer in die USA auch, ohne Ehrungen und Vergünstigungen. Als Albert sich also entschloss, Princeton endgültig zu seinem Zuhause zu machen, beantragte er die amerikanische Staatsbürgerschaft auf dem üblichen Weg. Da Einstein noch immer Schweizer Staatsbürger war, war es rein rechtlich nicht notwendig, aber ihm war dieser Schritt wichtig.

Das Visum für die Einwanderung, das Einstein brauchte, konnte nur von der amerikanischen Botschaft ausgestellt werden, und die nächstgelegene befand sich auf Bermuda. So reiste er also im Mai 1935 mit seiner Familie für einige Tage auf die Insel. Es sollte seine letzte Reise außerhalb der USA sein. Bei ihrer Ankunft in Hamilton begrüßte sie der königliche Gouverneur und empfahl ihnen die beiden besten Hotels der Insel. Albert waren sie viel zu großspurig, und so wohnten sie am Ende in einer kleinen Pension, die er auf einem Spaziergang durch die Hauptstadt entdeckt hatte.

Einstein erhielt unzählige Einladungen zu offiziellen Bällen und Empfängen, die er alle ablehnte. Lieber erkundete er die Insel und ging mit einem deutschen Koch, den er in einem Restaurant kennengelernt hatte, segeln. Als Albert nach sieben Stunden auf See nicht zurückgekehrt war, begann sich Elsa Sorgen zu machen, ob der Koch womöglich ein Nazi-Sympathisant war und ihren Gatten entführt hatte. Doch als sie zum Haus des Kochs eilte, saßen die beiden dort fröhlich bei einem Festmahl mit deutschen Gerichten.

Einstein füllte die Formulare auf Bermuda alles andere als sorgfältig aus. In seiner Absichtserklärung schaffte er es, nicht nur den Monat, sondern auch noch das Jahr der Hochzeit mit Elsa falsch einzutragen. Auch Elsas Geburtsdatum und Geburtsort brachte er durcheinander, genauso wie die Geburtstage von Hans Albert und Eduard. Sein Antrag wurde trotz der Irrtümer bearbeitet, und fünf Jahre später absolvierte er in Trenton, New Jersey, seinen Einbürgerungstest.

Als Teil des Einbürgerungsverfahrens erklärte er sich bereit, sich nach dem Test in der Radiosendung *I am an American* interviewen zu lassen. In deren Verlauf vertrat er die Ansicht, dass alle Nationen, inklusive Amerika, einen Teil ihrer Souveränität an eine weltweite Organisation abtreten müssten, die die komplette Kontrolle über das Militär sämtlicher Mitgliedsländer hätte, nur dann könne man eine Zukunft ohne Krieg sicherstellen.

Gemeinsam mit Margot, Helen Dukas und sechsundachtzig anderen wurde er am 1. Oktober 1940 feierlich eingebürgert. Den Reportern gegenüber, die über das Ereignis berichteten, lobte er sein neues Heimatland. Amerika, sagte er, beweise, dass die Demokratie nicht nur ein Regierungssystem sei, sondern »eine Lebensweise, die an eine große Tradition gebunden ist, die Tradition moralischer Stärke«.[278]

87

84 Grange Loan
Edinburgh
15. Juli 1944

Lieber Einstein,

[…] Ich selbst hatte vergangenen Winter einen Zusammenbruch, von dem ich mich noch nicht recht wieder erholt habe. Er war das Ergebnis vieler Ursachen: ein bisschen Überarbeitung, die allgemeine Belastung durch den Krieg und die Vernichtung der europäischen Juden, die Abkommandierung meines Sohnes in den Fernen Osten (nach vielen Abenteuern ist er jetzt sicher bei einem Pathologiekursus in Puna, Indien) usw. Aber das Niederdrückendste war immer der Gedanke, dass unsere Wissenschaft, die an sich etwas so Schönes ist und eine Wohltäterin der Menschheit sein könnte, degradiert worden ist, nichts zu sein als das Mittel zu Zerstörung und Tod. Die meisten deutschen Wissenschaftler kollaborieren mit den Nazis, sogar Heisenberg hat (wie ich aus zuverlässiger Quelle erfahren habe) mit allen Kräften für diese Schurken gearbeitet – es gibt nur wenige Ausnahmen, v. Laue und Hahn z. B. Die britischen, amerikanischen und russischen Wissenschaftler sind alle mobilisiert, und zu Recht. Ich mache niemand einen Vorwurf. Denn unter den gegebenen Umständen kann man nichts an-

deres tun, um den Rest unserer Zivilisation zu retten. […] Es muss einen Weg geben, die Wiederholung dieser Dinge zu verhindern. Wir Wissenschaftler sollten uns zusammenschließen, um bei der Bildung einer vernünftigen Weltordnung zu helfen. Wenn Du irgendwelche bestimmten Pläne hast, lass es mich bitte wissen. Ich bin ziemlich machtlos hier an diesem schönen, aber etwas zurückgebliebenen Ort […] Hier in Britannien ist es sehr schwierig, den Kontakt mit den Leuten aufrechtzuerhalten. Reisen darf man nur in den dringendsten Fällen, und im Süden sind Besuche durch die Raketen noch mehr erschwert. Aber die militärische Lage ist ausgezeichnet, und wir hoffen, dass der europäische Teil des Krieges bald vorüber ist.
[…]
Ich habe zusammen mit meinem chinesischen Schüler Peng, einem ausgezeichneten Mann, versucht, die Quantentheorie der Felder weiterzuentwickeln, und ich glaube, wir sind auf dem richtigen Wege. Auf der anderen Seite hat Schrödinger Deine und anderer Leute Versuche, die verschiedenen Feldtheorien auf klassische Weise zu vereinen, weitergebracht. Ich meine, der nächste Schritt sollte eine Kombination und Verschmelzung dieser beiden Ansätze sein. Aber ich bin zu alt und verbraucht, um das zu versuchen.

Mit herzlichen und besten Wünschen,
Dein Max Born[279]

[Anm. der Übersetzerin: Max Born schrieb nach Ausbruch des Zweiten Weltkriegs kein Deutsch mehr, auch mit Einstein korrespondierte er von da an auf Englisch. Einstein antwortete auf Deutsch.]

7. September 1944

Lieber Born,
ich war so erfreut über Deinen Brief, dass es mich zu meiner eigenen Überraschung drängt, Dir zu schreiben, ohne dass

mich jemand mit erhobenem Zeigefinger dazu anhält. Englisch aber kann ich nicht schreiben von wegen der hinterhältigen Orthographie. […]

Erinnerst Du Dich noch daran, dass wir vor etwas unter 25 Jahren zusammen in einem Tram nach dem Reichstagsgebäude fuhren, überzeugt, dass wir wirksam helfen könnten, aus den Kerlen dort ehrliche Demokraten zu machen? Wie naiv wir doch gewesen sind als Männer unter 40 Jahren. Ich kann nur lachen, wenn ich daran denke. Wir empfanden beide nicht, wieviel mehr im Rückenmark sitzt als im Großhirn und wieviel fester es sitzt. Daran muss ich jetzt denken, wenn sich die tragischen Fehler von dazumal nicht wiederholen sollen. Da dürfen wir uns nicht wundern, wenn die scientists keine Ausnahme bilden (in der großen Mehrzahl) und *wenn* sie anders sind, so ist es nicht auf die Verstandesfähigkeit, sondern das menschliche Format zurückzuführen, wie bei Laue. Bei ihm war es interessant zu beobachten, wie er sich schrittweise von den Traditionen der Herde losgerissen hat unter der Wirkung eines starken Rechtsgefühls. Mit einem ethical code haben die Mediziner erstaunlich wenig ausgerichtet […] Das Gefühl für das, was sein soll und was nicht sein soll, wächst und stirbt wie ein Baum, und keine Art Dünger wird sehr viel dabei ausrichten. Was der Einzelne tun kann ist nur ein sauberes Beispiel geben und den Mut zu haben, ethische Überzeugungen in der Gesellschaft von Cynikern ernsthaft zu vertreten. Seit langem habe ich danach gestrebt, mich demgemäß zu verhalten (mit wechselndem Erfolg).

Dein »ich fühle mich zu alt …« nehme ich nicht allzu ernst, weil ich es von mir kenne. Es spitzt manchmal oben heraus (mit wachsender Häufigkeit) und taucht dann wieder unter. Wir können es ja ruhig der Natur überlassen, uns allmählich aus dem Staub zu machen, wenn sie nicht einen rascheren Weg bevorzugt. […]

In unserer wissenschaftlichen Erwartung haben wir uns zu Antipoden entwickelt. Du glaubst an den würfelnden Gott und ich an volle Gesetzlichkeit in einer Welt von etwas objectiv Seiendem, das ich auf wild spekulativem Wege zu erhaschen suche. [...] Der große anfängliche Erfolg der Quantentheorie kann mich doch nicht zum Glauben an das fundamentale Würfelspiel bringen, wenn ich auch wohl weiß, dass die jüngeren Kollegen dies als Folge der Verkalkung auslegen. Einmal wirds sich ja herausstellen, welche instinktive Haltung die richtige gewesen ist.

Mit herzlichen Grüßen an Dich und die Deinen
(nun robot-befreiten)
Dein
(Albert)[280]

88

Irgendwann Mitte der 1940er-Jahre hatten Einstein und sein Assistent Ernst Straus gerade einen Aufsatz abgeschlossen. Nun suchten sie nach einer Büroklammer, um die Seiten zusammenzuheften. Sie zogen alle möglichen Schubladen auf und fanden tatsächlich eine, die aber alt und völlig verbogen war. Es musste eine sehr dicke Klammer gewesen sein, denn sie konnten sie nicht von Hand zurechtbiegen. Also suchten Einstein und Straus nach einem Werkzeug, mit dem sie sie in Form bringen konnten. Bei der Suche stießen sie auf eine Schachtel mit neuen, glänzenden, perfekt geformten Büroklammern. Einstein nahm eine heraus und versuchte, sie so zu formen, dass er die alte Büroklammer damit gerade biegen konnte. Als Straus ihn fragte, was in aller Welt er da tue, antwortete Einstein: »Wenn ich einmal ein Ziel verfolge, dann ist es schwer, mich davon abzubringen.« Er dachte noch einen kurzen Moment nach und sagte dann: »Das würde eine gute Anekdote über mich abgeben.«[281]

89

Im Frühling 1949 besuchte Niels Bohr das Institute for Advanced Study. Als er im Büro seines Freundes und langjährigen Kollegen Abraham Pais ankam, begrüßte er ihn mit den Worten: »Du bist so klug …«[282] Pais lachte, denn er wusste sofort, was Bohr von ihm wollte. Bohr tat sich mit dem Formulieren schwer, zumindest beim Schreiben, und er suchte sich oft Hilfe, um seine Ideen in Worte zu fassen. Bohr hatte sich bereit erklärt, zu Einsteins siebzigstem Geburtstag einen Aufsatz zu schreiben. Es war nicht das erste Mal, dass er Pais bat, ihm als Resonanzboden zu dienen.

Die beiden gingen in Bohrs Büro hinunter, das eigentlich gar nicht Bohrs Büro war – er hatte es sich für den Zeitraum seines Aufenthalts von Einstein geliehen. Einstein war der Raum zu groß, er arbeitete lieber in dem kleineren Büro nebenan, das seinem Assistenten gehörte. Als sie eintraten, bat Bohr Pais: »Jetzt setz dich hin. Ich brauche immer einen Ursprung für mein Koordinatensystem.« Pais gehorchte, er saß an einem großen Tisch, während Bohr hektisch hin und her lief und sich bei jedem Satz, den er sich abrang, ein wenig nach vorn beugte. Pais notierte sich alles, was er schließlich herausbrachte. Es war ein zäher Prozess. Bohr blieb manchmal mehrere Minuten lang an einem einzigen Wort hängen und konnte sich nur mit Mühe entlocken, was darauf folgen sollte.

Und da Bohr einen Artikel über seinen Freund schrieb, verharrte er natürlich auch einmal bei dem Wort »Einstein«. Er lief so schnell, dass er fast um den Tisch rannte, und wiederholte »Einstein … Einstein … Einstein«. Irgendwann lief er zum Fenster und schaute hinaus auf Princeton, immer noch »Einstein … Einstein …« murmelnd.

Pais bemerkte, dass sich ganz leise die Tür öffnete. Einstein kam auf Zehenspitzen hereingeschlichen und legte den Finger auf die Lippen, damit Pais stillhielt. Verschmitzt lächelnd, immer noch auf Zehenspitzen ging Einstein zum Tisch. Bohr stand am Fenster und unterbrach die Stille mit seinem »Einstein … Einstein … Einstein …«. Plötzlich drehte Bohr sich mit einem letzten energischen »Einstein« um und stand direkt Einstein höchstpersönlich gegenüber, als hätten seine Beschwörungsformeln ihn herbeigezaubert.

Bohr, der nur selten die Fassung verlor, errötete bis in die Haarspitzen.

Einstein erklärte, dass er auf Bohrs Tabakdose aus war, die auf dem großen Tisch lag. Sein Arzt, so erzählte er Bohr, habe ihm das Rauchen verboten. Wie üblich interpretierte er das so, dass er zwar keinen Tabak mehr kaufen durfte, aber welchen zu stibitzen sei durchaus in Ordnung. Die drei brachen in schallendes Gelächter aus.

90

Senator Joseph McCarthy streckte im Februar 1950 seinem Publikum bei einer Rede in Wheeling, West Virginia, ein Blatt Papier entgegen. Darauf seien, so erklärte er, die Namen von 205 Mitarbeitern des Außenministeriums vermerkt, die Mitglieder der kommunistischen Partei seien. So viel wir heute wissen, war das eine Lüge.

In den nächsten Wochen schwankte die Zahl subversiver Elemente, die angeblich am Werk waren, erheblich. Einmal waren es siebenundfünfzig, dann einundachtzig und dann wieder nur zehn. Doch die Wahrheit zählte ohnehin nicht. McCarthys Rede erregte die Aufmerksamkeit der amerikanischen Öffentlichkeit und schürte bereits vorhandene Ängste. Schließlich hatte Amerikas Politik des Kalten Krieges in letzter Zeit einige Schocks verkraften müssen: In China zum Beispiel hatte eine kommunistische Revolution stattgefunden, und die Sowjets hatten erfolgreich eine Atombombe gezündet.

Für die Republikaner war eine angebliche kommunistische Verschwörung innerhalb der Regierung ein willkommenes Narrativ, um wieder an die Macht zu kommen. 1952 errangen die Republikaner einen überwältigenden Sieg, der ihnen die Mehrheit im Repräsentantenhaus und im Senat sowie die Präsidentschaft bescherte. McCarthy wurde 1953 Vorsitzender des Senate Committee on Government Operations, dessen Ständiger Unterausschuss für die Ausschaltung verdächtiger Kommunisten zuständig war, nicht nur in der Regierung, sondern in breiten Schichten der Bevölkerung.

McCarthys besonderes Interesse galt dem Bildungssystem, wo er all jene, die er als Feinde seiner Vorstellung von Amerika betrachtete, ausmerzen wollte. Im April 1953 wurde als ein Teil seiner Bemühungen William Frauenglass, ein Lehrer aus Brooklyn, vor den Ausschuss geladen. Er wurde als illoyaler Amerikaner betrachtet, weil er sechs Jahre zuvor eine Lehrerbildungsveranstaltung mit dem Titel »Methoden des interkulturellen Unterrichts« abgehalten hatte. Es ging dabei um den Abbau interkultureller und rassistischer Spannungen im Klassenzimmer. Ein Zeuge behauptete, der Kurs und seine Lehren verstießen »gegen die Interessen der Vereinigten Staaten«. Als Frauenglass befragt wurde, welchen Organisationen er angehörte, verweigerte er die Aussage.

Frauenglass schrieb an Einstein mit der Bitte um ein Statement, hinter das der Pädagoge sich stellen konnte. In einem offenen Brief riet Einstein Frauenglass, die Aussage zu verweigern. »Diese Art der Befragung verstößt gegen den Geist der Verfassung. Wenn genügend Menschen bereit sind, diesen schwerwiegenden Schritt zu gehen, werden sie Erfolg haben. Wenn nicht, so haben die Intellektuellen dieses Landes nichts Besseres verdient als die Sklaverei, die für sie bestimmt ist.«[283] Einstein versicherte Frauenglass, dass er selbst erhobenen Hauptes ins Gefängnis gehen würde, um die Freiheitsrechte zu schützen, die die Regierung in ihrer Paranoia abzubauen gedenkt.

McCarthy war nicht begeistert. Er erklärte, dass jeder Amerikaner, der Bürger dazu anhalte, vor der Regierung Geheimnisse zu bewahren, wer immer er ist, ein schlechter Amerikaner, ein illoyaler Amerikaner, ja ein »Feind Amerikas«[284] sei. Viele Menschen nahmen sich McCarthys Botschaft zu Herzen, und das Institute for Advanced Study erhielt Briefe, in denen Einstein als unamerikanisch kritisiert wurde und man ihn aufforderte, doch nach Russland zu gehen. Unbeirrt meldete sich Einstein zu Wort. Die Demokratie sei in akuter Gefahr, wenn sich solche Angriffe auf die Lehr- und Meinungsfreiheit fortsetzten.

Der Geist der Inquisition, der die Regierung der USA befallen hatte, erinnerte ihn an das Deutschland, das er in den frühen 1930er-Jahren verlassen hatte. Einstein war von dem politischen Klima gegenüber Lehrern und Wissenschaftlern so angewidert, dass er 1954 in einem Brief an eine Zeitschrift nur halb im Scherz schrieb: »Ich würde lieber Klempner oder Hausierer werden, um mir so das bescheidene Maß an Unabhängigkeit zu erhalten, das unter den gegenwärtigen Umständen noch möglich ist.«[285]

Wie nicht anders zu erwarten, antworteten Einstein Klempner aus ganz Amerika. Man bot ihm die Mitgliedschaft im Klempnerverband von Chicago an und schickte ihm per Post Werkzeug. Stanley Murray, ein geschäftstüchtiger Klempner aus New York, machte ihm einen Vorschlag:

> Da ich schon immer gern ein Gelehrter wäre und Sie offensichtlich Klempner, denke ich, wir wären als Team ungeheuer erfolgreich. Dann verfügen wir über beides, Wissen und Unabhängigkeit.
>
> Ich bin gern bereit, den Namen meines Unternehmens zu ändern in: Einstein und Stanley, Sanitäranlagen.[286]

91

Albert Einstein und Kurt Gödel in Princeton, um 1950

Kurt Gödel wird oft als der größte Logiker aller Zeiten bezeichnet, dessen größte Errungenschaften die beiden Unvollständigkeitssätze sind. Kurz gefasst beweisen sie, dass es innerhalb jedes mathematischen Systems notwendig Aussagen über Zahlen gibt, die nicht beweisbar sind, wenn man sich an die Regeln des Systems hält. Oder um es noch einfacher zu sagen, Gödel gelang der Nachweis, dass in der Mathematik nicht alles bewiesen werden kann. Auch wenn diese verblüffende Erkenntnis die tägliche Arbeit von Mathematikern nicht wirklich beeinflusst, hat sie doch Auswirkungen auf die Philosophie der Mathematik als Ganzes, und gemeinsam mit der Relativitätstheorie trug sie zu dem in der ersten Hälfte des 20. Jahrhunderts vorherrschenden intellektuellen Empfinden bei, dass die Grundpfeiler des Bewährten und Bekannten weit weniger sicher waren als angenommen.

Mit Gödel ein Gespräch zu führen, war für die meisten eine schreckliche Erfahrung. Wann immer einer seiner Kollegen am Institut für Advanced Study mit einem bestimmten Thema auf ihn zukam – egal welches –, schien er längst darüber nachgedacht zu haben, und das in aller Ausführlichkeit, so weit, dass er es völlig durchdrungen hatte und alles vorwegnahm, was seine Kollegen dazu sagen konnten. Er war stets gut gekleidet und galt als völlig humorlos, obwohl sein Lieblingsfilm *Schneewittchen und die sieben Zwerge* war. Er litt unter Hypochondrie und Paranoia, die so weit führten, dass er das Haus nicht mehr verließ, wenn prominente Mathematiker in der Stadt waren, aus Angst, sie würden ihn umbringen. Er zog mit seiner Frau mehrmals um, wenn er das Gefühl hatte, das Haus strahle eine schlechte Energie aus, außerdem glaubte er an Gespenster. In späteren Jahren aß er kaum noch etwas, und was er aß, musste seine Frau vorkosten. Meist ernährte er sich von Babynahrung, selbst verordneten Abführmitteln und Antibiotika.

Trotz alledem war Albert Einstein ein guter Freund Gödels am Institut. Die beiden gingen gemeinsam zur Arbeit und wieder nach Hause und tauschten ihre Gedanken aus. Einstein sagte einmal im Scherz, der einzige Grund, warum er überhaupt noch zur Arbeit gehe, sei der gemeinsame Arbeitsweg mit Gödel. Im Unterschied zu den vielen Kollegen Alberts hatte Gödel kein Problem, mit ihm zu diskutieren. Eines der Themen, über die sie miteinander sprachen, war Zeit. Gödel interessierte Zeit so sehr, dass er einen Aufsatz über die allgemeine Relativitätstheorie publizierte, in dem er eine Lösung für Einsteins Feldgleichungen vorschlug, die ein rotierendes Universum ergab. Es gelang ihm zu zeigen, dass in einem solchen Universum in Vereinbarkeit mit der Relativitätstheorie Zeitreisen möglich wären. Allerdings war sein Ziel dabei nicht, der Idee von Zeitreisen Glaubwürdigkeit zu verschaffen. Sein Argument war vielmehr, dass, wenn sogar etwas so Absurdes wie Zeitreisen in einem hypothetischen Universum existieren konnte, es die Zeit an sich *nicht* geben würde.

Gegen Ende 1947 sollte Gödel die Prüfung zur Erlangung

der amerikanischen Staatsbürgerschaft absolvieren.[287] Wie es seinem Charakter entsprach, hatte er sich außergewöhnlich gut darauf vorbereitet – allzu gut. Monate vor der Anhörung hatte er sich mit der Geschichte der Kolonisierung Nordamerikas und damit einhergehend mit der Kultur und Geschichte verschiedener Stämme von Ureinwohnern beschäftigt. Er informierte sich bis ins Detail über Princeton, lernte, wer Bürgermeister war und wie der Stadtrat funktionierte, wie das Kommunalparlament gewählt wurde und so weiter. Er fühlte sich auch verpflichtet, die US-amerikanische Verfassung völlig zu verstehen, und war erfreut, wenn auch bestürzt, als er einen logischen Fehler entdeckte. Er glaubte, eine Möglichkeit gefunden zu haben, mit der man legal und unter Einhaltung der Verfassung eine faschistische Diktatur in den Vereinigten Staaten errichten könnte. Er hielt dies für ein hervorragendes Thema für seine Prüfung.

Einstein und ein weiterer Freund Gödels, Oskar Morgenstern, sollten bei der Anhörung als Zeugen auftreten. Sie hielten es nicht für eine gute Idee, bei einer Staatsbürgerschaftsprüfung die Möglichkeit einer Diktatur in den USA zu erwähnen. Morgenstern fuhr Gödel zur Prüfung und holte Einstein auf dem Weg in der Mercer Street ab. Gödel saß im Fond, und Einstein stieg vorn ein. Als sie an den schneebedeckten Bäumen und grauen Feldern von Princeton vorüberfuhren, drehte sich Einstein zu seinem aufgeregten Freund auf dem Rücksitz um.

»Na, Gödel«, sagte er mit süffisantem Lächeln, da er ja nur allzu gut wusste, wie akribisch Kurt gelernt hatte, »sind Sie auch *wirklich* gut für die Prüfung vorbereitet?«

Genau wie Einstein vermutet hatte, versetzte diese Frage Gödel sofort in Panik, dass er vielleicht doch etwas übersehen haben könnte. Nachdem sie ihn wieder beruhigt hatten, verbrachten Morgenstern und Einstein die meiste Zeit im Auto damit, Gödel auszureden, über die Lücke in der Verfassung zu sprechen, die er entdeckt hatte.

Der Richter bei der Anhörung war glücklicherweise mit Einstein befreundet.

»Nun, Herr Gödel«, fragte er, als die drei Professoren vor ihm Platz genommen hatten, »woher stammen Sie?«

»Aus Österreich.«

»Und welche Regierung hatten Sie in Österreich?«

»Es war eine Republik, doch die Verfassung wurde in eine Diktatur umgewandelt.«

Einstein und Morgenstern wurden unruhig.

»Oh! Das ist tragisch«, antwortete der Richter. »In unserem Land ist so etwas nicht möglich.«

Sie machten sich auf eine Katastrophe gefasst.

»Oh, doch, ich kann ihnen das *beweisen.*«

Gödel holte zu einer Erklärung aus, doch der Richter hatte Einsteins Gesichtsausdruck gesehen und beruhigte den armen Kurt, er müsse da nun wirklich nicht so tief in die Details gehen. Schließlich wurde er als amerikanischer Staatsbürger anerkannt und legte am 2. April 1948 seinen Eid ab.

Niemand dachte daran, den Fehler, den er in der Verfassung entdeckt hatte, festzuhalten.

92

Im November 1952 starb Chaim Weizmann – der Anführer der Zionisten, der Einstein 1921 zu einer Reise durch Amerika aufgefordert hatte und der später erster Präsident Israels wurde. Die Jerusalemer Abendzeitung *Maariv* empfahl als Weizmanns Nachfolger »den größten lebenden Juden: Einstein«.[288]

Das war ein überzeugender Vorschlag, der in den Ohren des Premierministers David Ben-Gurion mehr als gut klang, sodass er diese Idee unmittelbar unterstützte.

Er schickte dem israelischen Botschafter in den USA, Abba Eban, ein Eiltelegramm. Eban telegrafierte Einstein und bat ihn, einen Botschaftsmitarbeiter in Princeton zu empfangen, der ihm eine wichtige Botschaft zu überbringen habe.

Einstein wusste bereits, was das zu bedeuten hatte. Auch die amerikanischen Zeitungen hatten über den Tod Weizmanns berichtet und tippten auf Einstein als dessen Nachfolger. Er hatte es für einen Scherz gehalten. Einstein wollte das Amt nicht übernehmen. »Wenn ich Präsident wäre«, sagte er zu Margot, »müsste ich dem israelischen Volk manchmal Dinge sagen, die sie nicht hören wollen.«[289]

Nachdem er es für wenig sinnvoll hielt, einen armen Botschaftsmitarbeiter den ganzen Weg nach Princeton fahren zu lassen, rief er Eban direkt an, um ihn als Botschafter zu bitten, ihm das Amt erst gar nicht anzubieten.

»Ich bin nicht die geeignete Person dafür, ich kann das unmöglich annehmen.«[290]

»Aber ich kann der Regierung nicht mitteilen, dass Sie mir telefonisch abgesagt haben«, erwiderte Eban. »Ich muss die Formalitäten einhalten und Ihnen das Angebot offiziell überbringen.«

Schließlich gab Einstein nach, er begriff, dass es einer Beleidigung gleichkäme, das Angebot abzulehnen, bevor er es überhaupt erhalten hatte. Ein Botschaftsmitarbeiter war rasch entsandt.

»Eine Zusage«, so hieß es in dem förmlichen Schreiben, »würde den Umzug nach Israel und die Annahme der Staatsbürgerschaft beinhalten. Der Premierminister hat mir versichert, dass Ihnen unter diesen Umständen von der Regierung und dem Volk, die sich der überragenden Bedeutung Ihrer Arbeit voll bewusst sind, die uneingeschränkte Möglichkeit und Freiheit gewährt wird, ihrer herausragenden wissenschaftlichen Arbeit weiter nachzukommen.«

Eban war darauf bedacht, zum Ausdruck zu bringen, dass

das Angebot »den tiefsten Respekt, den das jüdische Volk einem seiner Söhne entgegenbringen kann«, beinhalte, und er fuhr fort: »Ich hoffe, dass Sie großzügig derer gedenken, die Sie darum ersucht haben, und dass Sie mit Wohlwollen die edlen Ziele und Motive erkennen, die diese Menschen veranlasst haben, in dieser feierlichen Stunde der Geschichte unseres Volkes an Sie zu denken.«[291]

Einsteins Antwort, die er dem Beamten bei dessen Ankunft direkt übergab, lautete:

> Ich bin tief bewegt über das Anerbieten unseres Staates Israel, freilich auch traurig und beschämt darüber, dass es mir unmöglich ist, dies Anerbieten anzunehmen. Mein Leben lang mit objektiven Dingen beschäftigt, habe ich weder die natürliche Fähigkeit noch die Erfahrung in dem richtigen Verhalten zu Menschen und in der Ausübung offizieller Funktionen. Deshalb wäre ich für die Erfüllung der hohen Aufgabe auch dann ungeeignet, wenn nicht vorgerücktes Alter meine Kräfte in steigendem Maße beeinträchtigte.
> Diese Sachlage betrübt mich umso mehr, als die Beziehung zum jüdischen Volke meine stärkste menschliche Bindung geworden ist, seitdem ich volle Klarheit erlangt habe über unsere prekäre Situation unter den Völkern.[292]

Ben-Gurion war am Ende sehr dankbar für die Ablehnung. Während er Einsteins Antwort abwartete, waren ihm deutliche Zweifel gekommen.

»Was sollen wir machen, wenn er Ja sagt«, fragte er seinen Assistenten scherzhaft. »Wenn er annimmt, dann kriegen wir Probleme.«[293]

Hätte Einstein zugesagt, hätte der Staat Israel einen Präsidenten bekommen, der eine Abneigung gegenüber Autoritäten, Formalitäten und Papierkram hegte, der kein Blatt vor den Mund nahm und kein Hebräisch konnte, der seine Bar-Mizwa nicht gefeiert hatte, dessen Ansichten zu Gott bekanntermaßen unorthodox waren und der ein entschiedener Gegner der Gründung eines jüdischen Staates war. »Eine vernünftige Übereinkunft mit den Arabern auf der Basis eines friedlichen Zusammenlebens wäre mir viel lieber als die Schaffung eines jüdischen Staates«, hatte er einmal in einer prägnanten Zusammenfassung seiner Haltung zum Zionismus erklärt. »Abgesehen von praktischen Erwägungen widerstrebt mein Verständnis für das Wesen des Judentums der Idee eines jüdischen Staates mit Grenzen, einer Armee und einem gewissen Maß weltlicher Macht, wie gering sie auch sein mag. Ich fürchte den inneren Schaden, den das Judentum dadurch erleiden wird.«[294] Probleme, in der Tat.

Einstein traf Eban zwei Tage nach der Ablehnung bei einem eleganten Empfang in New York. Wie Eban bemerkte, trug Einstein keine Socken.

93

Am 15. März 1955, einen Tag nach Einsteins sechsundsiebzigstem Geburtstag, starb sein engster Freund, Michele Angelo Besso, den er seit über fünfzig Jahren kannte. Bessos Sohn und Schwester benachrichtigten Einstein von seinem Tod. Er antwortete mit einem Beileidsschreiben, in dem er seine Gedanken über seinen Freund zu Papier brachte. Er selbst starb nur etwas mehr als einen Monat später.

> Lieber Vero, liebe Frau Bice!
> Es war wirklich lieb von Euch, dass Ihr mir so getreulich über Michele's Ergehen in diesen schweren Tagen so ausführlich berichtet habt. Sein Ende war harmonisch wie sein ganzes Leben und darüber hinaus der Kreis der Seinen. Diese Begabung zum

harmonischen Leben ist selten gepaart mit einer so scharfen Intelligenz, wie es bei ihm in so seltener Weise zusammentraf; was ich aber am meisten an ihm als Menschen bewunderte, ist der Umstand, dass er es fertig gebracht hat, viele Jahre nicht nur im Frieden, sondern sogar in dauernder Konsonanz mit einer Frau zu leben – ein Unterfangen, in dem ich zweimal ziemlich schmählich gescheitert bin.
In den Studentenjahren in Zürich wurde unsere Freundschaft begründet, wo wir uns bei musikalischen Abenden regelmäßig trafen. Er, der Ältere und Wissende gab viel Anregungen. Der Kreis seiner Interessen schien einfach ohne Grenzen. Am stärksten aber schienen bei ihm die kritisch-philosophischen Interessen zu sein.
Später brachte uns das Patentamt zusammen. Die Gespräche am gemeinsamen Heimweg waren von unvergesslichem Charme – es war, als ob es das »Allzumenschliche« überhaupt nicht gäbe. Dagegen konnte später brieflicher Verkehr nicht aufkommen. Mit der Feder konnte er mit seinem versatilen Geist nicht Schritt halten, sodass es dem Empfänger meist nicht möglich war, das Übersprungene zu ergänzen.
Nun ist er mir auch mit dem Abschied von dieser sonderbaren Welt ein wenig vorausgegangen. Dies bedeutet nichts. Für uns gläubige Physiker hat die Scheidung zwischen Vergangenheit, Gegenwart und Zukunft nur die Bedeutung einer, wenn auch hartnäckigen Illusion.
Ihnen beiden herzlich dankend bin ich mit besten Wünschen für Sie alle

Ihr

Albert Einstein

94

1948 wurde bei Einstein ein Aneurysma der Bauchaorta diagnostiziert. Man teilte ihm mit, dass er daran wahrscheinlich sterben würde. »Es ist eine merkwürdige Sache mit dem Altwerden, indem man die intime Verwachsenheit mit dem Hier und Jetzt allmählich verliert und sich mehr oder weniger allein in die Unendlichkeit hineingestellt empfindet«, schrieb er der belgischen Königin.

Am Nachmittag des 13. April 1955 brach Einstein zusammen. Am Tag zuvor hatte seine Assistentin bemerkt, dass er das Gesicht vor Schmerz verzog, und ihn gefragt, ob alles in Ordnung sei. Ja, hatte er geantwortet, alles außer ihm selbst. Helen Dukas rief den Arzt und verabreichte ihm Morphium, damit er schlafen konnte. Am nächsten Tag kamen weitere Ärzte. Das Aneurysma hatte zu reißen begonnen, doch Einstein verweigerte eine Operation. »So eine Geschmacklosigkeit«, sagte er, »ich gehe, wann ich will – elegant!«[295]

Am nächsten Tag wurde er ins Krankenhaus gebracht, nachdem Dukas ihn mit starken Schmerzen, unfähig, den Kopf zu heben, im Bett gefunden hatte. Sein Zustand verbesserte sich so weit, dass er nach seinen Unterlagen, Stiften und seiner Brille fragte, damit er im Krankenhaus ein wenig arbeiten konnte. Mit Hans Albert, der aus San Francisco hergeflogen war, um ihn noch einmal zu sehen, sprach er über Physik, mit seinem Freund Otto Nathan über Politik. Er sah den Entwurf einer Rede durch, die er am israelischen Unabhängigkeitstag halten sollte, und schrieb zwölf Seiten Gleichungen mit Durchstreichungen und Änderungen, immer noch in der Hoffnung, die einheitliche Feldtheorie zu finden.

Die Erholung war freilich nur von kurzer Dauer. Kurz nach ein Uhr morgens am Montag, den 18. April, bemerkte die Nachtschwester Alberta Roszel, dass sich Einsteins Atem veränderte, und sie hörte ihn leise murmeln. Das Aneurysma war geplatzt, und der Tod war nah. Doch Roszel sprach kein Deutsch, und so gingen seine letzten Worte verloren.

Das Begräbnis fand noch am Tag seines Todes statt. Es waren zwölf Gäste anwesend, darunter Hans Albert, Helen Dukas, Otto Nathan und Einsteins Freundin Johanna Fantova. Kaum jemand trug Schwarz. Im grellen, unpassenden Frühlingslicht bei kühlem Wetter las Nathan Goethes »Epilog zu Schillers Glocke«, das er aus Anlass des Todes von Friedrich Schiller geschrieben hatte. Goethe beschreibt das geradezu unirdische Talent seines Freundes, seinen Mut, »von jener Jugend, die uns nie entfliegt«; und er erwähnt seine Hingabe im Kampf gegen gesellschaftliche Ungerechtigkeit. Es war ein angemessener Text. Einstein war – zumindest für Freunde und Fremde – der großzügigste, freundlichste Mensch, was seine Härte nicht schmälerte. Er war unerschütterlich davon überzeugt, dass die Übel der Gesellschaft angesprochen und nach bestem Bemühen bekämpft werden müssen.

»Er glänzt uns vor, wie ein Komet entschwindend«, schloss Nathan. »Unendlich Licht mit seinem Licht verbindend.«

Und das war tatsächlich alles an Zeremonie für Einstein, ganz so, wie er es sich gewünscht hatte. Er wollte so wenig öffentliche Ehren wie möglich. Er war darauf bedacht gewesen, keine Orte zu hinterlassen, die mit seiner Person verbunden waren. Sein Büro im Institut nutzten auch andere; das Haus an der Mercer Street sollte verkauft und weiterbewohnt werden. Und er wollte ausdrücklich, dass es kein Grabmal für ihn gab, kein Stück Erde, in dem der bedeutende Mann ruhen sollte. Seine Asche wurde an einem nicht genannten Ort verstreut.

95

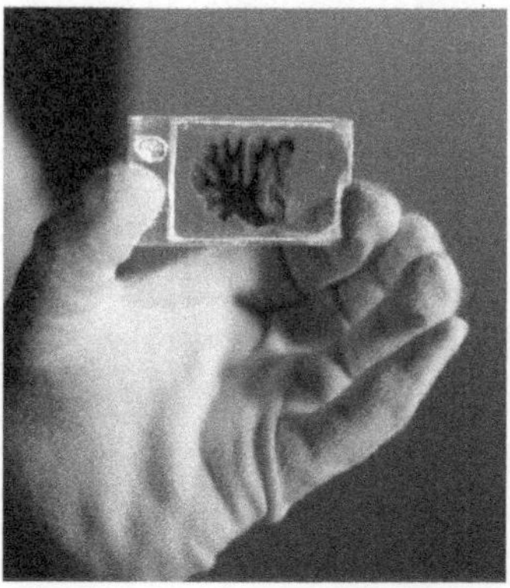

Teil des Gehirns von Albert Einstein, präsentiert in einer Ausstellung des LWL-Museums für Kunst und Kultur Münster, 2018

Als Albert Einsteins starb, war Thomas Harvey Pathologe im Princeton Hospital. Er war Quäker. Mit seinem Kurzhaarschnitt und dem hohen Haaransatz sah er ganz und gar durchschnittlich aus. Etwas unfreundlicher formuliert, könnte man auch sagen, jemand, den man getrost vergessen kann. Es war Harveys Job, die Routine-Autopsie von Einsteins Leiche vorzunehmen. Harvey entnahm und untersuchte unter den Blicken eines verständlicherweise höchst aufgebrachten Otto Nathan alle wichtigen Organe. Dann legte er sie zurück und nähte die Leiche zu – zumindest legte er fast alle zurück. Im Sektionssaal beschloss Harvey, ohne jegliche Einwilligung, Einsteins Gehirn zu behalten.

Als dies Tage später entdeckt wurde, waren Einsteins Freunde und seine Familie schockiert. Hans Albert versuchte, dagegen vorzugehen, doch Harvey argumentierte, dass Einstein sicher gewollt hätte, einem wissenschaftlichen Zweck zu dienen. Hans Albert, der nicht recht wusste, was er in dieser Situation konkret unternehmen soll, akzeptierte die Fakten, wenn auch widerwillig. Nachdem die rückwirkende Erlaubnis erteilt war, kam die Pathologische Abteilung der US-Armee bald auf Harvey zu, doch er lehnte alle Bitten um ein Treffen ab und schnitt das Gehirn lieber selbst auf, konservierte es und bewahrte es in gläsernen Keksdosen auf.

Als er seine Stelle in Princeton aufgab, nahm er das Gehirn mit zur University of Philadelphia, wo es in 240 Teile zerlegt und in Celloidin, einer etherischen Lösung, die zu einer gummiartigen Substanz aushärtet, konserviert wurde. Nachdem er die Stücke auf dem Rücksitz seines Autos nach Hause gefahren hatte, lagerte er sie in seinem Keller ein. Er ließ sich scheiden, heiratete danach noch zweimal und zog durchs Land, wobei er immer das Gehirn mitnahm, oft ohne seine neue Adresse zu hinterlassen. In Wichita, Kansas, arbeitete er als medizinischer Leiter in einem biologischen Testlabor und bewahrte das Gehirn in einem Karton für Apfelsafttüten auf, neben einem Bierkühler und unter alten Zeitungen vergraben.

In Weston, Missouri, praktiziere er als Arzt und machte sich daran, das Gehirn zu untersuchen, doch 1998 verlor er seine ärztliche Zulassung, nachdem er eine Eignungsprüfung nicht bestanden hatte. In Lawrence, Kansas, arbeitete er in einem Unternehmen, das auf Kunststoffextrusion spezialisiert war, am Fließband und zog in eine neben einer Tankstelle gelegene Wohnung. Hier freundete er sich mit seinem Nachbarn an, der sich als der Autor und Dichter der Beat-Generation William S. Burroughs herausstellte. Die beiden trafen sich regelmäßig auf einen Drink auf Burroughs' Veranda und tauschten Geschichten aus. Burroughs erzählte seinen anderen Freunden, dass er jederzeit ein Stück von Einsteins Gehirn haben könnte.

In all dieser Zeit hatte Harvey immer wieder Teile des Gehirns – manchmal auf Objektträger befestigte Schnitte, manchmal größere Stücke – an diverse Wissenschaftler im ganzen Land geschickt. Seine Auswahl derer, die solche zerebralen Geschenke erhielten, war rein zufällig, meist beruhte sie darauf, dass ihm gerade irgendjemandes Arbeit interessant erschien, manchmal reagierte er auch auf Anfragen nach Proben. Zum Beispiel schickte er einem Neurowissenschaftler der University of California verschiedene Stücke in einem ausgedienten Mayonnaiseglas. Doch Harvey forderte die Empfänger so gut wie nie auf, mit dem Geschenk etwas zu *tun*.

Einsteins Gehirn wurde also nicht zum wissenschaftlichen Wunder, sondern eher zu einer Art Reliquie. Wie die Zunge des heiligen Antonius oder das Herz des heiligen Kamillus, die aufbewahrt wurden, damit wir sie als greifbares Erinnerungsstück eines Menschen, der mehr als ein Mensch ist, sehen und verehren können. Entgegen Hans Alberts Wunsch wurde es zur weitgestreuten billigen Attraktion. Sogar eine App über das Gehirn ist verfügbar – ein »Gehirnatlas«, der aus Präparaten und Fotos besteht. Einige Präparate von Harvey haben den Weg in ein medizinhistorisches Museum, das »Mütter Museum« in Philadelphia, gefunden, wo sie sehr komfortabel zwischen einem bösartigen Tumor, den man aus Präsident Grover Clevelands Mund entfernt hat, und einem Stück Gewebe aus dem Hals von John Wilkes Booth zu finden sind.

96

Im europäischen Weltraumbahnhof, im Dschungel außerhalb von Kourou in Französisch-Guayana, wurde am 5. Juni 2013 das Automated Transfer Vehicle-4 der Europäischen Weltraumorganisation ins All geschossen. Der unbemannte Weltraumfrachter wurde auf den Namen *Albert Einstein* getauft. Er war etwa so groß wie ein Doppeldecker-Bus, mit vier mit Solarzellen bestückten Flügeln, die aus einem röhrenförmigen Körper ragten, und sollte die Astronauten der ISS mit Nachschub versorgen.

Als er zehn Tage später andockte, lieferte der *Albert-Einstein*-Frachter den Astronauten der ISS Nahrung, Wasser, Sauerstoff und Treibstoff. Er hatte auch einen Werkzeugkasten aus einem 3-D-Drucker an Bord, Gasmasken und eine neue Wasserpumpe mit Wiederaufbereitungsanlage sowie die Ausrüstung für wissenschaftliche Experimente. Alles in allem wog die Fracht sieben Tonnen und beförderte 1400 Artikel, darunter einen Weltraum-Leckerbissen – Tiramisu.

Als weitere Belohnung befand sich dort auch eine Kopie der ersten Seite des Manuskripts zur allgemeinen Relativitätstheorie. Sie wurde an Bord der Raumstation, in etwa 400 Kilometer über der Erde, als symbolische Geste des Respekts und der Dankbarkeit von dem Astronauten Luca Parmitano unterzeichnet. Denn natürlich wäre die Weltraumforschung ohne die Gleichungen der allgemeinen Relativitätstheorie deutlich schwieriger. Die Effekte der Relativitätstheorie zu berücksichtigen ist zum Beispiel für die Bestimmung der korrekten Umlaufbahnen von Himmelskörpern oder Raumfahrzeugen, die das Sonnensystem erforschen, oder bei der Verfolgung interplanetarer Sonden über die von ihnen ausgesandten Funksignale von entscheidender Bedeutung.

Wo Genauigkeit im Weltraum erforderlich ist, muss Einsteins Theorie in der Tat berücksichtigt werden. Am deutlichsten lässt sich die praktische Auswirkung am Global Positioning System (GPS) feststellen. Das Navigationssystem Ihres Autos oder Mobiltelefons empfängt Signale von Satelliten, die die Erde in einer Höhe von rund 19 000 Kilometern umkreisen und ihren jeweiligen Standort und die genaue Uhrzeit übermitteln. Ihr Auto verwendet dann die zeitliche Differenz, die für den Empfang der Signale benötigt wird, um die Entfernung zu den einzelnen Satelliten zu berechnen. Die wiederum verrät dann den eigenen Standort auf der Erde. Für diese Operation ist die Zeit entscheidend. Doch weil die Satelliten so weit vom Planeten entfernt sind, ist der Gravitationseffekt kleiner, was bedeutet, dass für die Satelliten die Zeit um einen winzigen Bruchteil schneller verstreicht als auf der Erde. Wenn in das GPS die allgemeine Relativitätstheorie nicht eingeflossen wäre, um die Uhren der Satelliten anzupassen, würden sie im Verhältnis zu ihren Pendants auf der Erde immer etwas schneller gehen, und Ihr Mobiltelefon würde Sie womöglich kilometerweit in die falsche Richtung schicken.

97

Der erste Test einer Wasserstoffbombe fand 1952 im Eniwetok-Atoll im Pazifischen Ozean unter dem Codenamen Ivy Mike statt. Die Bombe selbst erhielt den Spitznamen »Sausage«, Wurst. Die Explosion entfaltete eine Kraft, die zehn Millionen Tonnen TNT entspricht. Der entstandene Feuerball war über drei Kilometer breit, und innerhalb von Sekunden breitete sich eine pilzartige Wolke aus, die einen Durchmesser von gut 150 Kilometern erreichte und über dem blauen Meer stand. Die Explosion verursachte bis zu sechs Meter hohe Wellen. Auf den nahe gelegenen Inseln wurde die Vegetation komplett zerstört, und noch auf fast sechzig Kilometer entfernte Schiffe fielen radioaktive Korallentrümmer.

Edward Teller, damals wohl der größte Unterstützer der Wasserstoffbombe, saß zur selben Zeit rund 8000 Kilometer entfernt in Berkeley, Kalifornien, dem Hauptsitz der amerikanischen Atomforschung, und beobachtete die Erschütterung durch die Explosion auf einem Seismografen. Sofort telegrafierte er den Kollegen in Los Alamos: »It's a boy«[296], zu Deutsch, »Es ist ein Junge.«

Drohnen mit Filteranlagen wurden durch die radioaktive Wolke gesteuert und das gesammelte Material mit Tonnen von Korallen aus dem Atoll nach Berkeley gebracht. Analysen bestätigten, dass durch die Intensität der Explosion ein neues Element entstanden war. In der Masse an Material, die im Labor untersucht wurde, entdeckte man um die hundert Atome des Elements 99.

Das Element ist silbrig, weich und metallisch, und es leuchtet im Dunkeln blau. Ein Gramm enthält tausend Watt Energie. Wie alle Actinoide – diese exotischen Elemente am Ende des Periodensystems – ist es schwer und sehr reaktiv. Seine verschiedenen Isotope haben Halbwertszeiten, die von wenigen Sekunden bis zu mehr als einem Jahr reichen, sodass es selbst unter den günstigsten Umständen kurzlebig ist. Und es ist von keinerlei praktischem Nutzen.

Ivy Mike war natürlich streng geheim, und die Ergebnisse wurden erst drei Jahre später freigegeben. In der *Physical Review* vom 1. August 1955 – dreieinhalb Monate nach Einsteins Tod – wurde die Entdeckung von Element 99 publiziert. In dem Artikel schlugen der Entdecker, Albert Ghiorso, und seine Kollegen vor, das neue Element nach Einstein zu benennen. Damals war es nicht mehr üblich, Elementen den Namen von Wissenschaftlern zu geben, auch wenn es durchaus noch Beispiele dafür gab: 1944 wurde das Atom 96 nach Einsteins langjähriger Freundin Marie Curie und ihrem Ehemann Pierre Curium getauft.

Einstein war, bei allem Unbehagen, das er ihr gegenüber empfand, der Vater der Quantenmechanik. Außerdem war seine Arbeit über die Brownsche Bewegung aus dem Jahr 1905 eine der ersten, die die Existenz von Atomen als real annahm – tatsächlich wird in dieser Abhandlung grundlegend mathematisch *bewiesen,* dass Atome existieren. Allein dies hätte schon gerechtfertigt, ihn mit auf die Liste der Elemente zu nehmen. Und da Element 99 durch die Wucht atomarer Zerstörung entstanden ist, war es durchaus angebracht, es nach dem Mann zu benennen, der $E = mc^2$ gefunden hatte, die Formel, die die Zerstörungskraft einer Wasserstoffbombe erklären konnte, und nach dem Mann, der Präsident Roosevelt einen Brief geschrieben hatte, indem er ihn aufforderte, in nukleare Kettenreaktionen zu investieren. Zudem setzt man ihm ein Denkmal und würdigte den Tod des berühmtesten Wissenschaftlers der Welt.

Zugleich lag auch Ironie in dieser Wahl angesichts Einsteins Besorgnis über die Gefahr, die von Atomwaffen ausging. Da das FBI Einstein unter Verdacht gestellt hatte, erhielt er keine Erlaubnis für Auskünfte zum amerikanischen Atomprogramm, weder vor noch nach dem Zweiten Weltkrieg. Er hat nie an der Bombe mitgearbeitet, und das Manhattan-Projekt war auch eher der Tatsache geschuldet, dass Washington von Berechnungen in England erfahren hatte, die zeigten, dass eine Atombombe aus der Luft realisierbar war, und nicht einem Brief Einsteins. Er erklärte einmal ganz unverhohlen, er sei nicht der »Vater der Atomenergie«,[297] als der er manchmal bezeichnet wurde.

Ein Großteil seiner späteren Jahre verbrachte er damit, sich zur künftigen Aufrechterhaltung des Friedens für eine Weltregierung einzusetzen, und als er 1950 von Präsident Trumans Entscheidung erfuhr, eine Wasserstoffbombe zu entwickeln, trat er zum ersten Mal im neuen Medium, dem Fernsehen, auf. Gedreht hatte man Einsteins Erklärung in Princeton, am nächsten Tag wurde sie in der Sendung *Today with Mrs Roosevelt* ausgestrahlt. Er sagte, wenn die Bemühungen, eine Wasserstoffbombe zu bauen, Erfolg hätten, rückte, »die Vernichtung alles Lebendigen auf der Erde in den Bereich des technisch Möglichen. Das Gespenstische dieser Entwicklung liegt in ihrer scheinbaren Zwangsläufigkeit. Jeder Schritt erscheint als unvermeidliche Folge des vorangehenden. Als Ende winkt immer deutlicher die allgemeine Vernichtung.«[298]

Der letzte öffentliche Akt in Einsteins Leben war die Unterzeichnung eines Manifests, das die Staatenlenker aufruft, im Zeitalter von Atomwaffen auf Krieg zu verzichten.

Das Symbol für Element 99, Einsteinium, lautet Es.

98

Seit 1929 wissen wir, dass das Universum expandiert. Einstein war über diese Entdeckung überglücklich, denn sie erlaubte es ihm, einen mathematischen Term zu streichen, den er in seine Gleichungen der allgemeinen Relativitätstheorie eingeführt hatte, weil sie ein vermeintlich statisches Universum beschreiben sollten – die kosmologische Konstante (geschrieben mit dem griechischen Buchstaben Λ, Lamda). Bevor Einstein diese mathematische Konstante einführte, folgte aus der Relativitätstheorie, dass das Universum expandiert.

Nachdem die Expansion des Universums nachgewiesen war, schien es logisch, von einer Verlangsamung der Expansion auszugehen. Diese Vermutung basierte auf der Überlegung, dass es Gravidität gibt, wenn es im Universum Masse gibt, und Gravidität wirkt anziehend – sie »zieht« an den Dingen. Jede Galaxie zieht also unausweichlich jede andere Galaxie an. Die Expansion des Raums würde sich also aus demselben Grund verlangsamen, aus dem sich die Geschwindigkeit eines in die Luft geworfenen Apfels verlangsamt. Beide kämpfen gegen die Anziehungskraft der Schwerkraft an.

Dieser Gedanke schien so naheliegend und plausibel, dass man ihn fast siebzig Jahre lang für richtig hielt. 1998 jedoch stellte sich zur großen allgemeinen Überraschung heraus, dass er falsch war. Zwei Wissenschaftlerteams, das eine von Saul Perlmutter, das andere von Brian Schmidt und Adam Riess geleitet, erforschten weit entfernte Supernovae im Universum. Diese majestätischen, explodierten Sterne haben eine Standardhelligkeit, das bedeutet, je weiter eine Supernova weg ist, desto schwächer erscheint sie. Hat man ihre Entfernung einmal festgestellt, kann auch das Alter der Galaxien, in denen sich diese kosmologischen Leuchtfeuer befinden, errechnet werden – je weiter die Galaxie entfernt ist, desto weiter liegt sie auch in der Zeit zurück. Vor dem Hintergrund dieses Wissens waren Perlmutter, Schmidt und Riess in der Lage, die Expansion des Universums über einen Großteil seiner Geschichte zurückzuverfolgen. Sie kamen zu dem Schluss, dass es sich in der Vergangenheit langsamer ausgedehnt hat als in der Gegenwart. Anders ausgedrückt, sie entdeckten, dass sich die Expansion des Universums beschleunigt. Für ihre Arbeit erhielten sie 2011 den Nobelpreis.

Natürlich verschwand aufgrund dieser Entdeckung nicht plötzlich die Schwerkraft. Noch immer zieht jede Galaxie die andere an. Der Grund, warum sich die Ausdehnung des Universums beschleunigt, musste demnach etwas sein, dass der Gravidität entgegenwirkt. So wie ein Raumschiff Schubdüsen braucht, die es himmelwärts befördern, so braucht das Universum eine Energie, die der Zugkraft der Galaxien entgegenwirkt.

Viel später erkannte man, dass Einsteins Term, den er in seine Gleichungen eingeführt hatte, um das Universum statisch zu erhalten – die kosmologische Konstante –, ironischerweise genau das richtige Instrument war, um die neuerdings gemessene Beschleunigung des Universums zu berechnen, insbesondere das »gewisse Extra«, das der Gravidität entgegenwirkt. An dieser Stelle muss man darauf hinweisen, dass die kosmologische Konstante keine Konstante ist wie zum Beispiel Pi. Wie Pi verändert sie sich nicht in der Zeit, aber anders als Pi, ist sie etwas, das Menschen nicht *a priori* mit rein theoretischem Wissen bestimmen können. Bis heute zumindest muss sie gemessen werden. Die Messungen der letzten zwanzig Jahre haben mit großer Beweiskraft gezeigt, dass die beschleunigte Ausdehnung von einer kosmologischen Konstante getrieben wird, und konnten mit kleinen Unsicherheiten ihren Wert bestimmen. Einstein hatte die Konstante auf null gesetzt, als er dachte, sie nicht länger zu brauchen.

Man fragt sich, was die kosmologische Konstante repräsentiert. Die Schwerkraft kann in physikalische Begriffe gefasst werden, und wenn Lambda eine Art Anti-Schwerkraft ist, muss sie auch eine physikalische Bedeutung haben. Was ihr in der realen Welt entspricht, bezeichnen wir als »Dunkle Energie«. Viele Wissenschaftler gehen davon aus, dass die Dunkle Energie die Energie ist, die im Vakuum des Weltraums vorhanden ist. Wir denken bei einem Vakuum an genau das – eine Leere, durch die nur Strahlung passieren kann. Im Ozean des Raums, weit weg vom fröhlichen Tanz der Sterne, gibt es eine Schwärze, in der es absolut nichts zu geben scheint. Doch selbst dort existiert noch immer Energie, die schwankt, als setze sie sich aus Millionen und Abermillionen mikroskopischer Wellen zusammen. Die Dunkle Energie, so vermutet man, ist die Gesamtenergie im Vakuum des Weltraums.

Diese Theorie führt zu einem geschätzten Wert der kosmologischen Konstante von $1 \text{ x } 10^{113}$ Joule an Energie pro Kubikmeter. Dies ist eine gigantische Zahl. Aus den Beobachtungen der Expansionsgeschwindigkeit des Universums jedoch scheint der Wert für die Dunkle Energie in einem Kubikmeter eher bei $1{,}5 \times 10^{-9}$ zu liegen – einer winzig kleinen Zahl. Die Diskrepanz zwischen dem theoretischen Wert der Dunklen Energie und dem, was sich aus Beobachtungen ergeben hat, ist eines der großen Probleme der zeitgenössischen Physik und Teil dessen, was wir das Problem der kosmologischen Konstante nennen. Letztlich bedeutet es, dass wir Dunkle Energie noch kaum verstehen.

Das Problem der Dunklen Energie ist eine der Herausforderungen, der die Relativitätstheorie gegenübersteht. Schwarze Löcher sind ein weiteres – im Zentrum eines jeden Schwarzen Lochs befindet sich eine Singularität, ein Punkt einer so intensiven Krümmung der Raumzeit, dass die Gleichungen der Relativitätstheorie aufhören zu funktionieren. Schwarze Löcher wurden fotografiert, und man hat Gravitationswellen entdeckt, die von ihnen ausgehen. Sie bilden einen wesentlichen Teil der Struktur des Universums, doch kann Einsteins Theorie sie nicht gänzlich erklären.

Noch gilt die Relativitätstheorie als wichtigste Erklärung für den Kosmos, doch es ist eher unwahrscheinlich, dass sie das für immer bleiben wird. Der aktuelle Stand zeitgenössischer Physik hat so manche Ähnlichkeit mit dem Stand der Physik in Einsteins Jugend, als Physiker die Arbeit Isaac Newtons mal angriffen, mal verteidigten, als die einen versuchten, die Lücken in seiner Theorie der Schwerkraft zu kitten, und andere (wie Einstein) sie zum Einsturz bringen wollten. Heute ist es Einstein, der Kritiker und Verteidiger hat.

Das Universum überlistet uns. Es hat Einstein sein Leben lang überlistet, sowohl mit der Quantenmechanik – die seine Vorstellung von der Welt untergraben hat – als auch mit seinen Versuchen, eine einheitliche Feldtheorie aufzustellen. In den letzten Sätzen seiner letzten autobiografischen Betrachtung im März 1955, nur einen Monat vor seinem Tod, gestand Einstein, dass die letzten zwanzig Jahre seiner Arbeit möglicherweise vergeblich waren. »Außerdem erscheint es überhaupt zweifelhaft«, schrieb er, »ob eine Feldtheorie von der atomistischen Struktur der Materie und der Strahlung sowie von den Quanten-Phänomenen Rechenschaft geben kann.« Doch er tröstete sich damit, »das Streben nach der Wahrheit sei köstlicher als deren gesicherter Besitz«.[299]

In einer Erläuterung seiner persönlichen Überzeugungen schrieb Einstein einmal: »Das Schönste, was wir erleben können, ist das Geheimnisvolle. Es ist das Grundgefühl, das an der Wiege von wahrer Kunst und Wissenschaft steht. Wer es nicht kennt und sich nicht mehr wundern, nicht mehr staunen kann, der ist sozusagen tot und sein Auge erloschen.«[300]

Um die Mysterien seines Zeitalters zu enträtseln, musste Einstein die Beschaffenheit von Licht, von Zeit und von Raum, ja die Beschaffenheit des Kosmos selbst neu fassen. Damit gelang ihm ein glaubwürdigeres Bild der Wirklichkeit, aber keines, das frei von Rätseln wäre. Und nun wenden wir uns den Problemen der Relativitätstheorie zu, um zu einem tieferen

Verständnis des Universums zu gelangen. Wir haben das Glück, in einer Zeit zu leben, in der die Mysterien, mit denen wir konfrontiert sind, die Mysterien des einsteinschen Universums sind.

99

Selbstporträt im Alter von fünfundsechzig Jahren

Was am eigenen persönlichen Dasein für einen selbst wesentlich ist, das weiß man selber kaum, und den andern braucht es erst recht nicht zu kümmern. Was weiß der Fisch von dem Wasser, in dem er sein Leben lang herumschwimmt?

Das Bittere und das Süße kam von außen, das Harte von innen, aus dem eigenen Streben. Ich tat in der Hauptsache, wozu mich die eigene Natur trieb. Beschämend war es, dafür so viel Achtung und Liebe zu empfangen. Auch Pfeile des Hasses wurden nach mir geschossen; sie trafen mich aber nie, weil sie gewissermaßen zu einer anderen Welt gehörten, zu der ich keine Beziehungen habe.

Ich lebte in jener Einsamkeit, die in der Jugend schmerzlich, in den Jahren der Reife aber köstlich ist.[301]

Albert Einstein, kurz vor seinem 75. Geburtstag, 1954

Quellen und Dank

Das Studium von Albert Einsteins Leben beginnt man am besten mit seinen eigenen Schriften. Zu diesem Zweck sind die von der Princeton University Press herausgegebenen *Collected Papers of Albert Einstein* von unschätzbarem Wert. Als Indiz für die Zuverlässigkeit und Gründlichkeit der Ausgabe kann die Tatsache gelten, dass der erste Band vor sechsunddreißig Jahren publiziert wurde, und mit dem jüngsten, sechzehnten Band liegen Einsteins Schriften nun bis zum Mai 1929 vor.

Eine vollständige Ausgabe von Einsteins wissenschaftlichen Schriften existiert bislang nicht. Aber sowohl Albrecht Fölsings Biografie wie der von Paul Arthur Schilpp herausgegebene Band *Albert Einstein als Philosoph und Naturforscher* enthalten eine vollständige Liste seiner wissenschaftlichen Publikationen. Einsteins nichtwissenschaftliche Schriften, Musterbeispiele einer prägnanten, wortgewandten Ausdrucksweise, wurden in den Bänden *Mein Weltbild* und *Aus meinen späten Jahren* sowie dem umfangreichen, von Otto Nathan und Heinz Norden herausgegebenen Band *Frieden und Weltordnung* versammelt. Letzterer enthält Einsteins Überlegungen zum Pazifismus nahezu vollständig. Princeton University Press hat zudem kürzlich, unter Federführung von Hanoch Gutfreund und Jürgen Renn, die gesammelten autobiografischen Versuche Einsteins (wovon es einige sehr kurze Beispiele gibt) herausgegeben, die auf Deutsch bei de Gruyter unter dem Titel *Einstein über Einstein* erschienen sind.

Einstein war ein produktiver, geistreicher und höchst unterhaltsamer Briefeschreiber. Es wurden mehrere Briefwechsel mit einzelnen Briefpartnern als Buch herausgegeben, die alle sehr nützlich und interessant zu lesen sind. Verwendet habe ich

Albert Einstein, Hedwig und Max Born: Briefwechsel 1916–1955; *Lettres à Maurice Solovine* und eine zweisprachige Ausgabe des Briefwechsels mit Besso *Correspondance 1903–1955, Einstein et Besso.*

Darüber hinaus gibt es eine reichhaltige Auswahl an Einstein-Biografien. Am meisten habe ich mich auf die folgenden gestützt: *Albert Einstein – Leben und Werk* von Ronald W. Clark; Philipp Frank: *Albert Einstein. Sein Leben und seine Zeit*; Banesh Hoffman und Helen Dukas: *Schöpfer und Rebell*; Peter Michelmore: *Albert Einstein, Genie des Jahrhunderts*; Abraham Pais: *Raffiniert ist der Herrgott. Albert Einstein, eine wissenschaftliche Biographie;* Anton Reiser (das Pseudonym von Einsteins Schwiegersohn Rudolf Kayser): *Albert Einstein. A Biographical Portrait*; Carl Seelig: *Albert Einstein. Eine dokumentarische Biographie* und Antonina Vallentin: *Das Drama Albert Einsteins, eine Biographie* sowie *Einstein: The Man and his Achievement*, herausgegeben von G. J. Whitrow.

Diese Liste enthält Bücher, die vor vierzig oder mehr Jahren veröffentlicht wurden. Sie alle enthalten beachtenswerte Ungenauigkeiten, die in der Regel jedoch nicht auf eigene Fehler zurückgehen, sondern darauf, dass den Autoren einige Fakten nicht zugänglich waren. Von den jüngeren Biografien bietet *Einsteins Irrtum, das Drama eines Jahrhundertgenies* von David Bodanis einen munteren Spaziergang durch Einsteins Leben und Werk. Zu nennen ist auch *Einstein. Eine Biographie* von Jürgen Neffe; *Albert Einstein, Ingenieur des Universums* von Jürgen Renn und von Denis Brian *Einstein, sein Leben.*

Wichtige Quellen waren auch die Bücher von Albrecht Fölsing: *Albert Einstein. Eine Biographie* und Walter Isaacson: *Albert Einstein: His Life and Universe*. Kaum eine Phase von Einsteins Leben, die nicht von diesen beiden Büchern abgedeckt wäre. Leser, die auf der Suche nach einer umfassenden Bewertung Einsteins sind, sollten auf Fölsing und Isaacson zurückgreifen.

Und doch gibt es auch hier eine Lücke. In diesem Buch wird von einem Ereignis in Einsteins Leben berichtet, das bislang in der populären Literatur über ihn gefehlt hat, da man nichts davon wusste: das Wiederaufleben seiner Beziehung mit Marie Winteler. Die entsprechenden Briefe wurden 2018 in Band 15 der *Collected Papers* aufgenommen, ebenso viele seiner Liebesbriefe, die er Marie als Jugendlicher schrieb. Daraus wird deutlich, dass seine Gefühle für sie viel tiefer reichten, als man bisher annahm.

Eine umfassende Einstein-Bibliografie würde den Rahmen dieses Buches sprengen. Ich wage jedoch zu behaupten, dass zu jedem Aspekt von Einsteins Leben, über den man mehr wissen möchte, ein ganzes Buch existiert. Will man sich zum Beispiel näher über sein Privatleben informieren, kann man zu *Die geheimen Leben des Albert Einstein* von Roger Highfield und Paul Carter greifen, das sich nahezu ausschließlich mit Einsteins persönlichen Beziehungen auseinandersetzt. Dann gibt es das brillante Buch von Dennis Overbye *Einstein in Love. A Scientific Romance*, das Einsteins Jugend und die Beziehung zu seiner ersten Frau behandelt; oder die beiden Biografien über Mileva Marić: *Im Schatten Albert Einsteins* von Desanka Trbuhović-Gjurić und Milan Popović: *In Albert's Shadow – the life and letters of Mileva Marić, Einstein's first wife*. Das Buch von Michele Zackheim: *Einsteins Tochter* trägt zusammen, was über Einsteins vergessene Tochter Lieserl bekannt ist.

Wem die geografischen Umstände wichtig sind, wird fündig in Max Flückiger: *Albert Einstein in Bern;* über die Zeit in Prag in Michael D. Gordin: *Einstein in Bohemia* und die Zeit in Berlin bei Thomas Levenson: *Albert Einstein: die Berliner Jahre 1914–1932*. Oder *Einstein on the Run: How Britain Saved the World's Greatest Scientist* von Andrew Robinson und Jamie Sayen: *Einstein in America. The Scientist's Conscience in the Age of Hitler and Hiroshima*.

Über die Ansichten des berühmten Wissenschaftlers zu

Glaube und Religion schreibt Max Jammer in seinem Buch *Einstein und die Religion.* Der Erste Weltkrieg ist Gegenstand in Matthew Stanley: *Einstein's war. How Relativity Triumphed Amid the Vicious Nationalism of World War I.* Mehr über die Untersuchungen des FBI kann man in Fred Jerome: *The Einstein file. The* FBI*'s secret war against the World's Most Famous Scientist* nachlesen. Jeromes Antrag auf Informationsfreiheit ist es zu verdanken, dass Einsteins FBI-Akte der Öffentlichkeit zugänglich wurde.

Einsteins wissenschaftliches Werk wurde in vielen Büchern erklärt, nicht zuletzt in seinem eigenen *Über die spezielle und allgemeine Relativitätstheorie.* Darüber hinaus ist das Buch von Russell Stannard: *Relativitätstheorien* ein guter Einstieg. *Einstein 1905. The Standard of Greatness* von John S. Rigden ist eine wunderbar detaillierte und dennoch verständliche Erklärung der wissenschaftlichen Arbeiten aus Einsteins Annus mirabilis. Noch ausführlicher ist David Bodanis' *Bis Einstein kam. Die abenteuerliche Suche nach dem Geheimnis der Welt.* Betrachtungen über Einstein von seinen Kollegen finden sich in Werner Heisenbergs Buch *Begegnungen und Gespräche mit Albert Einstein*; in Wolfgang Pauli *Writings on Physics and Philosophy* oder in dem von A.P. French herausgegebenen Band *Albert Einstein, Wirkung und Nachwirkung.*

Und so geht die Liste weiter. Bemerkenswert ist, dass mir von den zahllosen Büchern, die sich mit Einstein beschäftigen, nicht eines untergekommen ist, das nicht klug und nützlich gewesen wäre.

Ein Teil des Vergnügens beim Schreiben dieses Buches war, dass ich Gelegenheit hatte, mich auch mit weniger bedeutenden – man könnte auch sagen eher trivialen – Aspekten von Einsteins Lebens genauer zu befassen, Details, die in einer traditionelleren und umfassenderen Auseinandersetzung mit seinem Leben nicht passend erschienen wären. Die Geschichte von Einstein und Marian Anderson stammt aus ihrem Buch

My Lord, What a Morning. An Autobiography; die Jacob-Epstein-Anekdote aus dessen Buch *Let There Be Sculpture;* William Golding erinnert sich an die Begegnung mit Einstein in seinem Essay *Thinking as a Hobby*; Bertrand Russells unterhaltsame Kommentare stammen aus einem Interview, das John Chandos 1961 mit Russell in seinem Haus in North Wales geführt hat; der Bericht über C.P. Snow, der Einstein in seinem Feriendomizil besucht hat, findet sich in dessen Essay *On Albert Einstein;* und Jerome Weidman erzählt in seinem Essay *The Night I Met Einstein*, wie liebevoll sich Einstein als Musiklehrer betätigt hat. Über Einsteins Zeit mit den Stars von Hollywood berichtet Charlie Chaplin in seiner Autobiografie *Die Geschichte meines Lebens* ebenso wie Mary Pickfords Buch *Sunshine and Shadow.* Die Information über die Erfindung elektrischer Straßenbeleuchtung im ersten Kapitel lässt sich in vielen Quellen finden, darunter *Nature,* IEEE *Industrial Electronics Magazine,* die *Encyclopaedia Britannica* und die Schriften von Thomas A. Edison; mehr über den Weltraumfrachter *Albert Einstein* kann man auf den Websites der European Space Agency, der NASA und collectSPACE erfahren sowie in dem Buch von Hanoch Gutfreund und Jürgen Renn *The road to relativity. The History and Meaning of Einstein's »The Foundation of General Relativity«*; die makabere Story über Einsteins Gehirn erzählt Carolyn Abraham ausführlich in *Possessing Genius. The Bizarre Odyssey of Einstein's Brain.*

Die Informationen für das Kapitel »Ein Spaziergang ins Büro, 1925« habe ich einem Essay aus dem Jahr 1955 von Esther Salaman in der Zeitschrift *Listener* entnommen. Genauso wie in den beiden Kapiteln »Ein Tag im Büro« habe ich mir ein wenig fiktionale Freiheit erlaubt. Ich habe Material über dieses Jahr zusammengetragen und daraus einen fiktiven repräsentativen Arbeitstag in der jeweiligen Lebensphase Einsteins zusammengestellt. Zum Beispiel habe ich Einstein den Satz »das ist so einfach – Gott hätte sich das niemals entgehen lassen« zu seinen Assistenten Bergmann und Bargmann sagen lassen. In Wirklichkeit hat er diesen Satz gegenüber einem anderen Assistenten geäußert, nämlich Ernst Straus. Dennoch habe ich mich bemüht, bei den Fakten zu bleiben – der Vortrag über Nashörner, den ich im Kapitel »Ein Tag im Büro, 1904« erwähnt habe, fand sich in den Nachrichten der Naturforschenden Gesellschaft in Bern aus dem Jahr 1904, er fand am 22. Oktober statt.

Gelegentlich führten mich die Recherchen für diese kleinen Episoden an hübsche Orte. Berichte über Einsteins Freundschaft mit David Rothman und die Anekdoten über seine Zeit auf Long Island sind in Joan Rothman Brill *My Father and Albert Einstein* zu finden; in den von Donald Mitchell und Philip Reed herausgegebenen Briefen *Letters from a Life, Bd. 2, 1939–45. Selected Letters and Diaries of Benjamin Britten;* und in Informationen der Southold Historical Society. In Southold, neben Rothmans ehemaligem Geschäft, liegt heute der Albert Einstein Square, wo kleine, grob behauene Bänke eine Marmorbüste eines gealterten Einstein mit hängenden Wangen umgeben. Ein Wandgemälde und eine Gedenktafel künden von Einsteins Urlaub dort als seinem »glücklichsten Sommer überhaupt«.

Bei Interesse lohnt sich auch eine Reise nach Potsdam zum Einsteinturm, nicht zuletzt, weil er sich in dem faszinierenden Wissenschaftspark Albert Einstein befindet mit den zahlreichen Wissenschaftsgebäuden, die über einen bewaldeten Campus verteilt sind. Observatorien in Backsteingotik liegen wie Zauberschlösser in der Landschaft, und man entdeckt verrostete Baracken, die irgendwie zur Berechnung von Längen- und Breitengraden dienen, ohne irgendwo erklärt zu werden, ebenso einundzwanzig Arten unterschiedlicher Industriethermometer hinter einem Lattenzaun, als könnten sie davonlaufen.

Ich nutzte bei meiner Recherche auch etliche Zeitungs- und Zeitschriftenartikel. Auch auf YouTube sind faszinierende Videos und Interviews zu entdecken – die mir unter anderem enthüllten, das Albert Einstein eine deutlich höhere Stimme hatte, als ich mir vorgestellt hatte. Die Albert Einstein Archives an der Hebrew University in Jerusalem waren außerordentlich hilfreich, ebenso das Staatsarchiv in Zürich, das Geheime Staatsarchiv Preußischer Kulturbesitz, die Niels Bohr Library & Archives am American Institute of Physics und die Archive der ETH Zürich, des Instituts for Advanced Study sowie der Max-Planck-Gesellschaft.

Es gibt eine ganze Reihe von Menschen, ohne die dieses Buch nicht möglich gewesen wäre, vor allem: Michael Dine, der so freundlich war, die wissenschaftlichen Passagen zu überprüfen, physikalische Fragen und die technischeren Erläuterungen zur Kosmologie zu erklären; mein Agent Toby Mundi; meine Verleger:innen und Lektor:innen Georgina Laycock, Caroline Westmore und Katharine Morris, Rick Horgan und Olivia Bernhard und ihr Team bei John Murray and Scribner. Danke für die überaus klugen Korrekturen und Kommentare, die dazu beigetragen haben, meine verschiedenen Entwürfe umzugestalten und zu verbessern. Mein aufrichtiger Dank gilt den Albert Einstein Archives an der Hebrew University in Jerusalem, insbesondere Chaya Becker, und Lisa M. Black bei Princeton University Press. Ich danke auch meinen Kolleg:innen von *Times Literary Supplement*, insbesondere Robert Potts, die mich auf wunderbare und entgegenkommende Weise bei diesem Projekt unterstützt haben. Und natürlich danke ich meiner Frau Isabelle, ohne deren Nachsicht und Verständnis, ohne deren Fragen und deren Geduld ich dieses Buch angesichts der Erklärungsschnipsel und biografischen Fragmente nicht zustande gebracht hätte.

Hinweis zu den Quellen

Bildnachweis

S. 19 mauritius images/Gibon Art/Alamy; S. 23 imago images/Photo12; S. 38 mauritius images/Science Source; S. 42 G/S/CAMERA PRESS/laif; S. 51 mauritius images/Gainew Gallery/Alamy; S. 59 ullstein bild – Zander & Labisch; S. 64 akg-images/Mondadori Portfolio/Archivio GBB; S. 68 imago/ZUMA/Keystone; S. 91 mauritius images/TopFoto; S. 106 mauritius images/GL Archive/Alamy/Alamy Stock Photos; S. 117 KEYSTONE/Keystone; S. 132 picture alliance/brandstaetter images/Austrian Archives; S. 144 ullstein bild/Getty Images; S. 154 picture alliance/ullstein bild; S. 171 Corbis Historical/Getty Images; S. 172 Bettmann/Getty Images; S. 175 Bettmann/Getty Images; S. 178 Bettmann/Getty Images; S. 186 picture alliance/World History Archive; S. 189 akg-images/NordicPhotos; S. 207 Bettmann/Getty Images; S. 221 Bettmann/Getty Images; S. 239 Corbis Historical/Getty Images; S. 245 Leo Baeck Institute (LBI)/Albert Einstein Collection, AR 136; S. 260 Science History Images/Alamy Stock Photo; S. 270 imago/biky; S. 281 Bettmann/Getty Images

Anmerkungen

CP: The Collected Papers of Albert Einstein: Hg. von John Stachel, David C. Cassidy, Robert Schulmann, Jürgen Renn, A. J. Kox, Martin J. Klein, Michael Janssen, József Illy, Christoph Lehner, Diana Kormos Buchwald, Daniel J. Kennefick, Tilman Sauer, Ze'ev Rosenkranz, Virgina Iris Holmes, Rudy Hirschmann, Osik Moses, Benjamin Aronin, Jennifer Stolper, Dennis Lehmkuhl, Jennifer Nollar James. Derzeit erschienen Bd. 1 bis 16 bis Mai 1929. Im Folgenden zitiert als CP, gefolgt von der Bandzahl.

AEA: Albert Einstein Archives der Hebrew University in Jerusalem

1 Ilse Rosenthal-Schneider: Begegnungen mit Einstein, von Laue und Planck. Vieweg 1988, S. 60
2 Antonia Vallentin: Das Drama Albert Einsteins: eine Biographie. Günther 1955, S. 9
3 Albert Einstein: Lettres à Maurice Solovine. Gauthier-Villars, 1956, Einleger zwischen S. 6 und 7
4 Carl Seelig: Albert Einstein. Eine dokumentarische Biographie. Europa Verlag 1954, S. 124
5 Einstein an Pauline Winteler, Mai 1897, CP1, S. 55
6 Einstein, A.: Autobiographisches. In: Schilpp, P.A. (Hg.): Albert Einstein als Philosoph und Naturforscher. Facetten der Physik. Vieweg + Teubner Verlag 1979, S. 1
7 CP1, S. LVII
8 Maja Winteler-Einstein: Beitrag. In: CP 1, S. LVII
9 Albrecht Fölsing: Albert Einstein. Suhrkamp 1995, S. 24
10 Erik H. Erikson: »Psychoanalytic Reflections on Einstein's Centenary«. In: Hg. Gerald Holton und Yehuda Elkana: Albert Einstein, Historical and Cultural Perspectives: The Centennial Symposium in Jerusalem. Princeton University Press 1982, S. 152
11 Maja Winteler-Einstein: Beitrag. In: CP1, S. LVII
12 Einstein, A.: Autobiographisches. In: Schilpp, P.A. (Hg.): Albert Einstein als Philosoph und Naturforscher. W. Kohlhammer Verlag, Stuttgart 1979, S. 3
13 Ebd.
14 Einstein, A.: Autobiographisches. In: Schilpp, P.A. (Hg.): Albert Einstein als Philosoph und Naturforscher. Kohlhammer 1979, S. 1

15 Ebd., S. 2
16 Ebd., S. 1
17 Anton Reiser: Albert Einstein. A Biographical Portrait, New York 1930. S. 26
18 Albrecht Fölsing: Albert Einstein. Suhrkamp 1995, S. 30
19 Einstein an Philipp Frank, Briefentwurf, 1940
20 CP1, S. 13
21 CP1, S. 11, FN 7
22 Albert Einstein: Autobiographische Skizze. In: Carl Seelig (Hg.): Helle Zeit – Dunkle Zeit. In memoriam Albert Einstein. Europa Verlag 1956, Braunschweig 1986, S. 9
23 Albert Einstein: Autobiographische Skizze. In: Carl Seelig (Hg.): Helle Zeit – Dunkle Zeit. In memoriam Albert Einstein. Europa Verlag 1956, Braunschweig 1986, S. 9f.
24 CP15, An Marie Winteler, 18. Februar 1996, S. 8
25 CP15, An Marie Winteler, 3. Februar 1896, S. 4
26 CP15, An Marie Winteler, 3. Februar 1896, S. 4
27 CP1, An Marie Winteler, 21. April 1896, S. 22
28 CP1, Von Marie Winteler, November 1896, S. 50, 51
29 ebd. S. 51
30 CP1, Von Marie Winteler, 30. November 1896, S. 52
31 CP15, An Marie Winteler, 21. Mai 1897, S. 16f.
32 CP1, Mai? 1897, S. 55f.
33 Jacques S. Hadamard: An Essay on the Psychology of Invention in the Mathematical Field. Dover 1945, S. 142
34 CP2, S. 258
35 Ebd.
36 Albert Einstein: Autobiographische Skizze. In: Carl Seelig (Hg.): Helle Zeit – Dunkle Zeit. In memoriam Albert Einstein. Europa Verlag 1956
37 Carl Seelig: Albert Einstein: Leben und Werk eines Genies unserer Zeit. Europa Verlag 1960, S. 55
38 Albert Einstein: Autobiographische Skizze. In: Carl Seelig (Hg.): Helle Zeit – Dunkle Zeit. In memoriam Albert Einstein. Europa Verlag 1956, S. 11
39 Carl Seelig: Eine dokumentarische Biographie. Europa Verlag 1954, S. 33
40 Carl Seelig: Eine dokumentarische Biographie. Europa Verlag 1954, S. 35
41 Albert Einstein: Autobiographische Skizze. In: Carl Seelig (Hg.): Helle Zeit – Dunkle Zeit. In memoriam Albert Einstein. Europa Verlag 1956, S. 10
42 Albrecht Fölsing: Albert Einstein. Suhrkamp 1995, S. 73
43 Carl Seelig: Albert Einstein. Leben und Werk eines Genies unserer Zeit. Europa Verlag 1960, S. 65
44 Carl Seelig: Albert Einstein. Leben und Werk eines Genies unserer Zeit. Europa Verlag 1960, S. 59
45 CP15, an Heinrich Zangger, 21. 12. 1926, S. 669
46 CP1, an Mileva Marić, 27. März 1901, S. 282
47 CP1, Brief an Mileva Marić, 20. Oktober 1897, S. 58

48 Desanka Trbuhović-Gjurić: Im Schatten Albert Einsteins: Das tragische Leben der Mileva Einstein-Marić. Paul Haupt 1988, S. 54
49 CP1, Einstein an Marić, 10. August 1899, S. 227
50 CP1, Brief an Mileva Marić, 13.? September 1900, S. 259
51 CP1, Brief an Mileva Marić, 13. oder 20. März 1899, S. 216
52 CP1, Brief an Mileva Marić, 12. Dezember 1901, S. 324
53 CP1, Brief von Mileva Marić, 1900?, S. 242
54 Alle Zitate in: CP1, Brief an Mileva Marić, 29.? Juli 1900, S. 248
55 Ebd.
56 CP1, Brief an Mileva Marić, 4. April 1901, S. 285
57 CP1, Brief an Wilhelm Ostwald vom 19. März 1901, S. 278
58 CP1, S. 277 f.
59 CP1, Brief an Mileva Marić, 30. April 1901, S. 293 f.
60 CP1, Brief an Mileva Marić, Winterthur Dienstag. [28.? Mai 1901], S. 304 f.
61 CP1, Mileva Marić an Helene Savić, zweite Maihälfte? 1901, S. 301
62 CP1, Mileva Marić an Helene Savić, zweite Maihälfte? 1901, S. 302
63 Ebd.
64 CP1, An Mileva Marić, zweite Maihälfte ? 1901, S. 300
65 CP1, An Mileva Marić, 28.? Mai 1901, S. 304
66 CP1, An Mileva Marić, 28.? Mai 1901, S. 305
67 CP1, An Mileva Marić, 4. Februar 1902, S. 332
68 Albert Einstein: Lettres à Solovine. Gauthier-Villars, Einleger zwischen S. 6 und 7
69 Ebd.
70 Ebd.
71 Ebd.
72 Ebd.
73 Ebd.
74 Max Flückiger: Albert Einstein in Bern. Haupt 1974, S. 58
75 Einstein, A.: Autobiographisches. In: Schilpp, P.A. (Hg.): Albert Einstein als Philosoph und Naturforscher. Kohlhammer 1979, S. 17
76 CP2, S. 163
77 Alle Zitate dieses Abschnitts in: CP5, An Conrad Habicht, 18. oder 25. Mai 1905, S. 31
78 CP2, S. 277
79 CP13, S. 637
80 CP7, S. 5
81 CP2, S. 306
82 Charles Nordmann: With Einstein on the Battle Fields. *L'illustration*, 15. April 1922
83 CP5, An Conrad Habicht, 20. Juli 1905, S. 34
84 CP5, An Conrad Habicht, 30. Juni – 22. September 1905, S. 33
85 CP2, S. 314
86 Ebd.
87 CP5, An Alfred Schnauder, 5. Januar – 11. Mai 1907, S. 46
88 CP5, An Maurice Solovine, 27. April 1906, S. 40

89 Hans Albert Einstein in einem Interview mit Bernard Mayes, BBC, in: G. J. Whitrow (Hg.), *Einstein: The Man and His Achievement*, London 1966, S. 17
90 CP5, Max Planck an Albert Einstein, Juli 1907, S. 50
91 CP5, Jakob Laub an Albert Einstein, 18. Januar oder März 1908, S. 106
92 Carl Seelig: Albert Einstein. Eine dokumentarische Biographie. Europa Verlag 1954, S. 93
93 Constanze Reid: Hilbert. Springer 1970, S. 105
94 Albrecht Fölsing: Albert Einstein. Suhrkamp 1995, S. 280.
95 Ebd., S. 282 f.
96 Ebd., S. 283
97 CP5, An Jakob Laub, 19. Mai 1909, S. 188
98 CP5, An Jakob Laub, 19. Mai 1909, S. 188
99 Albrecht Fölsing: Albert Einstein. Suhrkamp 1995, S. 288
100 CP5, An Jakob Laub, 19. Mai 1909, S. 188
101 CP5, An Anna Meyer-Schmid, 12. Mai 1909, S. 181
102 CP5, An Georg Meyer, 7. Juni 1909, S. 199
103 CP1, An Mileva Marić, 28.? September 1899, S. 235
104 CP15, An Marie Winteler, 15. September 1909, S. 19 f.
105 CP15, An Marie Winteler, 7. März 1910, S. 20 f.
106 CP15, An Marie Winteler, 7. August 1910, S. 21 f.
107 Carl Seelig: Albert Einstein. Eine dokumentarische Biographie. Europa Verlag 1954, S. 100
108 David Reichinstein: Albert Einstein, sein Lebensbild und seine Weltanschauung. Prag (Selbstverlag) 1935, S. 44
109 Carl Seelig: Albert Einstein. Eine dokumentarische Biographie. Europa Verlag 1954, S. 122
110 Ebd.
111 CP5, An Michele Besso, 13. Mai 1911, S. 295
112 Philipp Frank: Einstein. Sein Leben und seine Zeit. Vieweg 1979, Nachdruck der Ausgabe von 1949, S. 152
113 CP5, An Heinrich Zangger, 7. November 1911, S. 345
114 CP8, An Marie Curie, 23. November 1911, S. 7
115 Albrecht Fölsing: Albert Einstein. Suhrkamp 1995, S. 344
116 CP13, How I Created the Theory of Relativity, Vortrag in Kyoto, S. 638
117 Albrecht Fölsing: Albert Einstein. Suhrkamp 1995, S. 356
118 CP5, An Heinrich Zangger, 10. März 1914, S. 602
119 CP5, An Elsa Löwenthal, 30. April 1912, S. 456
120 CP5, An Elsa Löwenthal, 21. Mai 1912, S. 469
121 CP5, An Elsa Löwenthal, 11.? August 1913, S. 544
122 CP5, An Elsa Löwenthal, vor dem 2. Dezember 1913, S. 573
123 CP5, An Elsa Löwenthal, 16. Oktober 1913, S. 560
124 CP5, An Elsa Löwenthal, 10. Oktober 1913, S. 558
125 CP5, An Elsa Löwenthal, nach dem 22. November 1913, S. 571
126 CP5, An Elsa Löwenthal, 16. Oktober 1913, S. 561

127 CP5, An Elsa Löwenthal, nach dem 2. Dezember 1913, S. 574
128 CP5, An Elsa Löwenthal, nach dem 11. August 1913, S. 545
129 Einstein an den Montreal Pipe Smokers Club, zitiert in *New York Times*, 12. März 1950, AEA 60–125
130 CP8, An Mileva Einstein-Marić, 18. Juli 1914, S. 44
131 CP8, An Mileva Einstein-Marić, 18. Juli 1914, S. 45
132 CP8, An Elsa Einstein, nach dem 26. Juli 1914, S. 49
133 Alle Zitate aus einem Interview von John Chandos, 11. und 12. April 1961
134 CP8, An Paul Ehrenfest, 19. August 1914, S. 56
135 CP6, Meine Meinung über den Krieg, 1915, S. 211, S. 213
136 CP8, An Paul Ehrenfest, 17. 1. 1916, S. 244
137 Abraham Pais: »Raffiniert ist der Herrgott …« Albert Einstein. Eine wissenschaftliche Biographie. Vieweg 1982, S. 256
138 Charles Chaplin: Die Geschichte meines Lebens. Übersetzt von Günther Danehl und Hans Jürgen von Koskull, Fischer Taschenbuch Verlag 1985, S. 325 f.
139 CP8, An Kathia Adler, 20. Februar 1917, S. 394
140 Albrecht Fölsing: Albert Einstein. Suhrkamp 1995, S. 454
141 CP8, 22. Dezember, 1915, S. 225
142 Tatsächlich nennt Einstein in der Quelle, aus der dies stammt, die kosmologische Konstante »the biggest blunt he ever made«, »die größte Dummheit seines Lebens«. George Gamow: My World Line. An informal autobiography. Viking, 1970, S. 44
143 CP6, Kosmologische Betrachtungen zur allgemeinen Relativitätstheorie, S. 543
144 CP6, Kosmologische Betrachtungen zur allgemeinen Relativitätstheorie, S. 551
145 CP7, Spielen Gravitationsfelder im Aufbau der materiellen Elementarteilchen eine wesentliche Rolle?, S. 133
146 Albert Einstein: Mein Weltbild. Hg. Carl Seelig, Europa Verlag, 2021, S. 144
147 Bennett Cerf: Try and Stop me. A Collection of Anecdotes and Stories, Mostly Humorous. Simon & Schuster 1944, S. 163
148 CP8, Ilse Einstein an Georg Nicolai, 22. Mai 1918, S. 769 ff.
149 CP7, Assimilation und Antisemitismus, S. 290
150 Beide Ausdrücke in CP 7, »Ein Bekenntnisbrief Einsteins«, S. 303
151 Albrecht Fölsing: Albert Einstein. Suhrkamp 1995, S. 566
152 Carl Seelig (Hg): Helle Zeit – Dunkle Zeit. In memoriam Albert Einstein. Europa Verlag 1956, S. 76
153 Albert Einstein: Mein Weltbild. Hg. Von Carl Seelig. Europa Pocket, 2021, S. 127
154 Ronald W. Clark: Albert Einstein. Herbig 1979, S. 190
155 Subrahmanyan Chandrasekhar: »Verifying the Theory of relativity«, *Bulletin of Atomic Sciences* 31:6, Juni 1975, S. 17–22
156 *The Times*, 7. November 1919
157 Ebd.
158 Ebd.
159 Ebd.
160 Ebd.

161 *New York Times*, 9. November 1919
162 *New York Times*, 10. November 1919
163 Subrahmanyan Chandrasekhar: Eddington: The Most Distinguished Astrophysicist of His Time, Cambridge University Press, 1983, S. 30
164 *New York Times*, 3. Dezember 1919
165 CP9, An Heinrich Zangger, 15. oder 22. Dezember 1919, S. 306
166 *Berliner Illustrirte Zeitung*, 14. Dezember 1919
167 CP12, An Michele Besso, 30. Mai 1921, S. 183
168 Zelda Popkin: Open Every Door. Dutton 1956, S. 136
169 Albrecht Fölsing: Albert Einstein. Suhrkamp 1995, S. 576
170 *New York Times*, 21. April 1921
171 Charles Weiner, Helen Wright: Interview von Harlow Shapley, 8. Juni 1966, Niels Bohr Library & Archives, American Institute of Physics
172 CP12, An Michele Besso, 30. Mai 1921, S. 183
173 Albert Einstein: Autobiographisches. In: Paul Arthur Schilpp (Hg.): Albert Einstein als Philosoph und Naturforscher. Vieweg 1979, S. 17
174 An Niels Bohr, 2. März 1944, AEA 33–204
175 Aage Bohr, Léon Rosenfeld: Interview mit Niels Bohr. In: *Tisvilde*, 12. Juli 1961. Niels Bohr Archiv, Kopenhagen
176 CP14, S. 123
177 CP13, Reisetagebuch Japan, Palästina, Spanien, S. 537
178 CP13, Reisetagebuch Japan, Palästina, Spanien, S. 541
179 CP13, Reisetagebuch Japan, Palästina, Spanien, S. 555
180 CP13, Reisetagebuch Japan, Palästina, Spanien, S. 549, 550 f.
181 CP13, Reisetagebuch Japan, Palästina, Spanien, S. 549
182 Ebd.
183 CP13, Reisetagebuch Japan, Palästina, Spanien, S. 558
184 https://www.welt.de/vermischtes/article170116827/Banale-Notiz-von-Albert-Einstein-teuer-versteigert.html (abgerufen am 22. 3. 2023)
185 Philipp Frank: Einstein. Sein Leben und seine Zeit. Vieweg 1979, Nachdruck der Ausgabe von 1949, S. 305
186 Arnold Whittick: Eric Mendelsohn, Faber & Faber 1940, S. 64
187 Das Kapitel stützt sich auf: Esther Salaman: »A Talk with Einstein«, in: *The Listener*, 54:1384, 8. September 1955, S. 370 f.
188 CP8, An Hans Albert Einstein, 13. Oktober 1916, S. 341
189 CP15, An Mileva Einstein-Marić, 23. Dezember 1925, S. 238
190 CP15, An Hans Albert Einstein, 23. Februar 1927, S. 766
191 CP15, An Mileva Einstein-Marić, 17. Oktober 1925, S. 153
192 CP15, An Hans Albert Einstein, 23. Februar 1927, S. 766
193 Peter Michelmore: Einstein, Profile of the Man Dodd, Mead 1962, S. 43
194 https://einstein-website.de/briefwechsel-mit-kindern/ (abgerufen am 23. 3. 2023)
195 Ebd.
196 Einsteins Formulierung wechselte, er verwendete verschiedene Versionen dieser Metapher. Siehe z. B. An Max Born, 4. Dezember 1926, CP14, S. 403; Niels Bohr, in:

Paul Arthur Schilpp (Hg.): Einstein als Philosoph und Naturforscher, S. 130; Einstein an Born, 7. September 1944, in: Albert Einstein, Max Born, Briefwechsel 1916 – 1955, Rowohlt, 1969, S. 154; Werner Heisenberg: Begegnungen und Gespräche mit Albert Einstein. In: Konrad Kleinknecht (Hg.): Quanten 3. S. Hirzel 2015, S. 19

197 Werner Heisenberg: Begegnungen und Gespräche mit Albert Einstein. In: Konrad Kleinknecht (Hg.): Quanten 3. S. Hirzel 2015, S. 19

198 CP15, An Paul Ehrenfest, 20. November 1925, S. 202

199 Werner Heisenberg: Der Teil und das Ganze. Piper 1969, S. 91–92

200 Philipp Frank: Einstein. Sein Leben und seine Zeit. Vieweg 1979, S. 350

201 Harry Graf Kessler: Tagebücher 1918–1937. Eintrag vom 15. Februar 1926. Insel 1979, S. 456

202 Ebd. S. 457

203 Ebd. S. 456 f.

204 Ebd. S. 457

205 Wolfgang Pauli: Writings on Physics and Philosophy, Springer 1994, S. 121

206 Paul Ehrenfest an S.A. Goudsmit, G.E. Uhlenbeck und G.H. Dieke, 3. November 1927, in Jørgen Kalckar (Hg.): Niels Bohr Collected Works, B. 6, Foundations of Quantum Physics I (1926–1932). North Holland, 1985, S. 415–418

207 Léon Rosenfeld: »Some concluding remarks and reminiscences«, in: *Proceedings, 14th Solvay Conference: Fundamental Problems in Elementary Particle Physics.* Brüssel, Belgien, Oktober 1967. *Interscience* 1968, S. 232

208 *New York Times*, 27. März 1972

209 *New York Times*, 27. März 1972

210 Michael Grüning: Ein Haus für Albert Einstein. Erinnerungen, Briefe, Dokumente. Verlag der Nation 1990, S. 51

211 *Berliner Tageblatt,* 14. Mai 1929, zit. nach: Michael Grüning: Ein Haus für Albert Einstein. Verlag der Nation 1990, S. 123

212 Jürgen Neffe: Einstein. Rowohlt 2005, S. 357

213 Baruch de Spinoza, Ethik, Teil I, Lehrsatz XVII, Anmerkung

214 https://archive.org/details/sim_forum-and-century_1930-10_84_4/page/n27/mode/2up (abgerufen am 27. 3. 2023), *Forum and Century*, 84:4, Oktober 1930

215 Baruch de Spinoza, Ethik, Teil I, Lehrsatz XXIX, Beweis.

216 Baruch de Spinoza, Ethik, Teil I, Lehrsatz XV, Beweis.

217 Einstein an Eduard Büsching, 25. Oktober 1929, AEA 33–275

218 Albert Einstein: Mein Glaubensbekenntnis; Rede für die Deutsche Liga für Menschenrechte, Berlin 1932; Tondokument abrufbar unter: https://einstein-website.de/glaubensbekenntnis/ (abgerufen am 27. 3. 2023)

219 Peter Michelmore: Albert Einstein. Genie des Jahrhunderts. Fackelträger Verlag 1968, S. 121 f.

220 George Sylvester Viereck: *Glimpses of the Great.* Duckworth 1930, S. 373

221 *Daily Chronicle,* 26. Januar 1929

222 Einstein an Wolfgang Pauli, 22. Januar 1932, AEA 19–169

223 Einstein an Solovine, 25. November 1948, AEA 21–256

224 Arnold J. Toynbee: Acquaintances. Oxford University Press 1967, S. 268

225 Einstein an Elsa Einstein, Mai 1931; Teil der gesperrten Korrespondenz, die 2006 veröffentlicht wurde. AEA 143–242
226 Einstein an Margot Einstein, Mai 1931; Teil der gesperrten Korrespondenz, die 2006 veröffentlicht wurde. AEA 143–292
227 Einstein an Ethel Michanowski, 24. Mai 1931, AEA 84–104
228 Elsa Einstein an Hermann Struck und Gattin, 1929. Archiv der Max-Planck-Gesellschaft, Va. Abt. Rep.2, Nr. 50
229 William Golding: Thinking as a Hobby. *Holiday,* August 1961, S. 8, 10–13
230 CP16, An Sigmund Freud, 22. März 1929, S. 669
231 Albert Einstein, Sigmund Freud: Warum Krieg? Diogenes 1996, S. 17, 20, 21, 23, 24 f., 26
232 Albert Einstein, Sigmund Freud: Warum Krieg? Diogenes 1996, S. 51, 55–57, 60 f.
233 Ebd., S. 65
234 Ebd., S. 67
235 Ebd., S. 67
236 Woman Patriot Corporation memo to the US State Department, 22. November 1932. In Einsteins FBI-Akte enthalten, Abschnitt 1, abrufbar unter https://vault.fbi.gov/Albert%20Einstein/Albert%20Einstein%20Part%201%20of%2014/view (abgerufen am 27. 3. 2023)
237 siehe *New York Times,* 6. Dezember 1932, S. 1, 18
238 Mary Pickford: Sunshine and Shadows. Doubleday 1955, S. 230 f.
239 Charles Chaplin: Die Geschichte meines Lebens. Fischer Taschenbuch 1985, S. 328
240 Elsa Einstein an Antonina Vallentin, Caputh, 6. Juni 1932, AEA 79–212
241 Albrecht Fölsing: Albert Einstein. Suhrkamp 1995, S. 745
242 Ebd., S. 746
243 Ebd. S. 747
244 Einstein an Planck, 6. April 1933, AEA 19–392
245 Antonina Vallentin: Das Drama Albert Einsteins: eine Biographie. Günther 1955, S. 186
246 Albrecht Fölsing: Albert Einstein. Suhrkamp 1995, S. 819
247 Lady Margaret Proby an Oliver Locker-Lampson, 25. Oktober 1914, Norfolk Records Office, Norwich. Nicht katalogisierte Schachtel 2190/1
248 *Daily Mirror,* 30. September 1930
249 Albrecht Fölsing: Albert Einstein. Suhrkamp 1995, S. 762
250 Oliver Locker-Lampson, Rede im House of Commons, 26. Juli 1933
251 Walter Isaacson: Einstein, Genie und Popstar. Bucher 2010, S. 65
252 Einstein an Alfred Nahon, 20. Juli 1933, AEA 51–227
253 *Manchester Guardian,* 8. September 1933
254 Dimitri Marianoff, Palma Wayne: Einstein. An Intimate Study of a Great Man. Doubleday, Doran 1944, S. 161
255 Epsteins Bericht über die Sitzungen mit Einstein, siehe: Jacob Epstein: Let There Be Sculpture: An Autobiography. Michael Joseph 1940, S. 94–96
256 Jacob Epstein: Let There Be Sculpture: An Autobiography. Michael Joseph 1940, S. 94–96

257 Einstein an Königin Elisabeth von Belgien, 20. November 1933, AEA 32–369
258 Ebd.
259 Albert Einstein, Max Born: Briefwechsel 1916–1955. Rowohlt Taschenbuch, 1972, S. 162
260 Antonina Vallentin: Das Drama Albert Einsteins. Günther 1955, S. 227
261 Ebd.
262 Einstein an Hans Albert Einstein, 4. Januar 1937, AEA 75–926
263 Die Zitate dieses Kapitels aus: C.P. Snow: On Albert Einstein. *Commentary magazine*, März 1967
264 Anita Ehlers: Liebes Hertz! Physiker und Mathematiker in Anekdoten. Springer 1994, S. 162
265 Banesh Hoffmann, Helen Dukas: Albert Einstein, Schöpfer und Rebell. Fischer Taschenbuch 1978, S. 294
266 Ebd.
267 *Baltimore Afro-American*, 11. Mai 1946
268 *Daily Princetonian*, 16. April 1937
269 Marian Anderson: My Lord What a Morning. Viking 1956, S. 267
270 Die Zitate dieses Kapitels stammen aus Einsteins FBI-Akte, Abschnitt 1, abrufbar unter https://vault.fbi.gov/Albert%20Einstein/Albert%20Einstein%20Part%201%20of%2014/view (abgerufen am 13. 4. 2023)
271 Jerome Weidman: The Night I Met Einstein. *Reader's Digest*, November 1955
272 Banesh Hoffmann, Helen Dukas: Schöpfer und Rebell. Fischer Taschenbuch 1978, S. 268
273 Joan Rothman Brill: My Father and Albert Einstein. Biography of a Department Store Owner, Whose Thirst for Knowledge Enabled His Close Friendship with a Genius Who Changed Man's Concepts of the Universe. Universe 2008, S. 6
274 Ruth Moore: Niels Bohr – ein Mann und sein Werk verändern die Welt. List 1970, S. 256
275 Einstein an Franklin D. Roosevelt, 2. August 1939, AEA 33–143; siehe auch https://hypertextbook.com/eworld/einstein/ (abgerufen am 7. 3. 2023)
276 Alexander Sachs vor dem Sonderausschuss des Senats für Atomenergie, 27. November 1945
277 73. Kongress, 2. Sitzung, House Joint Resolution 309, 28. März 1934, AEA 50–673
278 »Einstein Is Sworn as Citizen of U.S.«, *New York Times*, 2. Oktober 1940
279 Born an Einstein, 7. September 1944, AEA 8–207, zit. nach: Albert Einstein, Max Born. Briefwechsel 1916–1955. Kommentiert von Max Born, Rowohlt Taschenbuch 1972, S. 149 f., Borns Übersetzung ins Deutsche, S. 244 f.
280 An Max Born, 7. September 1944, AEA 8–207; zit. nach: Albert Einstein, Max Born. Briefwechsel 1916–1955. Kommentiert von Max Born, Rowohlt Taschenbuch 1972, S. 152 ff.
281 Ernst G. Straus: »Denkschrift«, in: A. P. French (Hg.): Albert Einstein. Wirkung und Nachwirkung. Vieweg 1985, S. 96
282 Abraham Pais: Niels Bohr's Times: In Physics, Philosophy, and Polity. Oxford University Press 1991, S. 12–13

283 Einstein an Frauenglass, 16. Mai 1953, AEA 41–112

284 *New York Times*, 14. Juni 1953

285 Einstein an das *Reporter Magazine*, November 1954, AEA 90–187

286 Stanley Murray an Einstein, 11. November 1954, AEA 41–858

287 Die folgende Anekdote, siehe: Oskar Morgenstern: »Account of Kurt Gödel's naturalization«. 13. September 1971, Shelby White and Leon Levy Archives Center, Institute for Advanced Study, Princeton

288 »Israel: Einstein Declines«. *Time*, 1. Dezember 1952

289 Jamie Sayen: Einstein in America: The Scientist's Conscience in the Age of Hitler and Hiroshima. Crown 1985, S. 247

290 Ebd. S. 246

291 Abba Eban an Einstein, 17. November 1952, AEA 41–84

292 Einstein an Eban, 18. November 1952, AEA 28–943, deutscher Entwurf Einsteins, AEA 123–0080_001

293 Albrecht Fölsing: Albert Einstein. Suhrkamp 1995, S. 822

294 Einstein bei einer Rede im Commodore Hotel, New York, 17. April 1938, veröffentlicht in *New Palestine,* 29. April 1938, AEA 27–427

295 Helen Dukas' Bericht über Albert Einsteins letzte Tage, April 1955, AEA 39–71

296 Edward Teller, Judith L. Shoolery: Memoirs: A Twentieth-century Journey in Science and Politics. Perseus 2001, S. 352

297 *Atlantic Monthly,* November 1945

298 *Today with Mrs Roosevelt*, 12. Februar 1950, zit. in: Otto Nathan, Heinz Norden: Albert Einstein. Über den Frieden. Parkland 2004, S. 520

299 Hanoch Gutfreund, Jürgen Renn: Einstein über Einstein. De Gruyter Oldenbourg 2022, S. 175, 176

300 Albert Einstein: Mein Weltbild. Hg. Von Carl Seelig. Europa Pocket, 2021, S. 11

301 Albert Einstein: Aus meinen späten Jahren. Ullstein, Frankfurt a. M., Berlin, 4. Aufl. 1993, S. 13

Register